CASAMENTO – MISSÃO
(*QUASE*) IMPOSSÍVEL

Eduardo Ferreira-Santos

CASAMENTO – MISSÃO (QUASE) IMPOSSÍVEL

© *Copyright*, 2007 - Eduardo Ferreira-Santos

Todos os direitos reservados.
Editora Claridade
Av. Dom Pedro I, 840
01552-000 – São Paulo/SP
Fone/fax: (11) 6168-9961
Site: www.claridade.com.br
e-mail: claridade@claridade.com.br

Preparação de originais: Érica Finatti
Revisão: Wilson Ryoji Imoto e Guilherme Laurito Summa
Capa: Antonio Kehl sob foto de João Kehl
Editoração Eletrônica: Eduardo Seiji Seki

ISBN 978-85-88386-54-9

Dados para Catalogação

Ferreira-Santos, Eduardo

Casamento – Missão (*quase*) impossível
Editora Claridade, São Paulo, 2007
208 p.

1. Psicologia   2. Comportamento   I. Autor

CDD 150

Índice sistemático para catalogação

027- Bibliotecas gerais
150.194 - Psicologia do comportamento
125 - Psicologia fisiológica. Psicologia experimental
155.3 - Psicologia sexual

Sumário

Introdução... 7

Capítulo 1 – Enamoramento & Cia.. 9

Capítulo 2 – Casei-me: E agora José?..................................... 27

Capítulo 3 – A Raiva... 47

Capítulo 4 – O Ciúme... 65

Capítulo 5 – Maternidade e Paternidade................................ 85

Capítulo 6 – O Casal e a Sexualidade.................................... 103

Capítulo 7 – Infidelidade.. 125

Capítulo 8 – Comunicação Perversa....................................... 141

Capítulo 9 – Separação... 163

Capítulo 10 – Relacionamento Homossexual.......................... 183

Considerações Finais.. 203

Introdução

Um grande casamento não acontece com a união do "casal perfeito"
Acontece quando um casal imperfeito aprende a se deliciar com suas diferenças.

Dave Meurer

Relacionamento – uma palavra tão presente em nosso vocabulário no dia-a-dia, tanto quando nos referimos a alguma situação relacionada ao parceiro quanto aos nossos familiares e até mesmo aos contatos pessoais que estabelecemos no trabalho, na empresa. Mas será que compreendemos realmente o significado dessa palavra? O que é relacionamento? O que é relacionar-se? Nos dicionários brasileiros de Língua Portuguesa é comum encontrarmos, entre os significados do substantivo *relacionamento*, os seguintes: correspondência, trato, comportamento amistoso. *Relacionar*, por sua vez, é um verbo transitivo que tem, entre seus sinônimos: expor; dar ou fazer relação; confrontar; ligar; concatenar; travar conhecimento; estabelecer analogia ou proporção. E, talvez, os dicionários pudessem incluir que relacionamento é aquilo que quase sempre transforma, de alguma maneira, as partes que nele estão envolvidas.

Relacionar-se sexual e afetivamente com o outro pode impulsionar a pessoa a desenvolver-se emocionalmente, predispondo-a a ser mais amorosa com si mesma, com o parceiro e com os outros indivíduos de seu trato social. Embora o auto-aprimoramento nos diversos aspectos da vida seja uma busca pela qual a pessoa deve responsabilizar-se sozinha, sem esperar que outra venha salvá-la de suas dificuldades, se ela não se relaciona, também não cresce. A comunidade e a individualidade caminham juntas nesse processo. Quando estamos satisfeitos afetivamente, muitas vezes ficamos mais abertos, mais dispostos a nos relacionar com as pessoas, com o mundo. E o pique para trabalhar, divertir-se, estudar, criar... costuma aumentar. Por outro lado, um relacionamento também pode levar à dependência emocional, contribuindo para estacionar a vida em alguns, ou mesmo em vários, aspectos que acabei de citar.

Na prática, relacionamento nem sempre é sinônimo de comportamento amistoso. A relação amorosa implica vários sentimentos, que ocorrem em maior ou menor grau para cada pessoa, e que muitas vezes não são agradáveis nem fáceis de se lidar. O amor implica sentimentos que a sociedade e a maioria de nós consideram "positivos" e que contribuem para a felicidade, como a empatia, o carinho, a admiração, a fraternidade, entre outros. Mas, na contramão desses, o relacionamento pode trazer outros sentimentos "negativos", que são incômodos, difíceis de lidar e que causam sofrimento, como inveja, ciúme, raiva, posse, ressentimento... E tanto os sentimentos "negativos" como os "positivos" podem estar contidos, ao mesmo tempo, no relacionamento entre duas pessoas.

Pois é, leitor, acredito que, com o que acabo de expor aqui, você pôde antever o quão espinhoso e difícil, porém, fascinante é o tema de que falarei neste livro. Tratarei do relacionamento sexual-afetivo entre homem e mulher – do enamorar-se ao casamento na maturidade. Também discorrerei, em um capítulo à parte, do relacionamento entre duas pessoas do mesmo sexo.

Capítulo 1

Enamoramento & Cia.

Dá-se com eles o que se dá com as gaiolas: os pássaros que estão fora querem entrar nelas desesperadamente; e os que estão dentro, mostram a mesma ânsia em sair.

M. Montaigne

Muitas pessoas buscam, ativamente, um parceiro para relacionar-se sexual e afetivamente. Outras não estão focadas nessa procura, mas, mesmo assim, podem acabar se interessando por alguém ou despertar o interesse de outra pessoa. Em um primeiro momento, quando duas pessoas se atraem, o que está em jogo é o interesse sexual. O biótipo do objeto de desejo é o que agrada ao outro à primeira vista: "Que sorriso lindo tem aquela moça", diz um rapaz ao seu amigo. "Nossa, que belas pernas tem aquele seu amigo", afirma uma mulher à outra. Além da atração física propriamente dita, também costumamos nos atrair por outra pessoa por causa da imagem que projetamos nela. A aparência física e a maneira de se comportar de uma mulher podem, por exemplo, remeter um homem à sua mãe ou àquela bela princesa pela qual tenha se encantado na infância.

Na maioria das vezes, na fase do "enamoramento", é difícil a pessoa discernir por que está atraída por outra. A paixão costuma nublar os sentimentos. Na primeira fase de um relacionamento, a pessoa não sabe se o que sente pela outra é somente atração sexual, que vai acabar em determinado momento, se está projetando nesta uma imagem falsa de mulher ou homem ideal, que também se desfará com o tempo, ou poderá se desenvolver e se transformar em um sentimento mais profundo.

Embora alguns indícios – como afinidades e projetos de vida semelhantes entre os parceiros – possam apontar na direção do sucesso ou insucesso

10 CASAMENTO – MISSÃO (*QUASE*) IMPOSSÍVEL

de uma relação amorosa, iniciá-la é aceitar o imponderável; é como jogar na roleta de um cassino – pode-se ganhar ou perder –, nada garante seu estabelecimento e duração. O filósofo, físico e matemático francês Blaise Pascal (1623-1662), disse: "*O coração tem razões que a própria razão desconhece*". E esta talvez seja a única verdade que podemos afirmar sobre o amor. Alguns relacionamentos que, aparentemente, têm tudo para dar certo podem acabar mesmo quando as duas partes possuam projetos, interesses e padrões de vida parecidos. Outros, nos quais os parceiros combinam pouco nesses aspectos que acabo de citar, mas que têm como base, talvez, um sentimento verdadeiro de amor, ou por se identificarem em um nível mais profundo, inconsciente, podem perdurar contra todas as estimativas. Ninguém pode afirmar com certeza o que faz um relacionamento dar certo.

Solidão e solitude

Muitas pessoas possuem a crença de que o outro aplacaria sua solidão e angústia colocando o casamento como um objetivo a ser alcançado a todo custo. Pode existir uma pressão psicológica tanto interna – vinda da própria pessoa – quanto da sociedade, da cultura na qual vive, para que ela procure um parceiro e, juntos, estabeleçam um relacionamento definitivo, profundo e, se possível, eterno... Embora as relações sexual-afetivas não sejam "para sempre". O ideal seria que buscássemos viver o eterno na finitude, como dizia o poeta e músico Vinicius de Moraes (1913-1980) sobre o amor: "(...) *Eu possa dizer do meu amor (que tive)/ Que não seja imortal, posto que é chama/ Mas que seja infinito enquanto dure*".

Em um relacionamento é fundamental que cada parceiro esteja sempre atento às suas necessidades relacionadas a solitude, trabalhando-se internamente para conhecê-las e respeitá-las, e fazer o mesmo em relação ao tempo que o parceiro quer ter somente para si. E, vale a pena repetir, vigiar para não projetar no outro seu ideal de felicidade. A tentação de colocar no parceiro a carga do que consideramos ser nossa solidão pode ser grande e parece facilitar o caminho, pelo menos na fase do "enamoramento", na qual podemos nos sentir completos só por estarmos na presença do outro. Entretanto, ceder a ela pode trazer muito mais sofrimentos e perdas do que se ajustarmos nosso foco no compartilhar com o outro, o que é possível e em determinados momentos, buscando um relacionamento no qual o casal possa "respirar" e tenha liberdade para exercer sua individualidade.

Timidez

Quando estamos à procura, nos interessamos ou somos notados por alguém, pode acontecer de surgir uma barreira, entre nós e o outro, que pareça intransponível: a timidez.

A palavra timidez tem, entre seus significados, os de intimidado e amedrontado. O tímido é quem tem medo. Mas medo do quê? Este sentimento pode ter muitas causas. Por exemplo, um indivíduo que tem uma personalidade insegura pode ter desenvolvido um transtorno leve de medo ou de fobia.

Uma pessoa pode desenvolver um quadro de Fobia Social – que é o medo persistente de situações em que ela acredita ficar exposta à avaliação alheia, ou se comportar de maneira humilhante ou vergonhosa. E, quando ela tenta enfrentar ou permanecer em tais situações, poderá ocorrer uma reação intensa de ansiedade com o aparecimento de sintomas, como: taquicardia, tremores, suor, boca seca, ondas de calor, rubor ou até um ataque de pânico. Ou pode apresentar um Transtorno do Pânico leve ou moderado. Para David H. Barlow, professor de Psicologia e de Psiquiatria, e diretor do Center for Anxiety and Related Disorders da Universidade de Boston (EUA), o Transtorno do Pânico pode ser dividido em três níveis: o mais leve, caracterizado pelo indivíduo que sente medo e insegurança de defrontar-se com certas situações, mas enfrenta tomando precauções (por exemplo: ele vai ao cinema, mas se senta perto do corredor); o moderado, caracterizado pelo medo e insegurança de enfrentar situações cotidianas (como a pessoa que só dirige se estiver acompanhada); e o grave que se refere ao quadro em que o indivíduo é incapaz de sair de sua casa.

A pessoa tímida pode não se dar conta de que possui algum desses transtornos. O fato é que eles podem levar o indivíduo a criar, artificialmente, uma barreira entre ele e o mundo e, particularmente, entre ele o parceiro. Existem pessoas que são excelentes profissionais, que têm ótimos desempenhos como vendedores, por exemplo, mas que, no aspecto afetivo, se atrapalham e não conseguem se relacionar. Muitas vezes, elas sequer conseguem se aproximar

12 CASAMENTO – MISSÃO (*QUASE*) IMPOSSÍVEL

do objeto de seu desejo e, quando o fazem, se atrapalham e não sabem como agir. Essas pessoas têm personalidades inseguras, pois apresentam algum bloqueio relacionado à auto-estima, o qual pode estar circunscrito ao plano das relações sexual-afetivas. Elas possuem problemas inconscientes que fogem ao seu controle, e que fazem com que sintam a aproximação do outro como uma situação de perigo. Elas se sentem amedrontadas, pequenas diante das situações de abordar ou de ser abordado por alguém – em seu mundo inconsciente, a aproximação do outro é uma ameaça. A origem desse sentimento provavelmente está no histórico das pessoas tímidas.

É difícil compreender o ser humano se este for analisado tomando por base somente um de seus aspectos, pois ele é, basicamente, um ser "biopsicossocial". Possui componentes biológicos, que vêm da estruturação genética do ser; psicológicos, como a forma como ele foi criado, como aprendeu suas primeiras crenças na vida; e sociais, como ele corteja outra pessoa, se segue regras de educação e de higiene exigidas pela sociedade, entre outras.

No aspecto social, se alguém é hostil, por exemplo, a aproximação do outro é mais difícil. Você abordaria, com relativa tranquilidade, uma pessoa nitidamente hostil? Como se aproximar dela? É óbvio que a maioria de nós sentiria medo de abordá-la. Se você estivesse paquerando uma pessoa e, ao se aproximar, percebesse que ela tivesse mau hálito e os dentes sujos, continuaria empolgado em cortejá-la? E se percebesse que o outro não toma banho frequentemente, que tem um cheiro desagradável? Se, para você, a prática de hábitos higiênicos for um fator importante para o relacionamento, e a maioria de nós se importa com isso, provavelmente descartará essa pessoa de suas possibilidades amorosas.

E quando a pessoa na qual está interessado se coloca em uma posição superior quando fala com você, se gabando o tempo todo, por exemplo, de sua própria beleza e *status* social e, ao mesmo tempo, der a entender que você é o contrário disso, que está fazendo um favor em lhe dar atenção? Acredito que, dificilmente, se manteria interessado em uma pessoa que se comportasse assim. E existem diversos outros fatores sociais que são levados em conta pelas pessoas, sejam em maior ou menor grau, no momento de conhecer alguém.

Excetuando-se estes casos mais extremos, que normalmente afastariam de alguém mesmo as pessoas mais ávidas por relacionar-se, é preciso levar em

ENAMORAMENTO & CIA. **13**

conta que costumamos ter, mentalmente, um padrão, um conjunto de características, ou seja, pré-requisitos que buscamos no outro. O que é importante para mim socialmente na hora de escolher o parceiro pode não ser para outra pessoa. Alguns homens e mulheres exigem, no momento de escolher alguém, que este tenha a beleza semelhante à de uma *miss* universo ou à de um James Bond. Há pessoas que não abrem mão de que o outro possua uma vantajosa posição financeira. Há quem exija que o parceiro tenha excelente nível intelectual. Alguns homens procuram uma mulher que demonstre ser excelente dona-de-casa. E existem mulheres que buscam um homem provedor. E os exemplos não param por aí.

O fator psicológico geralmente é o maior criador de barreiras que impedem as pessoas tímidas de se relacionar. Este é formado por crenças, inconscientes ou conscientes, que o indivíduo desenvolveu na infância e nas outras fases da vida. Uma pessoa pode se dizer tímida, como se isso fosse um traço de sua personalidade sem nenhum fundamento mais complexo. Ela pode não se dar conta de que, em algum momento ou fase de sua vida, aprendeu que não vai ter vez no tocante aos relacionamentos sexual-afetivos. Essas crenças podem ter origem em situações de abandono e traumáticas da vida, como no caso de uma pessoa ter sido ignorada e depreciada pelo pai ou a mãe na infância e (ou) na adolescência, em relação à sua capacidade intelectual ou aos seus atributos físicos, por exemplo. E, para reforçar esse quadro, essa criança ou jovem, que já é tímida – em parte pelo tratamento que recebeu dos pais e (ou) por causa de sua herança biológica (nível de produção de um neurotransmissor chamado serotonina) –, pode ser isolada pelos colegas da escola.

Estudos mostram que a escola, em geral, desde a pré-escola até a faculdade, é fundamental para a formação psicossocial do indivíduo. Principalmente na pré-escola e no primeiro grau, a crueldade entre os alunos "corre solta". Alguns estudantes, ao perceberem que outros são mais tímidos, inseguros e frágeis, reforçam isso, colocando-lhes apelidos e desprezando-os. A criança tímida geralmente é excluída, intimidada, e torna-se um objeto de gozação da turma da escola. Daí, as dificuldades dessa criança em se relacionar socialmente se agravarem ainda mais e sua auto-estima ficar ainda mais baixa.

Quando se torna adulta, essa pessoa pode estar pré-disposta a esperar sempre uma resposta negativa do outro em relação às suas tentativas de aproximação. Assim, devido a um medo exacerbado de rejeição, ela provavelmente

14 CASAMENTO – MISSÃO (*QUASE*) IMPOSSÍVEL

se atrapalhará se for abordada ou se tentar contato com alguém. Ela pode passar por repetidos fracassos ao tentar se aproximar de outras pessoas, ao longo da vida, e reforçar cada vez mais a idéia de que é incapaz de relacionar-se, alimentando, ainda mais, seu complexo negativo de que é rejeitada por todos, muitas vezes surgido em seus primeiros anos de vida. Quando uma pessoa se estrutura dessa maneira, pode acontecer de ela dizer para si mesma: "Eu sou uma fracassada!", criando uma forte crença negativa sobre si mesma. E, como ela pensa (ou tem essa crença guardada no inconsciente) dessa maneira quando o outro se aproxima, acaba se atrapalhando, não consegue se comunicar e realmente perde a oportunidade de se relacionar. Ela está, então, em um círculo vicioso do qual pode não encontrar saída.

A baixa auto-estima, da qual decorre muitas vezes a timidez, também está relacionada com um componente biológico, genético. Segundo estudos recentes, a base biológica da auto-estima é a produção, pelo cérebro, de uma substância chamada serotonina. O nível de produção dessa substância varia de uma pessoa para outra. Alguns indivíduos, que geneticamente são propensos a ter dificuldades de se firmar como pessoas – em âmbito familiar, social, profissional, entre outros – e a desistir de concretizar a própria vida, geralmente produzem menos serotonina. Já outros, que têm mais facilidade em conquistar situações de sucesso ao longo da vida, normalmente criam maiores níveis desta substância. Estes podem, por meio dessas conquistas, aumentar cada vez mais sua auto-estima, porque passam a produzir mais serotonina. E o contrário pode acontecer com as pessoas que geram menos essa substância (por causa de fatores genéticos sociais e psicológicos). Nestas, o nível de serotonina pode cair no decorrer da vida, por causa de vários insucessos e situações de rejeição. Essas afirmações são nitidamente observadas no comportamento de determinados grupos de macacos, nos quais o papel de liderança será sempre exercido por aquele geneticamente mais beneficiado. Embora gente não seja macaco, obviamente, o estudo do comportamento animal (Etologia) pode nos levar a compreender muitas ações humanas.

Nesses casos, esses fatores criam uma "via de mão única", ou seja, tornam-se co-responsáveis pelo sucesso ou insucesso de uma pessoa em vários âmbitos da vida, entre eles o sexual-afetivo.

A constatação da enorme complexidade biológica, psíquica e social do ser humano, pelo indivíduo tímido, embora possa deixá-lo perplexo em um

ENAMORAMENTO & CIA. **15**

primeiro momento, pois ele terá que trabalhar diversos aspectos se quiser melhorar seu desempenho no meio social, não deve constituir um entrave em sua busca pela realização sexual-afetiva. Existem instrumentos que podem ser usados e caminhos a ser percorridos para melhorar o desempenho dessas pessoas em relação às suas investidas no plano afetivo.

A auto-análise é um mecanismo que pode colaborar na busca de maior satisfação emocional. É importante que a pessoa tímida tente investigar os motivos de seu medo – que ela busque, por exemplo, lembrar-se de situações nas quais tenha sido humilhada ou desprezada por alguém –, e pondere sobre as causas do tratamento que lhe foi dispensado. Se o pai lhe chamou, por exemplo, de burra e feia, em que contexto isto aconteceu e quem é ou era esse pai? Ele pode ter-lhe dito isso em um momento de raiva, no qual fora desobedecido em alguma ordem, e ser uma pessoa com questões psicológicas graves – pode considerar-se um fracassado e ter projetado isso no filho. Muitas pessoas procuram, para ajudá-las nesse processo de auto-análise, um psicólogo ou psicanalista. Atualmente, existem profissionais que trabalham com diferentes linhas psicológicas, como a Terapia Cognitiva, criada por Aaron Temkin Beck (1921-); a Psicanálise, de Sigmund Freud (1856-1939); o Psicodrama, de Jacob Levy Moreno (1889-1974); e a Psicologia Analítica, de Carl Gustav Jung (1875-1961), entre tantas outras.

Algumas pessoas buscam concatenar o tratamento psicológico com o atendimento psiquiátrico, o qual implica o uso de medicamentos. Esta é a chamada terapia integrada. Ela é indicada para indivíduos que, embora façam psicoterapia ou análise há muito tempo, talvez durante anos, ficam presos em determinadas situações psíquicas, como a perda de um ente querido ou o fim de um casamento, e não conseguem progredir. Essas pessoas ficam patinando sem sair do lugar, porque seu nível de produção de serotonina chegou ao limite – é consumido o máximo que podem produzir. Nesses casos, tomar um antidepressivo temporariamente pode ser necessário para que elas possam aumentar a disponibilidade dessa substância e ficar mais aptas para realizar-se na vida. O medicamento pode ajudá-las a alcançar, artificialmente, um patamar biológico mais elevado. Assim, com a capacidade biológica de auto-estima aumentada, passam a "ver mais alto". Assim, analisando seu problema a partir de uma amplitude e altitude maiores, o paciente é capaz de encontrar soluções para ele. Depois, uma vez aprendidas, as soluções não são mais esquecidas. E aí, mesmo que a medicação seja retirada em um momento

16 CASAMENTO – MISSÃO (QUASE) IMPOSSÍVEL

posterior, a pessoa já deu um salto qualitativo na própria vida, e passa a ter maior probabilidade de sucesso na conquista de seus objetivos. Ilustro esse processo com a frase do cientista Albert Einstein (1879-1955): *"A mente que se abre a uma nova idéia jamais voltará ao seu tamanho original"*.

Em um plano menos complexo, o do social, a pessoa pode refletir em como está se aproximando de outras. Muitas vezes, ela aborda o outro de maneira inconveniente ou mesmo agressiva. Como dito anteriormente, se você tiver uma postura hostil ou se age como superior em relação à pessoa na qual está interessado, dificilmente obterá sucesso em sua conquista. Repensar a maneira como você se coloca para o outro, como se comunica, e buscar adotar uma postura mais amistosa, pode facilitar a aproximação entre você e o outro.

É sempre bom, no momento da aproximação, ter o seguinte pensamento: "Eu estou com medo. Mas ele, ou ela, embora não esteja demonstrando, também deve estar". As pessoas muito tímidas geralmente enxergam o outro como um gigante – seguro, fantástico, poderoso – e se vêem como seres pequeninos e inseguros diante dele. Na verdade, a aproximação entre duas pessoas que se atraem quase sempre provoca emoções perturbadoras, em ambas as partes, como medo, desejo de ser aceito, ansiedade, entre outras. Olhar o outro como ser humano passível de erros e acertos, com qualidades e "defeitos", também é um passo fundamental para a aproximação.

E, afinal de contas, se a aproximação não "der certo", não se deve encarar isto como o "fim do mundo", um desastre, uma catástrofe! A vida é um jogo de perdas e ganhos em que devemos aprender sempre, mesmo quando perdemos, os motivos do fracasso e tentar corrigi-los, sem atribuir a culpa sempre aos outros, como se fôssemos meros espectadores da vida.

Projeções

É comum tendermos a projetar, no parceiro, fantasias internas relacionadas ao nosso ideal de par perfeito e de felicidade. Muitas vezes procuramos, no outro, um príncipe ou princesa. Temos a expectativa de que ele ou ela vai atender à nossa imagem interna de parceiro ideal e nos trazer uma felicidade sem máculas. Na fase do "enamoramento", as projeções de nossas fantasias no parceiro podem ser mais intensas e persistentes. Isso acontece porque a paixão tem, via de regra, a projeção como um de seus principais ingredientes. Além

ENAMORAMENTO & CIA. **17**

disso, o objeto do desejo, talvez na busca de nos manter interessados por ele, pode mostrar os aspectos mais positivos, as qualidades, e esconder os lados mais desagradáveis, desajustados e menos aceitos pela sociedade, o que ocorre mais acentuadamente nos primeiros meses de namoro, durante a fase da conquista, mas que pode perdurar por mais tempo e chegar até o casamento. E o outro pode até mesmo alimentar a projeção do parceiro por causa do medo de ser rejeitado, caso se revele sem máscaras. Ou seja, na verdade, pode-se ter um "falso namoro", pois cada um se relaciona com a máscara do outro, que, por sua vez, esconde-se atrás da sua própria.

A projeção do mundo interno no outro pode estar baseada em modelos masculinos ou femininos, geralmente do sexo oposto, no caso dos heterossexuais, como a figura positiva ou ideal do pai ou da mãe. Por exemplo, se uma pessoa teve um pai carinhoso, presente, que atendia a todos os desejos dela e lhe dedicava um amor incondicional – mesmo que o pai possa ter forjado muitas qualidades, ou imaginadas por ela –, esta pode procurá-las no parceiro. Entretanto, mesmo que este nos ame, nunca nos dedicará um amor incondicional nem estará sempre disponível para atender a todas as nossas vontades. Por outro lado, também acontece, por exemplo, de uma pessoa ter um pai ou uma mãe muito ausentes e pouco afetuosos, e procurar compensar essa falta projetando, no ser amado, um pai ou mãe ideais – muito presentes e amorosos. E além dos modelos parentais, a cultura do Ocidente, na qual vivemos, o tempo todo busca incutir, nas pessoas, as idéias do par perfeito, da necessidade de ter alguém para se obter a felicidade, da solidão como um mal a ser evitado e da possibilidade do casamento com alguém nada menos que maravilhoso, que sensacional. Isso é feito por certas mães e certos pais que ditam padrões para seus filhos, na ilusão de que estes podem ter o que não tiveram, e também por meio de algumas novelas, de propagandas, dos filmes de Hollywood...

Em nossa cultura, a idéia do casamento está tão fortemente associada à busca de um príncipe ou princesa encantada, que fica difícil dissociar uma coisa da outra. Muitas pessoas têm em seu mundo interior a crença – a qual chamo de hollywoodiana ou de Walt Disney – no casamento com este ser encantado. Elas acreditam que, da mesma forma que o "mocinho" e a "mocinha" de algumas produções cinematográficas norte-americanas, encontrarão, de fato, um príncipe ou princesa e serão "felizes para sempre". Por isso, digo que é comum o casamento existir antes do noivo ou da noiva. O príncipe, ou a princesa, já estão prontinhos no mundo interno da pessoa. Só falta encontrar alguém para se casar e projetar, nele ou nela, o parceiro ideal.

No namoro, embora a projeção possa existir durante um tempo, normalmente o outro acaba se manifestando como é, pelo menos em alguns aspectos. A necessidade de uma pessoa ser espontânea, muitas vezes, acaba vencendo o seu esforço de desempenhar o papel de parceiro ideal. Na verdade, mesmo que alguém espere que o outro seja um príncipe encantado, dificilmente gostaria de conviver assim por muito tempo. Ele acabaria se cansando de tanta perfeição. No fundo, é provável que a maioria das pessoas queira confrontar-se com um outro autêntico, verdadeiro e complexo, com qualidades e defeitos. Só que é preciso ter coragem para isso...

Entretanto, em nossa sociedade, algumas pessoas insistem em adotar máscaras no relacionamento com o outro, mesmo sabendo que essa atitude pode trazer problemas e sofrimento mais tarde. Elas agem assim porque são tímidas, carentes e com medo de ser rejeitadas. Assim, acabam praticamente anulando a própria personalidade, sacrificando até mesmo os seus aspectos mais essenciais, ao representarem um papel que corresponda à fantasia, ao desejo do parceiro. Existem pessoas que insistem em agir dessa maneira. Elas acabam sendo amadas pela máscara que representam e carregam, durante a vida inteira, uma sensação de blefe, de mentira, de que "não é de verdade". Elas pensam: "Se o outro me vir como sou de verdade, não vai me amar". Este é um peso muito grande para ser carregado. Nesses casos, o medo de ser rejeitado acaba provocando um sofrimento crônico – o de sentir-se uma mentira – que pode durar toda a vida.

Contudo, em geral, a pessoa que usa máscaras, ou não aguenta persistir na farsa, ou é descoberta pelo outro. É comum acontecer, depois de algum tempo de namoro ou de casamento, de um dos parceiros perceber que o outro não corresponde ao que imaginou. A projeção no parceiro pode ter sido tão maciça e intensa, que a pessoa percebe que via nele qualidades imaginárias, e que sequer o ama. Ela pode ter se casado por impulso, desesperada por sentir medo de ficar sozinha pelo resto da vida. Pode ter apelado para o "se não tem tu vai tu mesmo".

Se as pessoas fossem mais francas, verdadeiras e abertas ao diálogo com os parceiros, suas projeções nestes e, em contrapartida, as que de que fossem alvo, provavelmente se desfariam rapidamente, ou sequer se manifestariam.

Quando temos a coragem de mostrar ao outro como somos, ou seja, revelar os lados "positivos" e "negativos", as qualidades e limitações, corremos o risco de perdê-lo. Entretanto, se, mesmo sem máscara, formos aceitos pelo parceiro, é porque, muito provavelmente, ele nutre um afeto sincero e verdadeiro por nosso ser mais genuíno.

Costumo pedir aos meus clientes que façam um "contrato de relacionamento", algo semelhante ao contrato de locação de um imóvel ou de prestação de serviços, em que constem TODAS as cláusulas que cada um deseja do outro e espera poder dar. Não é nada fácil fazer esse "contrato", pois sempre há uma cláusula secreta, um desejo escondido que nem sempre é reconhecido pelo próprio postulante. Acredito que, se em todas as relações ficassem explícitas essas solicitações, permissões e restrições ANTES do início da relação, não haveria relação!!! É algo assim como naquela velha anedota em que o marido, recém-casado, fala com a esposa: "Bem, na minha vida, jogo futebol com os amigos todas as segundas, quartas e sextas-feiras; às terças e quintas jogo pôquer e tomo um chopinho com a rapaziada, voltando para casa só lá pela uma hora da madrugada! Entendeu?" Ao que ela retruca: "Muito bem, pois saiba você que eu costumo transar TODA noite às 21 horas, esteja você aqui ou não..."

A paixão

Por mais que tentemos raciocinar e dar razões claras e específicas para estarmos apaixonados por alguém, para termos uma relação afetiva, os motivos desse afeto transcendem as razões que porventura encontrarmos e atingem o plano puramente emocional. Entretanto, embora o amor seja o pré-requisito básico e natural da relação sexual-afetiva, outros fatores, como o projeto de vida e os costumes de cada parceiro, podem concorrer para que ela possa, ou não, dar certo.

Na primeira fase do relacionamento que é, quase sempre, a da paixão, esses fatores costumam não ter vez. O médico italiano Francesco Alberoni (1929-) nos apresenta o amor, ainda que ressaltado pelas cores da paixão, como um fenômeno social revolucionário cuja função básica é a eterna transformação de *separar o que estava unido e unir o que estava separado*". Para Alberoni, o "enamoramento" é um ato de libertação que procura renovar o passado, negando-o para a formulação de uma nova síntese. De acordo com essa visão, o amor provoca, individualmente, sentimentos e reações equivalentes aos causados por uma revolução social – a paixão, para uma pessoa, pode ter um significado tão grande como a Revolução Francesa para a sociedade, por exemplo. A vivência de uma paixão muda o indivíduo. A paixão é uma abertura, um salto. Mas... Para o quê? O salto pode ser para o crescimento individual, mas também para a derrocada. Uma pessoa pode abdicar de vários aspectos da vida por causa da paixão e, quando esta acaba, ter que recomeçar tudo o que havia deixado de lado, como reconstruir suas relações sociais, retomar o trabalho e refazer os laços com os amigos.

Mas também pode acontecer de a paixão ajudar no crescimento individual de quem a sente. Se o ser apaixonado pensar: "Por que o outro me desperta tanta paixão", poderá conhecer melhor a si mesmo e buscar aprimorar seu crescimento individual. Pois, como a paixão é uma projeção, com certeza, o outro traz aspectos semelhantes aos da pessoa apaixonada. E, provavelmente, ele também tem qualidades que o parceiro admira e pode buscar desenvolver em sua personalidade.

A paixão não obedece nenhum critério racional. É baseada em fatores "cegos", de emoção pura. Quando nos apaixonamos, acreditamos ter encontrado no outro a possibilidade da realização de todos os desejos, as vontades. Em termos psicológicos, a paixão é explicada da seguinte maneira: quando uma pessoa está enamorada, seu mundo interno é ampliado e projetado no objeto de seu desejo. A mulher pode projetar, no parceiro, todas as figuras masculinas positivas que possui em seu inconsciente, como a imagem do pai protetor e do príncipe que irá salvá-la da solidão. No caso do homem, as figuras transferidas podem ser a da princesa e a da mãe acolhedora. A paixão em si é, nitidamente, uma projeção.

É comum ouvirmos uma pessoa dizer ao objeto de sua paixão: "Sinto que te conheço há muito tempo. Parece que é de uma outra vida". Na verdade, ela conhece mesmo o outro há muito tempo, pois vê nele a sua imagem projetada, as suas fantasias.

Há também, na questão da paixão, estudos neurobiológicos que procuram associá-la à produção anômala daquelas catecolaminas (os neurotransmissores), havendo até quem afirme ser a paixão um "surto" do transtorno obsessivo-compulsivo.

Desejo × convenções e padrões

Quando o que você quer não está de acordo com as convenções, o que fazer? É muito comum acontecer de uma pessoa ficar em um impasse. A atração sexual não é uma ação direcionada. Ela pode acontecer independentemente de meu objeto de desejo atender aos pré-requisitos que considero necessários para que eu estabeleça uma relação sexual-afetiva. Eros, o deus grego do Amor, joga suas flechas para todos os lados... Não se pode contê-lo. Sentir, se apaixonar, não é uma manifestação controlável...

Uma pessoa pode se interessar por alguém que tenha determinados comportamentos e valores que sejam bastante divergentes dos dela, mas que, em contrapartida, possua qualidades que lhe agradem. Caso se relacione com esse indivíduo durante algum tempo, ela poderá vir a questionar se está fazendo a escolha certa. Com o passar do tempo, essas diferenças podem gerar conflitos, dificultando a vida do casal. Mais cedo ou mais tarde, um dos parceiros (ou ambos) pode ficar frente a frente com a necessidade de fazer uma escolha: continuar ou terminar o relacionamento.

Embora não exista uma receita para solucionar esse impasse, a reflexão pode ajudar muito. Podemos imaginar uma balança imaginária na qual, em um dos pratos, coloquemos os pontos que consideramos positivos na pessoa pela qual temos interesse e, no outro, o que acreditamos ser negativo. Os que pesarem mais podem ajudar a determinar nossa escolha.

Darei um exemplo clássico desse tipo de dilema: Helena tem 32 anos e é uma mulher que trabalha muito para conseguir sucesso na carreira e avançar social e economicamente. Apaixona-se por Luís Fernando, um homem de 35 anos que não leva o trabalho muito a sério, além de gostar da boêmia e de sair com outras mulheres. Por outro lado, ele é muito carinhoso com ela, gostaria de ter muitos filhos (o que também é um dos sonhos de Helena), é muito afetuoso com crianças e, na cama, deixa a namorada satisfeitíssima. Ela é apaixonada por Luís Fernando, mas sofre quando fica sabendo que ele passou a madrugada em um bar ou que ele saiu com outra mulher.

Ela poderá pensar: "O que é mais importante para mim em um relacionamento, principalmente no dia-a-dia, pois, se casar com ele, terei de conviver com tudo o que tem de 'bom' e de 'ruim'. Posso suportar, em nome da paixão que sinto, as noites que ele passará fora e suas traições. Ou este é um preço muito alto a ser pago? O que priorizo em um relacionamento é a paixão? Ou também preciso de um homem companheiro que lute ao meu lado para progredir na vida?". Colocando-se essas questões, ela está medindo o peso dos pratos na balança.

Na prática, não costuma ser fácil fazermos isso. Muitas pessoas podem evitar olhar para o impasse e preferir imaginar que o parceiro, com o passar do tempo, vai mudar e tornar-se como elas querem. Mas isso pode ser uma grande ilusão. Geralmente, a maioria das pessoas mantém, sem significativas alterações, suas características mais marcantes, durante a vida. Pouquíssimas mudam radicalmente seu jeito de ser e pensar. Outras, até pioram!

Helena pode ficar paralisada, sem conseguir optar por continuar ou terminar o relacionamento com o namorado. Seu desejo de ter um companheiro trabalhador após o casamento pode ser equivalente ao de viver a paixão que sente por Luís Fernando. Uma questão importante a ser por ela considerada nesse tipo de impasse é o quanto o superego está barrando ou permitindo sua escolha.

O superego é uma instância psicológica que contém as leis e as regras relacionadas ao comportamento de uma pessoa em sua vida. Ele "diz" a ela o que pode ou não fazer. É formado por tudo o que ela aprende, ao longo da vida, com a família, na religião (se seguir alguma), na escola, na sociedade... Muitas dessas regras são verdadeiras e necessárias à nossa sobrevivência. Por exemplo: meu superego sabe que não devo saltar de uma janela do 15º andar porque, se fizer isso, me espatifarei na calçada. Isso é uma verdade.

Entretanto, existem outras regras, preconceituais, que podemos criar ao longo da vida e que nos impedem de usufruir nossa liberdade. Se uma pessoa for criada com muitas regras e normas de comportamento, ela terá, provavelmente, um superego muito rígido. Nesse caso, poderá ficar escravizada a esse superego, formado por regras disfuncionais e não verdadeiras. Por exemplo, uma pessoa teve uma criação muito austera que a ensinou a ser "muito limpinha", em relação ao contato consigo mesma e com os outros. Esse superego pode lhe ditar regras absurdas, como: "Você não deve beijar na boca porque vai pegar micróbios da outra pessoa". Também é comum ouvirmos mães que tiveram problemas sérios em seus casamentos falarem para as filhas: "Todos os homens são iguais. Seu pai era ruim, portanto, seu namorado será ruim depois do casamento".

Helena, a mulher do exemplo que citei há pouco, resolve observar as regras que seu superego lhe dita a respeito do namorado para medir se são funcionais e adequadas. E também resolve "baixar a guarda" do superego e, sem a contenção dessa instância psíquica, pensar no que gostaria de fazer de verdade, qual a sua vontade mais genuína. Daí, ela chega à conclusão de que, mesmo prevendo um casamento sofrido e difícil com Luís Fernando, o mais importante é viver essa paixão. E está consciente do que irá sofrer, se responsabiliza pelo caminho escolhido. O contrário também poderia ter acontecido: ela optar por deixar o namorado.

O mais importante, ao fazermos uma escolha, é que estejamos conscientes dela e nos responsabilizemos por suas consequências. É muito comum ficarmos em impasses, mesmo que menos dramáticos que o de Helena, ao tentar fazer escolhas amorosas. Afinal, o outro nunca é do "jeitinho" que a gente quer. Por isso é importante que, nessas situações, reflitamos se a norma que está sendo ditada pelo nosso superego é adequada ou não a determinada situação e a certo momento de nossa vida, ou seja, o quanto ela é funcional, e o preço que vamos pagar por cumpri-la ou descumpri-la.

Autoconhecimento e limites

Para que uma pessoa se conheça melhor e aprenda a se cuidar, ela pode, por exemplo, optar por morar sozinha durante algum tempo, antes de se casar (se for isso o que pretende para a sua vida). Embora nossa sociedade não costume "ver com bons olhos" quem faz isso – porque ela está sempre alimentando o sentimento de abandono –, morar sozinho durante um tempo pode ajudar o indivíduo a conhecer-se, amadurecer e desenvolver sua solitude (depender menos do outro para ter bem-estar) e, consequentemente, lidar melhor com a sensação de desamparo, quando esta surgir. Se ele aprender a gerenciar a sua própria vida, também vai administrar melhor uma vida conjugal.

Em muitas culturas do mundo são praticados ritos de passagem – celebrações que marcam mudanças de *status* de uma pessoa no seio de sua comunidade. Para essas culturas, esses ritos podem ou não ter caráter religioso e são um passo vital no processo de transição da infância/adolescência para a vida adulta. Certos ritos, como os praticados em determinadas regiões da África, por exemplo, envolvem circuncisão, cortes simbólicos no corpo ou testes de *endurance*. Outros contemplam períodos de reflexão e isolamento.

Em muitas sociedades ocidentais, também existem ritos de passagem que são vivenciados por muitos jovens quando, por exemplo, entram para a universidade e (ou) vão morar sozinhos ou quando fazem parte de um programa de intercâmbio e vivem em outro país durante um período. E algumas pessoas, mesmo não se encontrando nessas situações, podem resolver ir morar sozinha por achar que chegou a hora de sair da casa dos pais.

Nesses casos, muitas vezes ela tem que fazer sua comida, pagar suas contas e, em um nível mais profundo, lidar com sentimentos difíceis, como angústias e medos. Se ela determinar que vai lidar sozinha com estas demandas – sem correr para os braços da mãe e do pai na primeira crise que tiver –, terá de encontrar, por si só, meios de resolvê-las ou, pelo menos, de conviver melhor com elas. E isso poderá ajudar muito em seu amadurecimento. Quando uma pessoa tem que enfrentar sozinha essas questões, pode aprender a tomar para si a responsabilidade de gerir sua vida. E, nesse processo, também ir se conhecendo melhor e, consequentemente, os seus limites: o que quer e o que não quer, até que ponto os outros podem interferir na sua vida, e, em contrapartida, até onde ela pode intervir na vida das outras pessoas.

Estando sozinha para cuidar de si própria, ela se deparará com situações novas que lhe darão oportunidades de ver a vida sob outros ângulos. Por exemplo, Soraia é uma jovem de 18 anos que deixa as coisas fora do lugar em seu quarto. Ela joga o tênis em qualquer lugar e a toalha molhada em cima da cama, na casa onde mora com os pais. A mãe dela arruma o seu quarto todos os dias. Soraia não tem a dimensão do trabalho que sua mãe realiza. Ela vai morar sozinha nos EUA durante um ano. No início, Soraia também deixa os sapatos e a toalha jogados no chão do quarto e sai de casa para ir ao curso de inglês. Quando volta para casa, ela percebe que os sapatos e a toalha estão no mesmo lugar de antes. Soraia começa a notar que nenhuma fada madrinha, em um passe de mágica, deixará tudo arrumado e se dá conta de que gosta de viver em um quarto e em uma casa organizados, limpos. Então, passa a arrumar a casa. Caso contrário, aprende a viver na confusão!

Esses *aparentes* pequenos desafios do dia-a-dia podem levar uma pessoa a desenvolver-se, amadurecer. E questões mais complicadas e difíceis de lidar que um sapato fora do lugar também podem vir à tona quando se está sozinho. Uma pessoa pode ter pavor de ficar sozinha e buscar sempre estar rodeada de pessoas para não ter que lidar com o sentimento de solidão. Morando sozinha, ela pode desenvolver mais sua capacidade de solitude, de sentir-se bem – e, assim, não sofrer, ou padecer menos, quando os outros não puderem lhe fazer companhia.

Um homem, cuja mãe sempre lavou suas roupas, cozinhou para ele e arrumou todas as suas bagunças, pode esperar que a esposa faça o mesmo. Mas ela pode não querer entrar neste papel. Se ele tiver morado sozinho durante um tempo, poderá ter aprendido a realizar essas tarefas. Assim, ficará mais fácil aceitar e entender que sua esposa não quer, nem tem a obrigação de realizá-las.

Outra maneira de favorecermos o autoconhecimento é por meio da terapia. Um psicólogo, um psiquiatra ou, em certos casos, ambos (nos processos terapêuticos que concatenam esses dois profissionais), contribuem para ajudar uma pessoa a situar-se em seu processo de desenvolvimento pessoal.

Embora as experiências de uma pessoa ir morar sozinha e (ou) fazer terapia costumem ser instrumentos muito eficazes na busca do amadurecimento, se ela não estiver *verdadeiramente* comprometida com seu processo individual – disposta a olhar para dentro de si e a trabalhar suas questões – eles podem não funcionar.

Uma pessoa pode, por exemplo, morar sozinha e levar as roupas para que sua mãe as lave ou, nas crises existenciais, correr para os braços dela e não lidar com o seu próprio abandono, suas próprias limitações. Também pode fazer terapia durante 20 anos e negar-se a olhar suas questões mais difíceis, nunca se aprofundando nelas para que possa tratá-las. Por outro lado, ela pode morar com os pais até o casamento e trabalhar para conhecer-se com ou sem a terapia.

O importante é que ela se dê conta de que é **responsável** por se educar, por desenvolver a si mesma. Educação não é uma coisa que se encerra quando terminamos o segundo grau ou faculdade. É processo que dura a vida inteira. Não é aprendermos, na escola, o que é logaritmo, trigonometria, ou quem é o presidente da África do Sul. É uma questão muito mais ampla do que isso. É o processo no qual aprendemos a lidar com nós mesmos e, consequentemente, com os outros. Vale, mais uma vez, a ressalva: o fundamental é que cada um esteja **comprometido** de verdade com o autodesenvolvimento, seu amadurecimento.

Capítulo 2

Casei-me: E agora José?

O casamento não é um ritual, nem um fim. É uma dança demorada, complexa e íntima – nada mais importa senão seu equilíbrio e a escolha do parceiro.

Amy Bloom

Mesmo nos dias de hoje, nos quais nossa sociedade aceita, com relativa facilidade, as relações que não implicam a coabitação do casal, nem resultam, necessariamente, em um casamento formal, este ainda é, para a maioria das pessoas, o desfecho do relacionamento sexual-afetivo. Casar-se implica uma grande mudança no modo de vida de uma pessoa e também no relacionamento entre ela e o parceiro. Alguns comportamentos que percebemos no parceiro – e dos quais não gostamos – não nos incomodam durante o namoro, pois só os aguentamos enquanto estamos com ele. Outros, sequer conhecemos, pois durante o namoro encontramos o outro, ficamos um tempo com ele e depois cada um volta para sua casa. Provavelmente, ao nos casarmos, continuaremos a admirar as qualidades do parceiro, mas será que conseguiremos conviver com o que não gostamos nele? E nossos projetos de vida podem concatenar-se com os do parceiro? O amor pode superar mesmo esses desafios?

Considero que um casamento de verdade é aquele em que há um comprometimento entre as partes. Ele existe quando os parceiros assumem a relação e *sentem-se casados*. Os dois combinam em sua maneira de pensar e em relação aos projetos de vida, querem compartilhar vivências e trabalhar juntos para que esses projetos se realizem, como planejar quando e quantos filhos terão, como vão criá-los, se vão comprar uma casa na praia, viajar todos os anos... E isso sempre respeitando, mutuamente, a individualidade e a necessidade de solitude do outro. Muito mais do que o cerimonial e o registro em cartório que oficializam a união entre duas pessoas, estar casado é um sentimento, é um estado de espírito.

Meu projeto × seu projeto

Embora a paixão seja, na maioria das vezes, pré-requisito para o início de um relacionamento, pode dificultar que a pessoa veja claramente se existe a possibilidade de ele dar certo. Para se estabelecer um relacionamento dura-douro e satisfatório, somente a paixão pode não ser suficiente. Meus projetos de vida, meus costumes, minha visão de mundo, podem conviver e, em certa medida, conciliar-se com os dele, ou os dela, caso nos casemos? Os parceiros devem colocar para si mesmos essas questões. Assim, podem evitar enganos e conflitos futuros, e ficar mais conscientes das reais possibilidades da relação. Por isso, é aconselhável o casal esperar um tempo até que a paixão se abrande, antes de tomar decisões que o comprometam mais com o relacionamento, como se casar, por exemplo. Dessa maneira, cada parceiro tem um tempo maior para conhecer o outro e refletir se, depois do casamento, poderá con-cretizar seus projetos de vida, ou se vai aceitar e conviver, por exemplo, com algum comportamento do outro que já o incomoda no namoro.

Quando estamos apaixonados, tudo pode nos parecer possível. Com a paixão, mesmo o que não aceitamos no outro pode ser considerado um "defeitinho" à toa. Durante o namoro, uma mulher pode até se incomodar, mas aceitar, que seu namorado passe o dia inteiro, aos sábados e domingos, bebendo e sentado em frente à televisão. Mas depois do casamento talvez ela não tolere que o marido tenha esse costume, por preferir, nos finais de semana, ir ao cinema, à praia ou almoçar em algum restaurante – e querer fazer esses programas com ele –, por exemplo. Também pode acontecer de um homem sonhar com um casamento no qual a mulher seja uma exemplar dona-de-casa, em tempo integral, e ele ocupe o lugar de provedor da família. Entretanto, sua namorada não abre mão da carreira profissional e quer um casamento no qual os papéis não sejam tão determinados. Como conciliar duas visões tão diferentes? E se você quiser ter filhos e seu parceiro não? Você vai sacrificar esse projeto para manter o relacionamento? Qual é o preço dessa renúncia?

A questão aqui é a seguinte: seus projetos e modo de vida podem concatenar-se com os do parceiro? Ou os interesses de cada um vão se chocar? Em alguns casos, o relacionamento só pode ser viável à custa de sacrifícios muito penosos de uma das partes. Mas isso, como veremos, tem um preço muito alto para ambas as partes. Citarei, a seguir, uma situação que ilustra um dos impasses que costumam acontecer em alguns relacionamentos.

Marcela é uma mulher de 32 anos que namora, há 10 anos, Alexandre, um homem de 63. Ela quer se casar e ter filhos. Ele tem três filhos adultos de seu primeiro casamento e também é avô de duas crianças. Alexandre não tem vontade nem está disposto a se casar, nem a ser pai novamente. Tem outras prioridades em sua vida e não consegue se imaginar com um bebê para cuidar. Quer viajar, namorar, passear, curtir os filhos e netos, e realizar um projeto que havia posto de lado – enquanto trabalhou em uma empresa, durante a maior parte de sua vida – porque não tinha tempo, que é o de iniciar uma carreira de artista plástico. Entretanto, para agradar Marcela, ele diz que quer se casar e ter filhos.

Um dia, eles vão visitar Ricardo, um amigo de Alexandre, que tem 62 anos e acaba de ter um filho. Quando chegam ao apartamento de Ricardo, este está muito atrapalhado cuidando do filho – trocando a fralda, dando-lhe a mamadeira, tentando fazê-lo parar de chorar... Depois da visita, o casal se despede de Ricardo e entra no elevador. Alexandre diz para Marcela: "Depois de ver esta cena, tive a certeza de que não é isso o que eu quero para a minha vida neste momento. Eu *realmente* não me vejo aos 63 anos de idade casando-me, cuidando de um bebê, enfim... Começando tudo de novo". Marcela retruca, afirmando que não suportaria abdicar do desejo de ter filhos. O casal discute. Ela resolve terminar o relacionamento com Alexandre porque decide não abrir mão de seus projetos. Ambos sofrem muito com a separação. Passado algum tempo, Marcela começou outro relacionamento, vindo a casar-se e a ter filhos. Alexandre iniciou uma relação afetiva com uma senhora de 57 anos que também já tinha filhos e netos e cujos projetos eram semelhantes aos dele, como viajar, passear, curtir a família...

Se Alexandre tivesse sido sincero com Marcela desde a primeira vez que ela lhe disse querer casar-se e ter filhos, a situação não precisaria ter chegado no ponto de trazer um grande sofrimento ao casal. Entretanto, durante muito tempo, Alexandre teve medo de "abrir o jogo" porque, ao fazê-lo, corria o risco

30 CASAMENTO – MISSÃO (*QUASE*) IMPOSSÍVEL

de perder a namorada. É muito comum que homens e mulheres ajam dessa maneira – ou seja, acabem mentindo, consciente ou inconscientemente para o outro, com medo de perdê-lo. Um homem pode dizer à parceira: "Eu vou ter um filho com você". Entretanto, "lá no fundo", ele sabe que não quer isso, que isto não é verdade, e pensa: "Eu vou enrolar essa moça enquanto puder, fingindo que vou fazer o que ela quer". Uma mulher, que, por exemplo, sonhe em seguir uma carreira na empresa na qual trabalha, também pode dizer ao namorado: "Serei a melhor dona-de-casa do mundo", mas, no fundo, sequer consegue imaginar-se na beira de um fogão.

Para evitar frustrações, conflitos e sofrimentos, considero que é muito importante que a pessoa tenha claro para si quais são seus objetivos na vida e, se tem um companheiro, avalie se pode viver com ele e, ao mesmo tempo, realizar seus potenciais. Nesse ponto, acredito que o casal deve dialogar muito antes de tomar a decisão de se casar formalmente ou de morar junto definitivamente. Cada parceiro precisa dizer ao outro o que está disposto a fazer pela relação e o que este pode esperar dele. Eles devem fazer um "contrato" no qual fique bem claro o seguinte: o que cada um quer do outro e pode dar a este. E isso exige coragem.

O contrato

Para uma relação ser satisfatória, deve acontecer por consenso e não por concessão, por doação. O consenso implica um diálogo aberto entre as partes, que fazem um contrato claro sobre o que um quer e pode dar ao outro. E o "contratante" tem de saber que o risco de o contrato não ser cumprido existe e que este é apenas uma forma de conhecer, de antemão, o que o parceiro espera e pode oferecer em um relacionamento; e que as suas necessidades e as do outro podem mudar com o tempo. Esse tipo de contrato não deve, nem poderia, ser fixo nem categórico, pois tornaria o casamento uma prisão. Sua função é tornar os dois parceiros conscientes de "onde estão colocando os pés" para, assim, buscarem, desde o princípio, evitar erros que poderiam comprometer a relação mais tarde.

Um contrato ideal entre as partes não existe, pois uma das poucas afirmações que podemos fazer acerca da vida é que ela é instável, imprevisível, impermanente. Como disse o filósofo grego Heráclito (Séc. VI a.C.): "Tudo é mudança, nada permanece estável". Hoje, me comprazo em ser uma excelente dona-de-casa. Amanhã, resolvo entrar em uma organização não-governamental e dedicar grande parte do meu tempo a lutar pela preservação do planeta.

Além disso, pode acontecer, em uma situação de paixão, de enamoramento, de uma pessoa "fajutar" o contrato, mostrando à outra que pode dar-lhe muito mais do que pode de fato. E também de ela aceitar, temporariamente, determinadas atitudes do parceiro, enquanto durar a paixão, mas que não tolerará após o casamento. É importante que cada parceiro, no período inicial do relacionamento, de aproximação, se mostre como é ao outro, por meio de um diálogo franco, sincero. Agindo assim, o casal pode evitar projeções e expectativas em relação ao outro que, certamente, provocariam sofrimento e frustração.

Em um casamento pode acontecer, por exemplo, de um dos parceiros não gostar de cultivar uma vida familiar com os seus e com parentes do outro. Ele prefere visitá-los de vez em quando e telefonar às vezes para saber como estão. O outro, por sua vez, mantém laços estreitos com a família de origem. Ele quer almoçar na casa dos pais em todos os finais de semana e não "abre mão" de passar todas as datas comemorativas, como o Natal, a Páscoa e o Ano-Novo, com eles. Nesse caso, o que fazer? O casal pode buscar um consenso: almoçar com os pais da parte que exige isso a cada quinze dias, e passar algumas datas festivas na casa dos pais do parceiro e, em outras, fazerem outro tipo de programa. Entretanto, se for muito difícil alguma das partes concordar com essa "cláusula", o casal deve repensar se conseguirá permanecer junto após o casamento. Pode ser insuportável para alguém menos ligado à família atender à demanda que o outro espera. E o parceiro também pode sofrer por não ter um contato mais constante com a família.

Para evitar que esse tipo de problema aconteça com o casal, hoje existe uma maneira de cada um conhecer melhor o outro antes que dêem um passo tão decisivo como a união oficial ou o de morar junto em definitivo: é o que podemos chamar de *test drive* ou casamento temporário. Os parceiros moram juntos, durante um período, para saber se vão querer casar-se. Assim, estando mais próximos um do outro, podem conhecer-se melhor, percebendo o que aceitam e o que não aceitam no outro e como se comportam diante dele. Mas, até mesmo essa atitude de morarem juntos sem estar oficialmente casados

32 CASAMENTO – MISSÃO (QUASE) IMPOSSÍVEL

pode implicar conflitos e desavenças, pois contraria as clássicas convenções sociais. Antigamente até se usava um termo pejorativo para essa situação, a de "amigado" ou "amasiado" que, hoje em dia, caiu em desuso, embora algumas daquelas "tias velhas" ainda os usem em sussurros nos seus encontros para o chá da tarde!

Individualidade × comunidade

O contrato pode ajudar os parceiros a administrar uma das mais difíceis questões que se apresentam no casamento: conciliar as necessidades de individualidade e comunidade, presentes em maior ou menor grau nos seres humanos. Alguns priorizam mais a primeira, outros a segunda. É praticamente impossível vivermos completamente isolados do relacionamento com as outras pessoas. Por outro lado, pode ser sufocante a sensação de não termos um espaço para simplesmente ficar sozinhos, sem nenhum outro objetivo, ou para realizarmos atividades que gostemos de fazer sem a participação do parceiro, como sair com amigos, caminhar pela praia, ir ao cinema, ler um livro...

Enquanto algumas pessoas priorizam em demasia seus momentos de comunhão com o outro e sacrificam a individualidade em razão disso, outras fazem o oposto: valorizam a solitude em detrimento dos relacionamentos e têm medo de com o casamento perder esse espaço em suas vidas. Nesse ponto, retomarei uma das questões que tratei no capítulo anterior: solitude e solidão.

Algumas pessoas solteiras, que gostem de estar sozinhas sempre que queiram ou que temem ter de sacrificar alguns de seus planos em vista do relacionamento com um parceiro, podem recear que o casamento se torne uma "prisão". E, pelo menos em parte, elas podem não estar erradas. Existem casamentos que são verdadeiras prisões. Não são raras as situações de pessoas se sentirem "sequestradas" por seus parceiros. Mas também há uniões nas quais cada parceiro respeita a individualidade do outro.

Em geral, os homens têm mais medo de perder sua individualidade do que as mulheres. Os motivos disso podem ser muitos. Alguns homens podem ter se relacionado – em sua criação e ao longo da vida – com mães ou algumas namoradas que eram muito dominadoras e cerceadoras, por exemplo. Podem ter observado o casamento dos pais e, neste, a mãe obstruía os projetos e vontades do pai. A observação disso pode ter gerado nele o medo de também ser "preso".

É comum que algumas mulheres, durante o namoro e principalmente depois do casamento, sejam muito dominadoras e tornem-se "máquinas de brecar" qualquer iniciativa do homem que, a seu ver, ponha em risco o casamento ou o controle que acreditam ter sobre o parceiro. Um homem que, por exemplo, costuma escalar montanhas ou participa de um conjunto que se apresenta em um bar pode ser desestimulado constantemente de fazer isso pela esposa. Mas isso também pode acontecer com muitas mulheres.

Embora muitas mulheres ainda sejam criadas para ser "do lar", muitas querem passar longe disso ou, pelo menos, também realizar outros projetos. Querem trabalhar, passear com os amigos, estudar, escrever uma tese... Mas podem ser desestimuladas pelos parceiros de fazer isso. Alguns homens ainda querem que suas mulheres sejam somente donas-de-casa depois do casamento, principalmente porque foram criados por mães que se resignaram a este papel durante toda a vida, muito embora, "da boca pra fora", digam exatamente o contrário e até cobram uma atitude mais assertiva da mulher, fazendo um "jogo duplo" ao sabotá-las em seus intentos.

D. Esmeralda, uma senhora de 70 anos, percebeu tardiamente que havia deixado a vida passar ao submeter-se à dominação do marido que a "proibiu de estudar, trabalhar, dirigir automóvel e ter uma vida própria", mantendo-a numa posição de mãe e dona-de-casa o tempo todo. O discurso do marido era o de que ele trabalha muito e o tempo todo para que a mulher e as filhas não precisassem se preocupar com isso. Sufocada, esmagada em sua essência, D. Esmeralda adquiriu uma doença auto-imune (onde a pessoa cria anticorpos contra si mesma) e veio a falecer de forma dolorosa, precoce e infeliz.

Esta e outras situações costumam acontecer em alguns relacionamentos. E podem comprometer nada menos que o desenvolvimento de uma pessoa como ser humano, em vários aspectos (emocional, social, profissional, físico, financeiro...). Para atender ao parceiro ou parceira, algumas pessoas deixam de se relacionar com amigos, de estudar ou trabalhar. Elas têm perdas imediatas, pois, ao fazer isso, dificilmente levam uma vida feliz, no "aqui e agora". Isso porque, com um universo individual reduzido ao cônjuge, elas não têm muitos desafios nem relações afetivas que as estimulem a viver, que lhes tragam satisfações. E também podem ter grande perdas a longo prazo, pois, se seus casamentos não derem certo, encontrarão dificuldades em retomar, por exemplo, seus relacionamentos com os amigos ou uma carreira profissional.

O medo de perda da individualidade também pode estar ligado, pelo menos em parte, a uma crença falsa em relação ao casamento – normalmente é mais comum nas mulheres que nos homens, e passada de mãe para filha. É a seguinte: *"Para um relacionamento dar certo você tem de ceder. Muitas vezes precisa perder a sua individualidade para manter a relação"*. Geralmente, quem diz isso sacrificou muitos aspectos do seu ser porque acreditava que assim manteria o relacionamento. Esses "conselheiros de plantão" são, na maioria das vezes, mulheres que desistiram de seguir uma carreira, de cultivar o próprio processo individual... Enfim, de buscarem se realizar na vida, seja de que maneira fosse. Algumas delas, porque tiveram uma criação muito rígida, sequer cogitaram, em algum momento de suas vidas, ter outros objetivos ou atividades que não o marido e os filhos. Elas se amoldaram aos papéis de esposas e mães e têm medo de se colocar diante do parceiro e pôr em risco, o que muitas vezes não é verdade, esses papéis, já que são os únicos que desempenham na vida. São esses, geralmente, aqueles casamentos que costumam ser citados como tendo "dado certo", simplesmente por conta de sua duração.

Se os parceiros se esforçarem para respeitar suas necessidades mútuas de individualidade, o relacionamento poderá ser, em vez de uma prisão, um "espaço" no qual ambos possam trocar e compartilhar experiências, e se estimularem, reciprocamente, a realizar sonhos, projetos...

O ser humano é, ao mesmo tempo, individual e comunitário. Não é porque estamos compartilhando algo com alguém que deixamos de ser seres individuais. A questão aqui é a seguinte: devemos cuidar para que não sejamos arrastados pelo ritmo do outro a ponto de abandonarmos *nossas* verdades, *nossos* valores e *nossos* projetos.

Quando existe um casamento *de verdade*, no qual os parceiros são íntimos um do outro e podem mostrar-se como são, compartilhando alegrias, tristezas, sucessos, fracassos, sem, contudo, negligenciar a si próprios, eles estabelecem uma ponte entre a individualidade e a comunidade.

Pode ser muito prazeroso compartilhar nossa vida com alguém. Construir um relacionamento íntimo – ter uma vida afetiva e sexual satisfatória e realizar planos com o parceiro, como criar filhos, construir uma casa ou planejar a "viagem dos sonhos" – pode exigir um trabalho árduo, mas, ao mesmo tempo, trazer muitos desafios e satisfação.

"Nem tanto ao céu, nem tanto à terra" é, pelo menos, um ideal a ser buscado na difícil arte de concatenar individualidade e comunidade. Em geral, precisamos desses dois estados para ter uma vida emocionalmente satisfatória. Por isso, é necessário que busquemos sempre conciliá-los.

Nesse sentido é sempre bom lembrarmos que, em um casal, existem três entidades: o EU, o TU e o NÓS! O grande problema das relações é querer abolir alguma dessas entidades. Só EU, só TU ou só NÓS tem tudo para dar errado.

A caderneta de poupança psíquica

Quando uma pessoa tenta ser o que não é para agradar o outro, ela abre, consciente ou inconscientemente, uma "caderneta de poupança" em seu mundo interno. Nesse depósito, ela vai guardando tudo o que sacrifica pelo outro: a faculdade que não terminou para cuidar dos filhos, a viagem para a Irlanda que não fez para trabalhar em uma empresa que pagava alto salário e aumentava a renda da família, as noites que ficou esperando o outro voltar do bar, as traições que suportou... São muitas as moedas psíquicas. E esse "montante" vai sendo guardado pela pessoa poupadora em sua "caderneta" psíquica. E ela acredita poder, em algum momento, trocá-lo pelo que quiser exigir que o outro faça. A lógica desse processo é mais ou menos a seguinte: "Eu lhe dou isso agora. Mais tarde, você terá de me dar o que eu lhe pedir".

Por exemplo, um homem que esteja sacrificando uma atividade da qual gosta pode pensar, mesmo que inconscientemente: "Agora estou deixando de tocar meu saxofone nos bares porque você não quer ficar sozinha à noite. Mas você, por sua vez, terá de cuidar de mim para sempre e me sustentar financeiramente para o resto da vida". Ou ainda: "Eu não trabalho fora para ser dona-de-casa. Por isso, você jamais poderá me abandonar". Também é comum um parceiro ouvir do outro, quando não corresponde às expectativas deste: "Nossa, depois de tudo o que eu fiz por você, ainda me trata assim!". Essa falsa doação, que na verdade é um empréstimo, é um grande erro que acontece em muitas relações. Se uma pessoa aceita fazer esse tipo de pacto, acaba perdendo

36 CASAMENTO – MISSÃO (*QUASE*) IMPOSSÍVEL

a sua individualidade, as suas características próprias. E não está fazendo isso porque é boa. Na verdade, ela se sacrifica porque quer e para obter algum tipo de benefício para si própria.

A idéia muito apregoada pela cultura ocidental, especialmente a judaico-cristã, de que o homem tem de ser bom, dadivoso, caridoso, geralmente está contida nesse comportamento de sacrifício por parte de um ou dos dois parceiros. A pessoa, muitas vezes, não se dá conta de que faz uma poupança inconsciente e acredita estar sendo boa, magnânima e caridosa – uma supermulher ou um super-homem – para o parceiro. Entretanto, por trás de cada sacrifício existe um objetivo, algo a ser alcançado – seja obter algo que valorizamos ou necessitamos, seja conseguir o reconhecimento dos outros. No caso dos heróis, o objetivo pode ser a imortalidade de seu nome; das beatas, a conquista do céu...

Quando alguém faz uma poupança psíquica, esperando ganhos futuros com o outro, corre o risco muito grande de frustrar-se. Muito provavelmente, no momento em que for cobrar do outro o que quer que este faça, descobrirá que essa dívida não existe. O outro talvez fale: "Você fez porque quis". E ainda bem que a resposta provável será esta, pois um relacionamento predeterminado traria em si sua própria morte – ele não teria como crescer, como se desenvolver.

"Quem casa quer casa"

Até agora estive falando da individualidade contraposta à comunidade. Tratarei de outra individualidade – a do casal. Quando duas pessoas se relacionam, acabam criando um "terceiro", um "filho psíquico". Existe o *eu*, o *tu*, e este filho é o *nós*, ou seja, a intimidade do casal, seus projetos de vida juntos, sua forma de criar os filhos...

Quando casamos, normalmente queremos construir uma vida nova com o parceiro, com base em nossas visões de mundo, princípios, valores e costumes. E esse modo de viver, embora tenha muito das famílias de origem – como padrões de comportamento aprendidos com nossas mães e pais –, sempre traz algo de novo.

"Quem casa quer casa" – embora este ditado já seja um velho conhecido pela maioria de nós, o que ele realmente quer dizer? Em parte, significa que a maioria das pessoas quer, depois do casamento, ir morar somente com o parceiro, em uma casa física, material. Mas "querer casa" também pode significar que quem se casa quer privacidade e liberdade para construir sua história junto ao parceiro. Entretanto, é comum acontecer de uma pessoa se casar e sua família de origem demorar a se acostumar com essa nova situação ou de não aceitá-la.

Quando nos unimos legalmente com uma pessoa, também casamos com a família desta. A família do cônjuge vai estar sempre presente na vida do casal, mesmo que de forma secundária. Os laços com essa família de origem não são rompidos, mas a convivência com ela, em geral, diminui. Isso é natural e necessário para que o novo casal possa formar sua família, criar filhos, cuidar da vida, enfim...

Mas quando a família de um dos cônjuges (ou dos dois) começa a interferir em demasia na vida do casal, este deve procurar lidar diplomaticamente com o problema, tomando sempre o cuidado para não abrir mão de sua individualidade, ou seja, decidir o que, quando e como agir em relação às suas questões. O casal precisa delimitar o seu território para não perpetuar determinados padrões das famílias de origem, que não correspondem ao seu modo de pensar. Esses padrões não são necessariamente bons ou ruins, e podem funcionar com estas famílias, mas não com o casal.

Como dizia uma tia-avó minha, "o casal nunca deve morar tão perto dos pais de modo que eles possam ir ate lá de chinelos".

Ilustrarei esta situação: Giovani é artista plástico e optou por viver da venda de seus quadros. Como depende dos "humores" do mercado de arte para negociar as obras, ele tem uma vida financeiramente instável. Sua esposa, Valéria, é jornalista e gosta de viver com ele dessa maneira. Eles sempre recebem visitas de artistas, intelectuais, têm uma vida cultural agitada – vão a exposições, ao cinema, ao teatro – e passam temporadas no exterior quando Giovani está expondo em alguma galeria de lá. Também gostam de mudar de casa e de cidade de tempos em tempos. Eles fazem isso quando Valéria não está trabalhando em algum outro país, como o Iraque, pois ela é correspondente de guerra.

O casal gosta de viver dessa maneira – os trabalhos dela e dele não estão atrelados a um só lugar (eles não "batem o ponto" diariamente) – e não busca ascender economicamente; prioriza a vida cultural e artística. A família de Valéria, entretanto, abomina o modo como o casal vive. Seus pais gostariam que ela tivesse se casado com um bancário com trabalho e um salário fixos, que o casal tivesse um endereço também fixo e que ela fosse dona-de-casa. Eles

38 CASAMENTO – MISSÃO (*QUASE*) IMPOSSÍVEL

tentam dissuadir a filha de continuar o casamento, seja direta ou indiretamente, às vezes falando abertamente, outras fazendo críticas veladas ao marido. Valéria continua vivendo a vida que quer e deixa claro à família que está fazendo uma escolha e que esta deve ser respeitada. Aos poucos, a família se acostuma com isso. A mãe é dona-de-casa, o pai, funcionário público, e os dois irmãos, bancários. Eles gostariam que Valéria repetisse, de alguma forma, esses padrões. Mas o que serve para a família pode não ser útil para ela.

O pacto inconsciente

Um relacionamento quase nunca é só o que aparenta, o que está na superfície. Existe o dia-a-dia do casal: planejar um filho, construir uma casa, passear nos finais de semana... Mas a relação sexual-afetiva também se constitui de relações inconscientes. É o chamado **pacto secreto** que cada parceiro acredita ter feito com o outro. Nesses "acordos" cada parte espera, sem se dar conta disso, que a outra atenda às suas expectativas. Mas a outra não sabe desse "pacto".

Por causa desse "pacto", cada parceiro espera que o outro saiba, previamente, o que deve fazer para agradá-lo. Entretanto, como normalmente isso não acontece, esse acordo é a maior fonte de "encrencas" em uma relação conjugal. Uma mulher espera, por exemplo, que o marido cuide dela. Como ela não sabe, conscientemente, que tem essa expectativa, cada vez que o parceiro deixa de atender às suas solicitações, sente-se abandonada, traída e rejeitada. E o parceiro nem sabe que está provocando tamanho sofrimento na esposa.

A mulher fica com raiva do cônjuge e acaba brigando com ele por, aparentemente, qualquer motivo, como este ter deixado a toalha molhada em cima da cama, não querer fazer um programa "a dois" ou ter se esquecido de comprar palha de aço quando esteve no supermercado.

O marido, por sua vez, espera que a esposa o obedeça e que lhe dê satisfações 24 horas por dia. Como ela não atende a essas expectativas, diz que sua comida é ruim e que ela poderia se arrumar mais, por exemplo.

Essas expectativas não estão claras para nenhuma das duas partes e vão aparecendo ao longo do relacionamento. "Eu espero que quando nós tivermos um filho só você cuide dele". Ou: "Quero que você cozinhe todos os dias para mim" e outras situações banais como esperar que a esposa engraxe seus sapatos e se preocupe em pregar os botões de sua camisa, são alguns exemplos de exigências inconscientes que um dos parceiros pode ter em relação ao outro. Quando isso acontece, provavelmente a mãe de quem tem essa expectativa cozinhava todos os dias para ela e cuidou dos filhos sozinha, com pouca participação do parceiro. Daí, querer repetir esse padrão, esperando que o cônjuge faça o que sua mãe fez.

Esse "pacto" atinge níveis mais profundos quando, por exemplo, uma pessoa tímida, introvertida, se relaciona exatamente com seu oposto: alguém ousado, extrovertido. No mundo secreto de seus inconscientes, o introvertido espera que o outro o leve a ultrapassar as barreiras do medo e da introspecção, enquanto o extrovertido, ao contrário, busca alguém que lhe dê uma noção mais concisa de limites e ponderação. É claro que uma relação desse tipo começa linda e maravilhosa, com ambos se ajustando harmoniosamente em seus desejos secretos. Com o passar do tempo, no entanto, se não aprenderam a chegar a um equilíbrio pessoal, haverá um enorme abismo entre eles.

O introvertido se verá coagido a fazer coisas que não quer, enquanto o extrovertido sentir-se-á prisioneiro da natureza negativista do outro. E isso não é fácil de mudar. É preciso muito diálogo, compreensão, verdadeira "vontade política" de mudar suas características que, de tão enraizadas na personalidade, dificilmente se transformarão.

Compartilhando vivências e emoções

Não há como evitar: caso (e não quando) você se case com alguém, não conseguirá esconder deste a maior parte das suas emoções, pois a convivência trará, para ambas as partes, maior conhecimento mútuo. É bom que seja assim. Podermos abaixar a guarda e nos mostrar como somos e o que sentimos, pelo menos em parte, para alguém em quem confiamos, faz um bem danado. Assim, podemos nos sentir demasiado humanos e não super-homens ou supermulheres, sem, portanto, ter o "peso do mundo para carregar". É muito mais fácil compartilhar com o outro as emoções que nos deixam felizes, como alegrias, esperanças, satisfação por ter algum talento ou trabalho reconhecido, do que nos mostrar a ele quando estamos com medo, tristes, inseguros e angustiados. É importante que busquemos compartilhar também essas emoções difíceis com o parceiro, senão este pode nos ver como uma pessoa aparentemente segura, que não precisa de ninguém, e também agir de maneira parcial conosco, não se mostrando como é. E corre-se o risco de o outro nos amar só pelo que somos "de bom" e não como pessoas integrais, complexas: com sucessos, insucessos, potências, impotências... O relacionamento fica preso apenas nas experiências agradáveis e não tem como se desenvolver.

Entretanto, mesmo nas relações mais íntimas, existem limites para o compartilhamento de nossas questões. Há pensamentos e vivências que pertencem ao meu mundo, à minha individualidade e eu posso escolher se vou ou não compartilhá-los com o outro. Eu posso ter brigado com o meu chefe na empresa e não ter vontade de contar isso ao meu marido. Isso por simplesmente não estar a fim de falar sobre a briga porque meu parceiro poderia ficar irritado com um fato que para mim já estivesse resolvido, por exemplo.

Há, também, uma diferença substancial no comportamento masculino do feminino, apontado por numerosos estudos, que diz respeito a essa questão. Geralmente (não sempre), quando uma mulher conta um determinado problema para o companheiro, espera que ele converse sobre isso, lhe faça perguntas, argumente, veja os prós e os contras. Já o homem tem por hábito solucionar rapidamente a questão, sem dar a menor importância aos detalhes e minúcias.

Isso fica claro no exemplo até certo ponto banal de Cláudia e Paulo, cujo filho teve um problema de relacionamento com os coleguinhas na escola. Cláudia quer fazer ver Paulo que o menino tem mesmo lá suas dificuldades, está passando por um momento difícil de seu desenvolvimento, talvez não saiba se expressar direito... Já Paulo acha que tudo isso é bobagem e que, se o filho não está se dando bem com os colegas, é melhor mudá-lo de escola!

Já no exemplo de Fernanda e Henrique há uma total falta de sintonia e sensibilidade entre ambos. Era dia de aniversário de casamento e Fernanda preparou toda uma cena romântica, com um jantar à luz de velas, rosas vermelhas, um vestido longo e insinuante, CD's com música de *blues*, que ela sabe são as preferidas de Henrique... Mas eis que, ao anoitecer, o esposo chega em casa, com vários amigos do trabalho, trazendo latas e latas de cerveja, vestindo a camisa de seu clube de futebol, pronto para assistir, pela televisão, à partida final do campeonato em que seu time poderia se sagrar campeão...

CASEI-ME: E AGORA JOSÉ? **41**

Não é preciso ter muita imaginação para perceber que entre flores, reco-reco, velas, bandeiras, apitos e talheres de prata não houve nenhuma conciliação! Fernanda, chorando, trancou-se no quarto, e Henrique, "mais pra lá do que pra cá", foi dormir na casa de um amigo.

Entretanto, muitas pessoas não suportam a idéia de que o parceiro não reparta toda a sua vida com elas. Várias ficam "indignadíssimas" quando descobrem que o outro deixou de contar-lhe algo: "Mas *como* você não me falou isso!", dizem. "Eu não contei porque nem era importante", ele responde. Mas aí, o "circo já está armado" e uma questão banal como esta leva a uma grande briga. Essas pessoas são como o *Big Brother*: têm a necessidade de controlar a vida do outro, de saber tudo o que ele está fazendo o tempo todo. Elas fazem isso porque são controladoras.

Mas, por que tanto controle? O controle não tem explicações lógicas. Pode ser que a pessoa controladora tenha medo de que alguma coisa que considere ruim – como ficar sujeita a alguma dor ou à morte – possa acontecer com ela caso relaxe e deixe de "saber de tudo" o que acontece consigo e à sua volta – o que, na verdade, é uma grande ilusão. Talvez ela tenha medo de o outro partir, deixá-la para sempre, traí-la, lhe fazer algum mal ou simplesmente sair de seu controle...

As pessoas muito controladoras são geralmente inseguras e apresentam traços fóbicos, ou seja, têm medos excessivos, seja da morte, do desconhecido, da dor... São como radares, sempre pesquisando acerca da vida do outro, seja a do cônjuge, do filho, da mãe e até do vizinho... Como se isso fosse garantir proteção. Elas depositam sua segurança no conjunto de informações que têm sobre a vida dos outros. Não conseguem viver com mais liberdade, pois temem a vida e seu caráter mais intrínseco: a "impermanência". A vida não é segura. Ela é mudança, transformação... Já houve quem dissesse que "segura é a pessoa que sabe de sua insegurança!".

Casamento e papéis

Quando imaginei escrever este livro, pensei em chamá-lo de "Casamento: uma missão impossível". Estar na "arena" do casamento não é fácil. Lá, os "bichos" são soltos mesmo, queiramos ou não. Acredito que as pessoas trazem

42 CASAMENTO – MISSÃO (*QUASE*) IMPOSSÍVEL

vários arquétipos internalizados. Os arquétipos, identificados por Carl Gustav Jung, são "resíduos arcaicos" ou "imagens primordiais". Segundo Jung, os arquétipos "(...) são tendências instintivas tão marcadas como o impulso das aves para fazer seu ninho ou das formigas para se organizarem em colônias".

Essas estruturas básicas de comportamento são heranças do espírito humano que permanecem através dos tempos. Fazem parte da história da psique humana, do "(...) desenvolvimento biológico, pré-histórico e inconsciente da mente no homem primitivo, cuja psique estava muito próxima à dos animais". Os arquétipos são instintos que se manifestam por meio de fantasias e de imagens simbólicas. Suas origens não são conhecidas e eles se repetem em qualquer época, lugar e civilização do mundo.

Existem vários arquétipos, como o *animus* (papel de homem), a *anima* (papel de mulher) da "Grande Mãe", o do "O Velho Sábio", o do "Herói", entre outros. Na cultura ocidental, por exemplo, o arquétipo da Grande Mãe tem, entre suas representações, a deusa Deméter, e do Grande Pai, o deus Zeus, ambos da mitologia grega. Eles se relacionam formando um conjunto de características que constituem a maneira de ser, expressar-se, comportar-se e sentir do indivíduo. Pode acontecer de alguém se identificar mais com um arquétipo e abandonar os outros. Isto irá comprometer seu desenvolvimento individual.

Cabe ao ser humano intermediar as relações entre os arquétipos em sua psique, pois estes são essências puras, que não conhecem limites. Uma mulher, ao dar a luz, por exemplo, pode experimentar tão intensamente o arquétipo da "Grande Mãe", que acaba se tornando uma mãe em tempo integral, até de seu marido. Entretanto, em um casamento *de verdade*, os limites dos papéis de cada parceiro têm de estar bem estabelecidos. A mulher deve ser mãe dos filhos e esposa do marido. E este, por sua vez, ser pai de seus filhos e marido de sua esposa. Quando um único arquétipo, como o da "Grande Mãe", "toma o poder", acarreta muitas confusões. Se uma mulher, além de querer ser mãe dos filhos também quiser sê-la do marido, o casamento pode se descaracterizar.

Muitas desempenham seus papéis de mulheres para os maridos só até o momento em que se tornam mães. A partir daí, se tornam apenas mães e abandonam, ou praticamente deixam, o papel de mulher. Talvez, inconscientemente, acreditem que o arquétipo da "Grande Mãe" tenha de reinar soberano e, por isso, elas não permitem a manifestação de outros aspectos;

ou porque a experiência de gerar um ser a partir das próprias entranhas pode ser uma experiência muito forte para determinadas mulheres, pois o filho é um produto dela, ele veio de dentro dela... Enfim, não se sabe por que, mas muitas mulheres passam a ser mãe em tempo integral para o marido e até para os amigos e os outros parentes.

Já o marido, por sua vez, pode, inconscientemente, associar a esposa à figura de uma mãe sagrada. Em seu inconsciente, ele, por exemplo, liga a mulher à imagem da Virgem Maria. Para ele, sua mulher fica intocável, torna-se uma deusa, uma mãe divina. Por causa dessa confusão de papéis, a libido do casal diminui. Aí é comum o marido, que tem uma mãe em casa, procurar outra mulher, mesmo mantendo seu casamento, para ter uma relação sexual-afetiva. Ele se coloca no lugar de filho para a mulher e vai procurar uma namorada. Reitero o que disse há pouco: um homem deve ser marido de sua mulher e pai, unicamente, dos filhos; a mulher, esposa do marido e mãe, somente, dos filhos. Quem confunde esses papéis possui um transtorno, que revela uma **disfunção neurótica**.

As pessoas devem saber claramente os papéis a desempenhar nas diversas situações que a vida lhes apresenta e a cada pessoa de suas relações sociais, sejam pessoais ou profissionais.

O Psicodrama faz uma distinção, no indivíduo, entre o *eu* e os papéis que ele desempenha. Uma pessoa pode desenvolver vários papéis, como marido, pai, avô, amigo, jornalista e professor universitário. Ela deve estar presente, inteira, em cada papel que exerce, porém, precisa cuidar para não se confundir com estes papéis nem misturá-los entre si. Se ela fizer isso, a tendência é que acarrete muitos problemas para sua vida. Pode ser angustiante permanecer em um casamento no qual se é filho da esposa. Esse tipo de relação geralmente implicará um grande sentimento de culpa por parte do marido-filho, caso este cogite separar-se da mãe-esposa. Daí, ele pode levar uma vida dupla – ter a "mãe" em casa e uma mulher fora desta – e carregar sentimentos desagradáveis, como a culpa.

Não é fácil lidarmos com os papéis que desempenhamos na vida sem confundi-los. Nos relacionamentos conjugais, que são muito íntimos, isso pode ser ainda mais difícil que nas relações de trabalho, por exemplo. Por todos esses motivos, a princípio eu considero o casamento, a verdadeira comunhão, realmente uma "missão impossível". Mas, se uma pessoa se trabalhar internamente

44 CASAMENTO – MISSÃO (*QUASE*) IMPOSSÍVEL

e ficar atenta para evitar cair na armadilha de trocar os papéis entre si, se esforçando para discriminar uns dos outros, tenderá a ter um casamento mais satisfatório, mais feliz. Eu acredito que, quando os parceiros não estão comprometidos verdadeiramente um com o outro e descuidam dos limites de seus papéis, o casamento é, na verdade, uma missão *quase* impossível.

"Casamento fechado"

Outra armadilha, na qual muitos casais caem, é a de fechar-se para o restante do mundo. Algumas pessoas se voltam exclusivamente para o casamento, deixando de cultivar outras relações – com amigos e a família de origem, por exemplo –, seja por vontade própria, do outro cônjuge ou de ambas as partes. Existem as que chegam a abandonar estudos, trabalho, talentos... Deixando de lado sua própria individualidade.

Um cônjuge dominador, controlador, por exemplo, pode tentar impedir que o outro tenha amizades fora do casamento e afastá-lo de sua família de origem. Se o outro for passivo, pode aceitar essas exigências e não se dar conta do que está comprometendo em sua vida. Ele estará, contudo, fazendo sua "caderneta de poupança psíquica", além de colaborar para que o seu casamento se torne uma prisão – pois as relações externas a este, como as de trabalho e as amizades, são essenciais para manter a vivacidade e a renovação pessoal, o que certamente reflete no relacionamento com o cônjuge – e de sofrer as consequências, no futuro, de ter se abandonado. Os amigos podem não "estar de plantão" para retomar o relacionamento com uma pessoa, se tiverem sido deixados e, depois de 10 anos, quando ela se der conta de que o casamento não supre todas as suas necessidades, procurá-los. E retomar o trabalho também pode ser complicado se ela deixar de se atualizar e qualificar durante um longo período.

Todos esses riscos que citei compõem uma mesma armadilha: a perda da individualidade em decorrência do casamento. O ideal é que você compartilhe alguns de seus projetos com o outro, algumas emoções e sentimentos, mas digo novamente: não perca o seu *eu*. Tenha a coragem de dizer para a parte de você que quer lhe abandonar e ao outro, se ele quiser submetê-lo: "Eu existo e,

por mais que isso lhe ofenda, continuarei a ser, independentemente de você".
Deixe claro para o parceiro: "Você é muito importante para mim. É bom estar
com você, mas não é toda a minha vida. Você é parte dela. Você pode dar cor
e luz à minha vida, mas a vida é MINHA!".

É importante que fiquemos atentos a esses limites que devemos colocar
para nós próprios e para o outro, porque a nossa sociedade e cultura consideram uma heresia o fato de alguém *relativizar* o parceiro em relação aos
diversos aspectos de sua vida (trabalho, lazer, amigos, religião, entre outros).
O entorno cultural no qual vivemos, e que muitas vezes está internalizado
em nossa psique, espera que o amor entre duas pessoas seja perfeito, eterno
e satisfaça todas as suas necessidades. Ledo engano... Mas que, muitas vezes,
demoramos a descobri-lo...

Por causa dessa **introjeção**, uma pessoa pode sentir-se culpada ao realizar
algumas atividades sem a presença do parceiro, ou quando se esquece dele
durante alguns momentos ou períodos mais longos, pois acha que nunca
pode *abandoná-lo*. Nossa cultura tem pavor e, ao mesmo tempo, estimula o
sentimento de abandono. Algumas pessoas fazem "o que podem e não podem", para evitar essa sensação tão desagradável, embora, muitas vezes, ela
subsista durante a maior parte do tempo. Trabalham demais, amam demais,
bebem demais... Talvez, se não vissem nos outros sua *tábua de salvação*, mas
seres humanos que querem compartilhar parte de suas vidas, o sentimento
de abandono poderia ser ocasional, menos frequente.

Ninguém pode ser abandonado pelo outro, apenas as crianças – incapazes de sobreviverem sozinhas –, as pessoas muito idosas e as portadoras
de deficiências físicas ou mentais, que sofrem limitações severas em razão
da idade ou de outras condições, ficando impossibilitadas de se alimentar,
tomar banho, enfim, de cuidar-se sozinhas. A palavra abandono implica que
alguém é incapaz de se relacionar, de sobreviver. Como uma pessoa adulta
pode ser abandonada, se ela tem condições de se cuidar, de administrar sua
vida sozinha? O casamento deve ser a união entre dois indivíduos capazes de
se autogerenciar e não de pessoas que busquem encontrar, no outro, uma
parte que não desenvolveu em si mesmas. Um ser humano não deve designar
o outro para comandar sua vida. E isso exige uma auto-análise constante, pois
a maioria das pessoas tende a, inconscientemente, colocar o outro no lugar
de seu salvador... Esta sim, é uma missão impossível.

Opostos

Outra armadilha na qual muitas pessoas podem cair é esperar que o parceiro a complemente naquilo que lhe falta. É comum que algumas pessoas procurem outras, em muitos aspectos opostas a elas, para se relacionar. Já é conhecido pela maioria de nós o axioma: "Os opostos se atraem". Não dá para negar que isso acontece com frequência. Mas, embora duas pessoas bastante diferentes possam se atrair, se vão ficar juntas, se a relação vai ser satisfatória e durar, já é outra questão.

Como já citei anteriormente, pode acontecer de uma pessoa que tenha um temperamento mais tímido e outra que seja mais extrovertida se atraírem, namorarem e casarem. Cada qual pode ver na outra aquilo que lhe falta e achar que o outro vai ajudá-la a compensar essa falta. Entretanto, pode acontecer um erro grave nesse tipo de relacionamento. Uma pessoa tímida pode projetar, no parceiro, a imagem de um herói corajoso, destemido, que se articule bem com o mundo externo, e achar que este terá sempre essa função na vida dela: levá-la para o mundo. E ela pode não fazer esforço nenhum para buscar os motivos de sua timidez, nem trabalhá-la para relacionar-se melhor com as outras pessoas. O outro se torna, para ela, uma muleta para ajudá-la a "andar".

O outro parceiro, extrovertido, por sua vez, pode fazer algo semelhante: ver no outro alguém mais familiarizado com as questões da psique humana e buscar nele alguém que segure suas "broncas", lhe aconselhe e acolha nos momentos em que estiver em alguma crise existencial, porém, sem tentar, por si só, conhecer as questões relacionadas ao seu mundo interno.

Quando as pessoas se comportam dessa maneira, os papéis ficam cristalizados: eu sou o tímido e você a extrovertida, por exemplo. Com o passar do tempo, a relação normalmente vai ficando sufocante, aprisionadora; cada um sente-se atormentado pelo outro e obrigado a ter comportamentos e atitudes que não estão em acordo com as suas vontades. A espontaneidade vai pelo ralo e o prazer de estar um com o outro também.

As relações entre os opostos são muito boas quando as duas pessoas crescem com o relacionamento. Mas, se a relação se cristaliza, logo fica insuportável. Cria-se uma simbiose e nada mais pode crescer dessa maneira. O importante, em uma relação entre os opostos, é cada parte ter o outro como um professor, aprender com este a ser ousado ou mais controlado, introvertido.

Capítulo 3

A Raiva

A ira é uma das forças da alma.
T.H. Fuller

Logo no início deste livro, eu disse que o relacionamento sexual-afetivo nem sempre é sinônimo de comportamento amistoso. Além da empatia, da admiração e de outros sentimentos "positivos" que podemos ter em relação ao outro, também estamos propensos a sentir raiva, ciúme, inveja... E como pode ser difícil lidarmos com esses sentimentos "negativos", tão politicamente incorretos!

No Ocidente, a raiva está entre os sentimentos mais condenados por muitas sociedades, como a judaico-cristã. Na religião católica, por exemplo, ela equivale à Ira, um dos sete pecados capitais, ou seja, merecedor de condenação. Esses pecados, enumerados e agrupados no século VI, pelo papa São Gregório Magno (540-604), são considerados vícios que o ser humano tem de combater, em si mesmo, para alcançar a salvação. A palavra vício, do latim *vitium*, significa "defeito grave que torna uma pessoa ou coisa inadequada para certos fins ou funções". Entretanto, a Bíblia, no Velho Testamento, apresenta Deus como um ser raivoso e vingativo. Ele não tolerava frustrações, tanto que, quando os egípcios não o reconheceram como seu Deus supremo, enviou pragas para este povo, como uma imensa nuvem de gafanhotos e a transformação da água em sangue.

Já no Novo Testamento, o filho de Deus, Jesus Cristo, modifica essa idéia do Pai inicial, irado e vingativo, ao dizer: "Se alguém te ferir a face direita, ofereça-lhe também a outra". Essa reação pode ser uma forma de desestimular a vingança, uma das possíveis consequências da raiva e, ao mesmo tempo, uma proposta de fraternidade e perdão dos seres humanos em relação uns aos outros.

48 CASAMENTO – MISSÃO (*QUASE*) IMPOSSÍVEL

Por outro lado, mesmo Jesus Cristo tem o seu "surto" de raiva ao esbravejar e expulsar os mercadores instalados nos arredores do templo de Jerusalém. Estaria ele mostrando que a raiva também pode ser um instinto positivo, quando reação a uma injustiça, a um verdadeiro abuso? Estaria fazendo uma menção à manifestação da raiva assertiva, à qual tem um propósito e pode pressionar para a evolução, a mudança, a transformação? Pode ser.

Embora haja essa referência no imaginário judaico-cristão à raiva justa, muitas pessoas têm a crença de que o sentimento de raiva, seja esta por que motivo for, é ruim e negativo e que, caso não se comportem "direitinho" e "como manda o figurino"– se ficarem enraivecidas, por exemplo –, vão para o Inferno após a morte (ou, pelo menos, serão consideradas desequilibradas e descontroladas pelas outras pessoas ao seu redor).

Sentir raiva também é politicamente incorreto. A sociedade em que vivemos desestimula a ira nos indivíduos, talvez para manter o máximo de estabilidade social possível. Quando uma pessoa manifesta raiva, mesmo que legítima, ou seja, uma reação de defesa a um abuso, corre o risco de ser chamada de desequilibrada, radical, incivilizada... É melhor que todos acreditem viver como as famílias das propagandas de margarina: felizes e em paz desde o café da manhã!

Muitas pessoas também podem evitar a raiva porque esse sentimento, sendo difícil de lidar, pode provocar angústia. Quando a pessoa é criada, por exemplo, por pais que "varrem os conflitos de família para debaixo do tapete", fazendo qualquer malabarismo para evitar a manifestação de sentimentos "negativos", como a raiva, ela poderá chegar à vida adulta sem ter aprendido a reconhecer e a lidar com esse sentimento.

O que é a raiva?

A raiva é uma das respostas emotivas e naturais do ser humano a qualquer tipo de frustração. Quando uma pessoa é impedida de realizar um desejo, fica imediatamente enraivecida. Biologicamente, a raiva tem uma função de defesa: em um primeiro momento, quando alguém fracassa em sua tentativa de obter algo, registra no cérebro a frustração como uma agressão. Então, a pessoa se prepara, biologicamente, para atacar quem supostamente a está agredindo. Essa reação provoca a liberação do hormônio adrenalina, pela adrenal, glândula do eixo HPA (Hipotálamo-Pituitária-Adrenal), que comanda os sentimentos de raiva, de medo, ansiedade, entre outros. A adrenalina prepara o indivíduo para brigar, para lutar, para se defender.

As pessoas adultas e as crianças costumam lidar de formas diferentes com a raiva. Os adultos, quando maduros, embora sintam a raiva, buscam lidar com ela da melhor maneira possível, ou seja, com o mínimo de prejuízo para si e para o outro. Já as crianças, que apenas estão começando a vivenciar as limitações impostas pela vida em comunidade, costumam responder de maneira visceral às frustrações.

Elas reagem imediatamente à "agressão" com um ato, uma reação agressiva no meio externo. As crianças ainda não possuem a capacidade de refletir, no intervalo entre a raiva e a ação, sobre suas emoções e o que vão fazer a respeito destas. Assim, por exemplo, uma criança cujo pai a proíbe de assistir televisão à tarde, pode ficar com raiva e quebrar seus brinquedos, jogar-se no chão chorando e esperneando, ou mesmo se auto-agredir por não poder enfrentar o causador de sua frustração.

Embora o esperado seja que as pessoas adultas reajam de maneira refletida a respeito de suas frustrações, nem sempre isso acontece. Uma pessoa que não é amadurecida, quando é frustrada, não sabe lidar com sua raiva e, por isso, pode ter atitudes que a prejudiquem e a outra pessoa. Ela poderá agredir verbal e (ou) fisicamente o outro; internalizar a raiva, causando muito sofrimento psíquico para si mesma e até propiciando o surgimento de alguma doença em seu organismo; vingar-se; sabotar... Já as pessoas maduras costumam elaborar a raiva e buscar maneiras adequadas e funcionais de expressá-la ao outro.

A raiva e o pacto inconsciente

Nas relações sexual-afetivas a raiva surge principalmente quando os parceiros projetam um no outro, consciente e (ou) inconscientemente, seus sonhos, suas expectativas, seus modelos de felicidade. Quando os parceiros fazem um pacto consciente e uma das partes não cumpre alguma "cláusula" desse "contrato", fica mais fácil, pelo menos em tese, eles discutirem o relacionamento e chegarem a um consenso.

50 CASAMENTO – MISSÃO (*QUASE*) IMPOSSÍVEL

A esposa trabalha fora e espera, por exemplo, que o marido, tanto quanto ela, realize as tarefas domésticas. O casal não quer pagar uma diarista porque tem outros planos para usar o dinheiro que seria investido nisso. O marido prometeu à esposa, quando ainda eram namorados, que, após o casamento, a ajudaria no trabalho de casa. Entretanto, ele está negligenciando esse acordo. Ela fica com muita raiva dele. Como ambos estão conscientes da combinação que fizeram, ela conversa com o marido abertamente a respeito disso e o casal caminha para a resolução do conflito. O marido resolve cumprir o acordo. Mas também pode chegar à conclusão de que não quer ajudar a esposa em casa. Neste caso, a esposa estará "frente a frente" a essa realidade e poderá resolver se aceita o marido nessa situação ou se não quer continuar em um casamento assim. O casal pode, também, repensar a combinação de não ter diarista e resolver que vai contratar alguém para fazer o trabalho de casa. Nesse caso, o fato de os parceiros estarem conscientes do "contrato" que fizeram pode facilitar o diálogo entre eles e a resolução do conflito.

Mas, nas situações nas quais um dos parceiros fez um pacto inconsciente, ou seja, espera do outro determinada resposta a um desejo seu, sem que este saiba disso, a relação amorosa pode complicar-se. Ele espera que o outro cumpra aquilo que prometeu. O outro, por sua vez, sofre as consequências da raiva do parceiro, mas, como não sabe onde "falhou", se é que realmente o fez, não tem sequer como conversar ou fazer algo a respeito. Ilustrarei esse tipo de caso com uma breve história:

Joaquim é casado com Maria Rosa. Ele projeta nela, inconscientemente, a figura de uma mãe protetora que o priorize em sua vida e cuide dele "para sempre". Ela não sabe disso e, apesar de muitas vezes tratar mesmo o marido como mãe protetora, tem outros planos para a sua vida além do casamento. Ela resolve realizar um antigo sonho: fazer faculdade de arquitetura. Joaquim não suporta que Maria Rosa fique cinco noites por semana fora de casa, na faculdade, pois assim ela não está disponível para ele em tempo integral. Ele quer que, quando chegar do trabalho, a esposa esteja em casa para preparar-lhe o jantar, ouvi-lo falar sobre as questões da empresa, fazer-lhe carinhos... Joaquim fica, então, com raiva de Maria Rosa. Como ele não sabe que tem a expectativa inconsciente de que a esposa lhe dedique toda a vida, e, portanto, sequer está consciente do motivo de sua raiva, passa a agredir verbalmente e a sabotar a mulher dizendo-lhe que ela não terá futuro como arquiteta, pois tem mais de

40 anos de idade, que o mercado está muito competitivo e que seu diploma ficará na gaveta. E como Maria Rosa não atende ao que Joaquim quer – deixar a faculdade – ele passa a exigir explicitamente que ela o faça. Agindo dessa maneira, Joaquim acredita que a esposa atenderá ao pedido. Por sua vez, Maria Rosa, que sempre havia estimulado Joaquim em sua carreira de publicitário, fica perplexa com tamanha agressividade e, por isso, acaba ficando com raiva do marido, mas não cede às suas pressões. O casamento deles entra em grave crise. Joaquim entra em depressão. Os dois resolvem fazer uma terapia de casal e Joaquim descobre o pacto inconsciente que fez com Maria Rosa. Ele diz, em certa altura da terapia: "Maria Rosa me abandonou. Minha mãe nunca faria isso!". Joaquim ficou surpreso por ter dito isso, pois não tinha consciência de que associava a esposa à figura de sua mãe. Ele e Maria Rosa decidem que vão buscar entender melhor um ao outro, compreender-se e continuar casados, pois ainda se amam. Ela prossegue fazendo a faculdade e ele entende que não é menos amado por causa disso. A relação melhora, pois ele passa a exigir menos da esposa e a respeitar os espaços que ela precisa ter para si mesma.

A raiva e a depressão

A maioria dos psicólogos afirma que existem dois tipos de resposta para a frustração: uma é a **raiva**, e a outra, a **depressão**. Quando somos "feridos", ou seja, frustrados por alguém que amamos, ou por algum investimento que não deu certo, como perder um emprego do qual gostemos ou não passar no vestibular ou em algum concurso, as reações adequadas a essas situações são as seguintes: em um primeiro momento sentir raiva e, depois, depressão. Eu não estou falando de uma depressão patológica, como a crônica, que paralisa o indivíduo por um longo período da vida ou por toda ela. Falo de uma depressão pontual, referente a uma frustração vivida e que dura o tempo suficiente para que a perda seja elaborada.

Algumas vezes a raiva é pontual, referente a uma pequena desavença ou frustração. Nesse caso, a pessoa não precisa, necessariamente, deprimir-se para elaborar a raiva. Ela pode conversar logo com o que lhe provocou esse sentimento e resolver a questão sem prorrogá-la. A necessidade de deprimir ocorre ao passarmos por uma frustração muito grave, quando o ferimento é profundo e, por isso, demanda uma reflexão maior que a necessária às pequenas perdas, para que possa ser elaborado.

Nos casos de grandes frustrações, quando uma pessoa se permite deprimir após o sentimento inicial da raiva, ela pode elaborar melhor a frustração e, depois de um tempo, voltar ao normal, ou seja, refazer-se, "fazendo as pazes" com si mesma e com o causador da dor, caso queira continuar a relacionar-se com ele. A depressão é um tipo de luto que permite a elaboração do fracasso. Essa maturação da perda permite que a pessoa redirecione, repense sua própria vida.

É por meio da depressão que o ser humano tem a oportunidade de fazer uma introspecção, uma auto-análise, de amadurecer. Se Joaquim, o marido do exemplo que citei há pouco, não tivesse sido frustrado, sentido raiva e deprimido por causa da decisão de Maria Rosa de estudar; e se ela cedesse ao desejo dele e deixado a faculdade, o que teria acontecido? Provavelmente ela seria uma mulher insatisfeita, ficaria com uma raiva crônica do marido e guardaria o sacrifício que fez por ele em sua "caderneta de poupança psíquica". Mais tarde, provavelmente, ela lhe diria: "No passado, fiz um sacrifício. Você me forçou a deixar um sonho muito importante. Agora quer que eu vá morar com você nos Estados Unidos? Como assim? Você me proibiu de estudar arquitetura e ainda sente-se no direito de me pedir isso? Nem pensar. Eu não vou mesmo!".

A depressão é, para o indivíduo, uma chance de aprofundar seu autoconhecimento; de saber melhor quais são as suas prioridades na vida; de entrar em contato com suas verdades, seus valores mais caros. Com a depressão, nos permitimos amadurecer, deixando as velhas perspectivas e criando outras novas. E, quando amadurecemos, começamos a desenvolver, em nós mesmos, aquilo que havia sido delegado ao outro. Eu passo a cuidar mais de mim, em vez de esperar que um príncipe ou princesa o faça. Posiciono melhor meu foco nos projetos que quero realizar para que, da próxima vez que tentar empreendê-los, tenha maiores chances de obter sucesso. Passo a conhecer melhor os meus limites e os do outro: até onde ele pode ir sem invadir meu território psíquico, sem comprometer minha individualidade; até onde posso ir, sem desrespeitá-lo.

Quando deprimimos, somos lançados para dentro de nós mesmos e, assim, temos a oportunidade de lidar com nossos conteúdos psíquicos, no lugar de projetá-los no outro. Joaquim, ao encontrar a resistência de Maria Rosa e frustrar-se, deprimiu e lidou com os seus conteúdos. Ao longo da terapia, ele compreendeu que adotava um papel de filho em relação à esposa, conseguiu amadurecer, passou a depender menos dela e a ser alguém mais inteiro, que tomou a responsabilidade da própria vida para si. Também começou a desempenhar um papel de marido para ela, e não de filho. Assim, ele pôde crescer, amadurecer e permitir que ela fizesse o mesmo.

Manifestações da raiva

Como lidar com um sentimento tão imperativo, tão visceral como a raiva? Uma pessoa pode agir de maneiras diferentes quando fica com raiva. Extravasar esse sentimento, omiti-lo, deslocá-lo, se vingar do outro... São apenas algumas das maneiras que o ser humano encontrou de lidar com a raiva. Existem desde as formas mais objetivas e claras de manifestação da raiva, como quando a pessoa a extravasa por meio de agressividade verbal e até mesmo física da pessoa que provocou sua frustração, até as mais sutis, como a ironia.

Nas relações sexual-afetivas os parceiros não escapam de sentir raiva um do outro em algumas situações da vida, até mesmo porque, além das projeções que costumam fazer mutuamente, são pessoas diferentes, com personalidades e objetivos próprios. Dessa forma, vão divergir, pelo menos em alguns momentos, em sua opiniões, costumes, projetos... Em um casamento, normalmente convivemos com alguém que possui qualidades que amamos e, ao mesmo tempo, maneiras de ser que detestamos. Em alguns momentos, vamos esperar dele que aja como pensamos. Ele não vai agir... E vamos nos frustrar... Isto é inevitável... E, mais humano, impossível!

Cada pessoa vai reagir à raiva de acordo com o seu temperamento e com a forma que se estruturou na vida. Uma pessoa, que tenha personalidade mais passiva, tende a omitir ou deslocar a raiva. Em vez de comunicar sua raiva ao parceiro, ela a guarda para si, a internaliza. Ela faz isso, na maioria das vezes, porque não tem coragem de enfrentar o parceiro e não aprendeu, ao longo da vida, a lidar com a raiva. Além disso, pode considerar a raiva um pecado. Daí, sequer ser capaz de reconhecer devidamente esse sentimento em si e, muito menos, de expressá-lo ao outro.

Essa raiva, todavia, vai, de alguma forma, encontrar um modo de se extravasar: uma pessoa que internaliza a raiva, que é "agressiva para dentro", pode, por exemplo, fazer com que o seu organismo somatize esta emoção, desenvolvendo uma doença como algum tipo de câncer; ou pode, inconscientemente, guardar essa raiva em sua "caderneta de poupança psíquica" e, mais tarde, cobrar a dívida do outro, seja exigindo que este faça alguma coisa que ela quer, seja se vingando dele – ela pode, por exemplo, sabotá-lo ou vingar-se.

As pessoas que não conseguem ser assertivas com a raiva "derivam" esse sentimento, ou seja, o deslocam de seu curso. Nos casamentos, por exemplo, é muito comum que um dos parceiros, quando frustrado pelo outro, passe a sabotá-lo, consciente ou inconscientemente. Vejamos um exemplo dessa situação: Valquíria espera de Jorge, seu marido, que ele ofereça o mesmo nível social e econômico que ela possuía junto de sua família de origem. Ela casou sabendo que Jorge tinha um nível socioeconômico muito mais modesto. Entretanto, acreditava que isso não faria diferença, já que amava muito Jorge. Mas Valquíria realmente gostava de gastar muito dinheiro comprando roupas, almoçando em restaurantes caros e viajando, e não queria trabalhar fora para melhorar seu padrão de vida. Jorge é jornalista, trabalha muito, está buscando especializar-se em sua carreira para melhorar de vida e progredindo profissionalmente, mas não pode dar, de imediato, a vida que Valquíria exige dele. Ela sente raiva do marido por isso. Como é uma pessoa católica praticante e considera a raiva pecado capital, ela não consegue reconhecer a raiva que tem do marido. Assim, fica impedida de elaborar essa raiva para si mesma e de comunicá-la ao marido. Valquíria passa, então, a sabotar, inconscientemente, Jorge. Ela vai, lenta e diariamente, atacando-o. Diz, por exemplo, com ironia: "Seu amigo Roberto é tão competente. Está ganhando muito bem e já é editor da revista. Ele, *sim*, é um verdadeiro jornalista". Ou "Ah! Jorge, você gosta de se arriscar na cozinha, mas este seu frango está um horror". Ou: "Você acha mesmo que é capaz de escrever este artigo?".

Também existem casos em que a pessoa desloca a raiva de quem provocou sua frustração para outro indivíduo. A pessoa que faz isso geralmente tem uma personalidade muito passiva e fica sujeita ao poder de seu parceiro. Como não ousa desafiar o outro, porque tem medo dele, ou de perdê-lo, ela o trata normalmente, omitindo sua raiva como se nada tivesse acontecido, e desloca o alvo de sua agressividade do parceiro para outra pessoa. Ela, então, briga com a funcionária do escritório de que é proprietária, já que, no ambiente profissional, essa pessoa está em uma posição hierárquica inferior à dela. Ela "pensa", inconscientemente: "Como eu não posso lidar com meu cônjuge, o qual considero mais poderoso que eu, vou extravasar minha raiva na funcionária de meu escritório, pois assim sinto a necessidade de reagir à frustração satisfeita e retomo minha sensação de poder".

Outras pessoas reagem à raiva, também consciente ou inconscientemente, vingando-se do parceiro. Essa vingança pode se dar por meio da sabotagem, como, por exemplo, a situação que citei entre Valquíria e Jorge. Mas também, existem vinganças mais pontuais, com "hora e data marcada". Na vida conjugal, essas vinganças são muito comuns. Quando, por exemplo, um dos parceiros é traído pelo outro, ele pode fazer o mesmo, para "dar o troco". Uma esposa pode pensar: "Você saiu com aquela fulana! Então você verá o que farei: vou sair com o vizinho, do qual você já tem um ciúme enorme porque ele fica me dando bola". E daí ela pode cumprir a promessa e fazer com que, de alguma maneira, o marido fique sabendo de sua traição. E ela pensa mais ou menos assim: "Eu senti dor, então vou lhe causar dor; senti-me menor, desmoralizada, então vou fazê-lo sentir-se dessa mesma maneira". Ou ela pode traí-lo e não contar isso a ele. Pode ficar satisfeita e sentir-se vingada, justiçada, mesmo quando só ela sabe que se vingou do marido pagando com a mesma moeda.

Existem pessoas que preferem planejar a vingança. Elas seguem aquele velho e conhecido axioma: "*A vingança é um prato que se come frio*". A pessoa espera passar um tempo e, na melhor oportunidade, dá o bote. Por exemplo, um marido pode pensar ou fazer o seguinte monólogo consciente ou inconscientemente: "Ela [minha esposa] sabe o quanto é importante, para mim, passarmos o Natal e o Ano-Novo na casa dos meus pais, mas não quis fazer isso. Então, eu não vou lembrar do aniversário dela. Vou dar um jeito de sumir, de sair de casa neste dia e, dar presente, nem pensar!".

Outra forma de uma pessoa expressar raiva, que também pode fazer parte de sua intenção de sabotar o outro, é a ironia – uma das mais perversas formas de manifestação da raiva. Por meio da ironia, que pode configurar-se como uma brincadeira ou uma piada, alguém utiliza-se de uma "armadilha" para desmoralizar, para desautorizar o outro, sem dar a ele uma comunicação precisa que lhe permita reagir, situar-se na agressão que lhe foi feita. O outro não sabe, ao certo, o que a pessoa está falando, pois ela transmite sua mensagem de forma dúbia. Thiago, por exemplo, está com raiva da esposa, Cíntia, porque ela passa horas escrevendo sua tese de mestrado e não lhe dá

56 CASAMENTO – MISSÃO (*QUASE*) IMPOSSÍVEL

atenção. Ele, então, diz a ela: "Você deve ler este livro pelo menos umas três vezes". "Como assim?", ela pergunta. "Você acha que não tenho capacidade de entendê-lo?". "Não estou dizendo isso. Imagine! Digo isso porque você gosta de estudar muito", responde ele. Assim, ela não sabe, ao certo, se ele a está desmoralizando, dizendo que ela não tem capacidade de compreender o conteúdo do livro em uma primeira leitura, ou se está simplesmente afirmando que ela estuda muito.

Tratarei da ironia e de outras formas de comunicação perversa de forma mais detalhada em um capítulo posterior. Falarei, a seguir, da forma mais saudável e eficaz de lidar com a raiva: a assertividade.

A assertividade

Nós não podemos simplesmente controlar o que sentimos. Os sentimentos brotam, surgem espontaneamente, queiramos ou não. Mas temos a capacidade, ou podemos desenvolvê-la, de refletir sobre o sentimento e dar a ele um curso, uma direção. Não somos responsáveis, por exemplo, pela raiva que sentimos, mas, sim, pela maneira que agimos em relação a ela; pelo modo como elaboramos para nós mesmos e expressamos para o outro.

A raiva, a princípio, desperta a agressividade que é a forma mais pura, mais bruta da resposta desse sentimento. Entretanto, em um segundo momento, passado o instante do emergir da raiva, devemos pensar no que fazer com ela. A maneira mais benéfica, mais saudável de lidar com esse sentimento é a **assertividade**. Quando uma pessoa se permite ficar enraivecida, deprimir para elaborar a frustração e depois transformar a raiva em assertividade, ela tem a oportunidade de fazer algo a respeito de sua dor.

A assertividade é a capacidade de o indivíduo ser afirmativo, pró-ativo, ao lidar com alguma situação em sua vida. Ela implica, por exemplo, a capacidade de alguém de fazer alguma coisa, de agir de alguma maneira que lhe permita resolver o conflito interno que a raiva gera, sem a necessidade de agredir – seja verbal ou fisicamente, seja se vingando ou omitindo os sentimentos – quem provocou sua frustração. Além disso, a raiva, quando direcionada pela assertividade, pode ajudar o indivíduo a situar sua vontade e aumentar as chances de obter o que quer na vida.

Para mostrar o que é a assertividade, na prática, darei um exemplo. Um bom vendedor geralmente é agressivo. Isso não quer dizer que ele bate no cliente, nem exige que este compre o produto. Entretanto, como ele é pró-ativo, é o agente da situação, consegue fechar o negócio. Ele não faz a venda por meio da agressividade bruta, mas, sim, da assertividade, que é uma agressividade direcionada para um objetivo.

Nos relacionamentos sexual-afetivos, quando um parceiro é frustrado, o ideal é que ele, ao invés de xingar e bater no parceiro ou de interiorizar a raiva, converse com este a respeito da dor que está sentindo. Assim, ambos podem buscar uma solução para o conflito. O parceiro "ferido" deve comunicar a frustração ao outro, ter um diálogo, uma conversa, uma atitude ativa na relação e não um comportamento passivo de retração e recolhimento. Se eu me abro para o outro, ele me conhecerá melhor e podemos rever nosso relacionamento e tentar fazer alguma coisa para torná-lo melhor, mais íntimo, mais satisfatório.

Veja, a seguir, uma situação revelada em consultório de psicoterapia e que mostra bem as possíveis consequências da assertividade. Natália é casada com João Marcos. Ela está com raiva do marido porque ele vai pescar quase todos os finais de semana. Então, após passar um ano aguentando as viagens de João Marcos sem reclamar, ela resolve falar sobre isso com ele. "João, sei que gosta de pescar, mas eu adoraria que você estivesse em casa pelo menos dois finais de semana por mês, para que possamos passear, visitar nossas famílias, nos divertirmos um pouco. Eu já trabalho a semana inteira e, no final de semana, ainda fico sem sua companhia. Está muito difícil, para mim, lidar com essa situação. Gostaria que ficássemos mais tempo juntos, que fôssemos mais companheiros". Em um primeiro momento, João Marcos responde que não abrirá mão de suas pescarias. Entretanto, ele começa a refletir sobre o assunto e, passado algum tempo, diz a Natália: "Eu sei que você não gosta de ficar sozinha todos os finais de semana. Vou passar a pescar somente durante dois finais de semana por mês". Ela fica satisfeita com a solução que o marido deu para o conflito e os dois chegam a um acordo. Mas João também poderia ter mantido sua resposta inicial. Se isso acontecesse, Natália se depararia com um limite imposto, à sua vontade, pelo marido. Ela ficaria em um impasse: teria, então, de escolher entre aceitar essa atitude dele e desistir da relação. Natália pode chegar à conclusão de que é insuportável viver com um marido que não está presente nos finais de semana, e terminar a relação. Ou, para tentar sair do dilema, ela pode, por exemplo, resolver que vai pescar – o que detesta fazer – com o marido em alguns finais de semana. Entretanto, neste caso, o ideal é que Natália reflita muito e tome a decisão conscientemente, para não depositar o sacrifício que fará pelo marido em sua "caderneta de poupança psíquica" e, mais tarde, cobrar dele alguma compensação por ter "pescado a vida inteira para agradá-lo". Natália também pode resolver que vai tentar ocupar seus finais de semana com atividades que lhe proporcionem prazer e não impliquem a presença do marido. Mais uma vez, neste caso, o ideal é que ela tenha consciência da escolha que está fazendo, para não "endividar o marido".

Como vimos, a assertividade em uma relação pode levar ao acordo, a uma renúncia (o que, como veremos em breve, é uma atitude extrema que exige demais do ser humano) ou mesmo provocar a separação do casal. Existe sempre o risco de o outro não entender nem atender às nossas vontades... E que bom que seja assim, pois o casamento não deve ser uma prisão, um cativeiro, um "sequestro emocional", mas uma união que traga crescimento para ambas as partes.

Como a assertividade sempre implica um risco, podemos temer ter essa atitude, mas ela pode contribuir muito para a vitalidade e a renovação do casamento, pois afasta o risco da derivação da raiva em omissão, sabotagem, vingança, ironia... O risco é necessário em algumas situações, pois, como diz um antigo ditado, "quem não morre, não vê Deus". Às vezes é melhor a pessoa arriscar e ter a chance de melhorar o relacionamento do que viver cronicamente insatisfeita.

O perdão e a renúncia

Muitas religiões pregam o perdão imediato, sem sequer permitirem o reconhecimento da raiva, como se o ser humano fosse um verdadeiro santo na Terra. Em um casamento e na vida em geral, a pretensa "absolvição instantânea" pode provocar, ao invés de harmonia, o aumento da raiva, do ressentimento, do desamor... Como eu já disse, a raiva não manifesta pode derivar em ironia, sabotagem, vingança... Enfim, em **toxinas** que vão, pouco a pouco, deteriorando o relacionamento.

O perdão verdadeiro, ou talvez seja melhor dizer, possível, decorre de um processo que demanda tempo e elaboração do sofrimento, da perda, da frustração causada pelo outro. Não acredito em um perdão 100%, do tipo que não deixa nenhuma cicatriz, nenhuma marca psíquica. Talvez um perdão de 20 ou até de 30%... Quem sabe seja possível? A maioria das pessoas, após sofrer uma frustração, diz que perdoou o outro. Mas a raiva está lá, no íntimo da pessoa, reprimida, latente, machucando e fazendo o maior estrago na psique, na alma.

Perdoar é uma atitude quase que inumana. Sequer os deuses gregos, símbolos de perfeição e superioridade, como Zeus, o "deus dos deuses", e administrador da justiça no Olimpo; Deméter, a deusa da agricultura; e Hera, a deusa do casamento... eram incapazes de desculpar. Ao contrário, eles se vingavam quando sofriam alguma frustração.

Em certa ocasião, o titã Prometeu roubou o fogo dos deuses para dá-lo aos homens. Sua audácia despertou a ira de Zeus, que o condenou a ficar acorrentado em uma pedra, no Cáucaso, e ter seu fígado devorado por uma águia, durante o dia, e refeito à noite.

A deusa Deméter ficou muito enfurecida quando Hades, o deus dos mortos, levou sua filha, Perséfone, símbolo do grão, para ir morar com ele em seu reino subterrâneo. Ela fez com que a terra não produzisse mais alimentos. Zeus teve que intervir na contenda de Deméter e Hades. Ele conversou com o deus dos mortos e conseguiu um acordo com ele: Perséfone passaria um terço do ano no reino subterrâneo, com Hades, que se tornara seu marido, e o restante do tempo com sua mãe, no Olimpo. Só assim, Deméter abrandou sua ira e tornou a terra novamente fértil.

Hera tinha outro "estilo" de vingança. Ela deslocava a raiva que sentia do marido, Zeus. O deus do Olimpo gostava de "dar suas voltinhas", de ter suas aventuras amorosas... Possuía diversas amantes, entre deusas, ninfas e mortais. Como não podia enfrentar o poder de Zeus, Hera vingava-se nas conquistas dele. Quando ela descobria uma traição do marido, ficava furiosa. Sêmele era uma mortal por quem Zeus se apaixonara. Hera descobriu a ligação dos dois. Para vingar-se de Sêmele, ela assumiu a forma da velha ama daquela, Béroe, e a convenceu de pedir a Zeus para que a visitasse vestido tal como andava no Olimpo. Assim, Sêmele teria certeza de que seu amado era mesmo Zeus. O deus atendeu ao pedido da amante. Sêmele, ao ficar diante dos raios que as vestes esplendorosas de Zeus emanavam, foi fulminada.

60 CASAMENTO – MISSÃO (*QUASE*) IMPOSSÍVEL

É comum existirem casamentos baseados no famoso axioma: "*Se você quer que seu relacionamento dê certo, tem de ceder*". Esse conselho, normalmente passado de mãe para filha – são as mulheres, normalmente, que acreditam nessa fórmula, embora muitos homens também a adotem –, é a mesma coisa que dizer: evite qualquer atrito, não manifeste sua raiva, perdoe imediatamente, renuncie ao que quer em favor do outro.

No casamento de um cliente meu, ouvi o padre dizer que, "para a relação dar certo e ser duradoura, deve o marido ser surdo e a mulher cega!!!". Pode?

Entretanto, uma psique saudável segue na contramão desse ditado. Suprimir a raiva e perdoar rapidamente, como eu já disse, só irá trazer complicações mais tarde. O ideal é que a pessoa que passou por uma frustração muito grande admita que não consegue perdoar o outro e que investigue, em si mesma, o porquê de sentir-se tão agredida. Ela deve perguntar-se a si mesma: "Por que não consigo perdoar o que o outro me fez?". Assim, ela vai elaborar a frustração; vai refletir sobre os motivos de sua raiva.

Na medida em que essa pessoa tenta compreender os motivos que levaram o outro a ter determinada atitude, ela pode aproximar-se do perdão. Isso se consegue baixando a guarda para poder entender as circunstâncias, como a história de vida do outro e os fatores externos, que contribuíram para que ele tivesse determinado comportamento. Ela pode também tentar entender como funciona a psique do outro, "que visão de mundo" ele tem para agir de certa maneira. Isso não significa que a pessoa tem de aceitar todas as circunstâncias sem reclamar. E só ela pode determinar se é possível digerir e aceitar a falta cometida pelo outro; até que ponto esse "erro" fere seus princípios e valores.

Outro ato tão "inumano" quanto o perdão é o da renúncia, também estimulado por algumas religiões e pela sociedade em que vivemos. Considero que a renúncia é a base da "caderneta de poupança psíquica", um "investimento" comum entre os casais. Muitas pessoas acreditam, mesmo que inconscientemente, que seus parceiros irão mudar depois do casamento. Entretanto, embora um indivíduo possa alterar alguns de seus comportamentos, costumes e modos de pensar no convívio com um parceiro, essas mudanças costumam ser pequenas e não afetar sua natureza, sua essência. No decorrer do casamento, essas pessoas vão percebendo que as coisas não estão saindo como imaginavam. Elas se frustram, pois o parceiro não é, ou não se comporta, em determinadas situações, exatamente como querem.

Existem pessoas que, ao entrar em contato com essa realidade, não sabem lidar com a raiva que sentem do parceiro e acabam optando por uma pretensa renúncia, ao invés de lidar com os seus sentimentos e comunicá-los ao outro. Elas pensam: "Ele (ou ela) não faz o que peço, mas, como quero preservar meu casamento, renunciarei à minha vontade". Nesse caso, não há uma verdadeira renúncia, que seria um desprendimento da própria vontade em favor do outro, mas existe uma dificuldade de lidar com os limites, com as impossibilidades inerentes ao casamento.

Veja, a seguir, um monólogo, inconsciente, de Rubens, músico e arquiteto, casado com Monique, pintora.

"Como está difícil negociar com a minha esposa a satisfação da minha vontade, pois temos brigado quase todos os dias e ela está deixando de ser carinhosa comigo, eu renuncio ao que quero. Entretanto, guardarei esta 'moeda' na minha 'caderneta de poupança' para, mais tarde, trocá-la por outro 'item'. Assim, se hoje ela proíbe que eu continue tocando meu saxofone com a *big band* nos bares à noite, deixarei de fazê-lo. Só que, em troca, Monique nunca poderá me abandonar. Como fiz tamanho sacrifício, ela terá de cuidar de mim para sempre". (Dez anos se passam e Monique diz a Rubens que, em breve, pretende morar na Itália por dois anos para aperfeiçoar sua pintura e que, se ele não puder ir com ela para lá, viajará sozinha). Rubens fica muito "louco da vida", com muita raiva da mulher. Ele mente para ela dizendo que não poderá se ausentar por esse período do Brasil, pois está fechando novos negócios com alguns clientes. Diz-lhe que ela não está pensando nele, mas só em si mesma, que é egoísta e ruim; diz que fez um sacrifício deixando a música por ela e que, agora, ela vai ficar fora por dois anos. Em seu inconsciente, ele pensa: "Monique está 'pensando o quê'? Ela não pode me abandonar nunca! Já que eu renunciei a uma das coisas que mais amo na vida, ela 'não tem querer', só deve cuidar de mim e mais nada!".

Vamos a outra história: Malu sempre sonhou em casar-se e ter um companheiro que fosse muito presente em seu dia-a-dia. Ela casa-se com Guilherme. Eles passam dois anos bastante felizes e Malu sente que realizou sua vontade. Entretanto, ele arruma um trabalho de vendedor que exige viagens frequentes. Guilherme passa a estar em casa somente dois ou três dias por mês. No início, Malu tenta adaptar-se a essa situação, mas fica deprimida e desmotivada por causa da ausência do marido. Ela ocupa seu tempo livre, quando não está trabalhando como enfermeira, com várias atividades, volta a sua atenção para outros problemas, mas, lá no fundo, a dor não passa. Ela chega a pensar em ter um amante, mas acha que isso só vai amenizar, momentaneamente, como uma "aspirina", seu sofrimento. Malu pede para Guilherme procurar outro trabalho, mas ele não quer, pois diz que nunca teve um salário tão alto como agora. Ela fica mais dois anos vivendo esse dilema e sua tristeza não passa. Sua mãe lhe diz: "Ficar sozinha é pior. Você tem de ceder. Será difícil você arrumar outro marido!".

Malu renuncia à sua vontade, mas à custa de uma insatisfação muito grande. Ela acaba se envolvendo em mais atividades ainda – começa a lutar pela causa das baleias em uma ONG, passa a estudar línguas e a colecionar orquídeas. Com o tempo, ela e o marido começam a distanciar-se. Seu casamento torna-se uma convenção, sem alma e sem vida. Ela passa a ver o marido como "uma pessoa conhecida", um colega ou irmão. Malu, que sempre primou em ser uma pessoa politicamente correta, esforçou-se para não sentir raiva nem entrar em conflito com o marido. Em nenhum momento ela colocou sua insatisfação para o marido, ou seja, foi assertiva em relação à raiva e à expressão de sua vontade. Entretanto, sua renúncia, feita para manter o casamento, causou justamente o oposto: esfriou seus sentimentos em relação ao marido. Ela vive com ele há trinta anos e tem um "casamento de fachada", com um conhecido, que às vezes aparece em casa. O pacto inconsciente que Malu fez com o marido foi o seguinte: ele paga todas as suas contas, a acompanha em uns poucos eventos sociais – para que seus amigos e parentes pensem que o casamento vai bem – e não exige sexo dela. Em contrapartida, ele que fique fora o tempo que desejar e faça o que quiser em suas viagens. Mesmo o "pacto" não sendo explicitado por Malu, Guilherme o pressente, embora não tenha plena consciência disso. E eles vão levando a vida dessa maneira...

A renúncia e o perdão verdadeiros são coisas que exigem demais do ser humano. Requerem uma força de ego e um poder de exercer a alteridade ou uma espiritualidade muito fortes. Como eu acabo de citar, a renúncia pode, e é o que acontece na maioria dos casos, prejudicar o casamento, ao invés de favorecê-lo. Quando o meio em que uma pessoa vive prega a renúncia, é importante que ela pondere até que ponto pode abrir mão de suas vontades e princípios sem deformar-se, perder sua vitalidade, sua vontade de viver. Dizem que é um ato justo e nobre *eu renunciar ao que quero e acredito por outro ser humano...* Ora, se também sou um ser humano, como o outro, é justo e nobre que eu renuncie a mim mesmo? Cada leitor encontre, por si, a resposta particular a essa pergunta.

Poucos indivíduos possuem um nível de maturidade tão alto a ponto de chegar a se reconhecer "demasiadamente humanos", a entrar em contato com suas misérias, deficiências e inseguranças, e, a partir dessa perspectiva, "colocar-se" no lugar do outro – também humano – e concluir que talvez teriam se comportado como ele em determinada situação. Essas pessoas costumam perdoar, ou pelo menos chegar próximas desse ato, por esse motivo, por tentar se colocar nesse contexto e "pensar como o outro pensaria".

Também existem pessoas que conseguem perdoar e renunciar por serem muito espiritualizadas. Elas acreditam que o sacrifício pelo outro é um ato sagrado e realmente conseguem fazê-lo sem lhe pedir nada em troca. Mas esses indivíduos são raríssimos. E, ainda assim, alguns deles estão esperando uma recompensa, pelo ato que tiveram em vida, após a morte.

O mais importante a ser falado aqui a respeito do perdão e da renúncia é que cada pessoa deve procurar saber quais são suas vontades, princípios, valores e limites para, a partir desse conhecimento – e por si mesma –, determinar quando deve buscar desculpar o outro e se é possível abdicar de algo em favor deste, caso alguma situação o exija, sem se prejudicar nem cobrar a "dívida" mais tarde. Essa não é uma conduta fácil de se ter, pois exige reflexão, assertividade, maturidade... É, contudo, um exercício possível de fazermos ao longo da vida, diante dos desafios que esta nos traz.

Capítulo 4

O Ciúme

Os ciumentos não precisam de motivo para ter ciúme. São ciumentos porque são. O ciúme é um monstro que a si mesmo se gera e de si mesmo nasce.

W. Shakespeare

O ciúme é um sentimento complexo ou um complexo de sentimentos? Como veremos, ele pode configurar-se como um conjunto de outros sentimentos, como posse, insegurança, inveja, rejeição, competição... E também ser usado para encobrir outro sentimento, como a inveja. Em minha opinião, o conjunto desses sentimentos gera o ciúme. Ou seja, estes se concretizam em uma situação de ciúme. Por isso, não se pode reduzir o significado do ciúme como sendo o medo da perda ou "o lado amargo do amor".

Quando se fala em ciúme, em primeiro lugar é preciso distingui-lo do zelo. Segundo o Aurélio Eletrônico, a palavra ciúme tem *zelus* (obrigatoriamente no plural) como sinônimo. Etimologicamente, *zelus* originou-se do latim vulgar *zelumen*, o qual, por sua vez, vem do grego *zelosus*. *Zelus* tem o sentido de cuidar, tomar conta para que não se perca algo ou alguém por quem se tenha apreço. Em português, *zelumen* tornou-se zelo.

Embora apareçam como sinônimos e possuam a idéia de propriedade, agregada à de afeição, zelo e ciúme não são exatamente a mesma coisa. Zelo é cuidado, dedicação, desvelo. É voltado para o outro. Em um relacionamento, por exemplo, a pessoa zelosa mantém o outro junto dela não porque a oprime ou ameaça, mas porque lhe dá atenção, carinho, cuidados... Enfim, faz-se presente não pela imposição, mas pela forma amorosa com que lida com o outro. No zelo, não existe a idéia de posse, a pessoa não "se perde de vista": ela busca a sua satisfação, mas também se volta para o outro, procurando favorecer o bem-estar deste. Ela é sábia, pois, dessa forma, há mais chances do relacionamento "desabrochar", desenvolver-se, ser satisfatório.

No zelo, pelo menos no ideal, existe alteridade, empatia. O outro é "visto" e considerado, contemplado em suas necessidades. Ele "respira". Não é impedido de ser. Há uma verdadeira relação entre os parceiros, de **altruísmo**. Já o ciúme é **egoísta**, ou seja, está voltado exclusivamente para o ego de quem o sente. A pessoa ciumenta pode ser, por exemplo, insegura e, por isso, ter medo de perder o parceiro, (e) ou ser invejosa e, assim, querer "tomar posse" dele. Ela o considera como sendo sua propriedade absoluta, ou seja, sem direito a ser, transformar-se, mudar, discordar, relacionar-se com outras pessoas, pertencer a outros grupos... Ele é parte de seu "latifúndio", de suas "terras psíquicas". Feita essa distinção, entre zelo e ciúme, falarei dos tipos de ciúme.

A possessividade

No Ocidente, o sentimento de posse em relação aos diversos âmbitos da vida, incluindo as relações afetivas, é muito estimulado, particularmente pela cultura judaico-cristã. Além de muitos de nós sermos criados por pais, mães e professores que perpetuam esse sentimento e de o aprendermos em nossas religiões, ele também é transmitido por novelas, filmes, revistas, romances... Ou seja, a posse está impregnada na cultura em que vivemos.

Lidar com esse sentimento a partir de outras perspectivas – como "relativizá-lo", buscando uma visão menos categórica da vida – chega a ser um ato heróico, já que o "normal", para muitas pessoas, é exercê-lo de maneira literal, ampla e irrestrita. "Desliteralizar" o sentimento de posse não é uma atitude fácil para a maioria das pessoas. Mas é um exercício que podemos fazer ao longo da vida. É um processo que se aprimora na medida em que vamos passando por ganhos e perdas, observando os ciclos da natureza, percebendo e aceitando a **impermanência** da vida: tudo passa, acaba, fenece... Tem seu tempo de viver e de morrer. Dessa forma, se tivermos uma postura sábia diante das inevitáveis transformações pelas quais passa a nossa existência, poderemos rever nossos valores, entre eles o sentimento de posse, e relativizá-lo, passando, por exemplo, a nos preocupar mais em compartilhar e conhecer as outras

O CIÚME **67**

pessoas do que possuí-las de alguma maneira. Entretanto, muitas pessoas não pensam dessa maneira em relação à posse porque, na cultura em que vivemos, o amor é constantemente associado a esse sentimento; muita gente acredita que o ciúme é uma prova de amor.

Outro aspecto da cultura que contribui para a justificação da posse é o fato de ela "pregar" a incompletude do ser humano: ele é "aleijado" até encontrar quem lhe complete com a parte faltante. Por isso, muitas pessoas pensam mais ou menos assim: "*Eu sou incompleta, mas, se eu tiver um amor que me corresponda, quando eu encontrar minha outra metade, serei completa*". E isso pode levar ao seguinte raciocínio, consciente ou inconscientemente: "Ora, se você é a minha outra metade, me pertence, é minha propriedade e não pode ser mais de ninguém". Assim, esses dois aspectos da cultura – o amor associado à posse e a incompletude humana – corroboram, justificam o ciúme como se ele fosse manifestação de amor.

Além de ser um sentimento muito alimentado pela cultura na qual vivemos, a possessividade já está presente no ser humano desde a infância. Uma criança de 2 ou 3 anos, por exemplo, geralmente é muito egocêntrica e tem um sentimento de posse muito exacerbado. Ninguém pode pegar os seus brinquedos nem brincar com eles. Uma das coisas que ela mais fala é "O carrinho é meu", "A boneca é minha." Com o passar do tempo, esse padrão tende a modificar-se. O ideal é que o indivíduo, ao longo de sua vida, se desenvolva psicologicamente ao aprender que **não é o centro do Universo**, amadurecendo e relativizando o sentimento de posse.

Entretanto, existem pessoas que não se desenvolvem dessa maneira. Elas podem, por exemplo, ter tido pais muito possessivos ou permissivos que lhes passaram esse padrão, essa "herança". Se permissivos, eles podem ter sustentado a possessividade natural do filho em sua infância e adolescência, impedindo, assim, o seu desenvolvimento psicológico, que é baseado nas perdas, nos impedimentos e frustrações que o ser humano tem ao longo da vida. Quando possessivos, os pais podem passar esse modelo, esse "modo de ser" para o filho, que pode repeti-lo. Essa pessoa, contudo, pode ir amadurecendo durante a vida e o que não aprendeu em casa o "mundo" irá lhe ensinar; lhe dará os limites que faltaram.

Como acabo de dizer, o mais importante crescimento na vida acontece por meio das frustrações. É justamente aí, na dor, na ferida, do "eu quero, mas não posso", "não deu", que tenho a oportunidade de me desenvolver psiquicamente, de aprender a me relacionar e, assim, me tornar uma pessoa melhor.

Tipos de ciúme

Em primeiro lugar, quero deixar claro que, por definição, o ciúme é baseado em suposição, em fantasia. Se uma pessoa pegar o parceiro com outra na cama, isso não é ciúme, é uma constatação. O escritor Marcel Proust, autor da obra *Em busca do tempo perdido*, fala que o ciúme está baseado em uma fantasia angustiante: "Para o ciúme não há passado nem futuro, o que ele imagina é sempre o presente". Quem sente ciúme supõe, imagina, **desconfia**... E esse sentimento, muitas vezes, independe de haver, sequer, algum indício de traição.

Falarei de quatro tipos de ciúme colocando-os em uma escala que vai do mais equilibrado e saudável ao mais descontrolado e ameaçador. O primeiro tipo é o **zeloso.** Como eu já disse antes, o indivíduo zeloso baseia seus pensamentos e atitudes em relação ao parceiro na alteridade, na empatia. Ele até pode sentir ciúme do outro, mas pondera, reflete, e busca não "travar" o caminho do parceiro; ele favorece o outro naquilo que vai lhe fazer bem. Agir assim não é fácil. Muitas pessoas dizem que fazem isso, mas podem estar sendo hipócritas. Todavia, as pessoas maduras conseguem "zelar" pelo que amam, pelo menos na maior parte do tempo, relacionando-se, negociando suas necessidade com o outro, sem a necessidade de "enjaulá-lo" para mantê-lo perto de si.

Veja como age uma pessoa zelosa. Marta toca saxofone. Ela ganha uma bolsa de estudos para fazer um curso na Universidade de Berkeley, na Califórnia, nos Estados Unidos, e vai passar um ano lá. Seu marido, Sidnei, não pode ir porque começou a trabalhar em uma empresa que lhe aponta possibilidades promissoras em sua área, a de economia. Quando Marta lhe dá a notícia, em um primeiro momento Sidnei fica muito inseguro. Ele pensa: "Marta vai ficar sozinha nos Estados Unidos... Aí, ela pode conhecer outra pessoa e me deixar!". Entretanto, ele pondera e chega à conclusão de que terá de correr esse risco porque o curso será benéfico para a esposa. Ele diz a ela: "Vou lhe apoiar em sua decisão de ir para Berkeley. Isso é bom para você, para sua carreira como música". Dizer que, no "zeloso" não existe nem um pouquinho de ciúme é uma afirmação hipócrita. Entretanto, como no exemplo que acabei de dar, esse ciúme não é invasivo, não desrespeita, não fere, nem ultrapassa os limites do outro.

O **enciumado** é o segundo tipo de ciúme e aparece diante de questões em que objetivamente há risco de perder o parceiro. O "enciumado" reage de forma diferente do "zeloso". Se Sidnei fosse um clássico "enciumado", não saberia lidar com sua insegurança em relação à estada da mulher no exterior e discutiria com ela, dizendo, por exemplo, que não deveria fazer isso, já que assim estará abandonando seu casamento; que ele pode não esperá-la por tanto tempo e arrumar outra; que não suportará se ela o trair. Passado algum tempo, Sidnei conseguiria maturar, elaborar essa "perda", lidar melhor com sua insegurança e acabaria aceitando a viagem da esposa. Isso não significa que ele ficaria completamente tranquilo durante o ano que passasse longe de Marta, mas, pelo menos, lidaria com isso sem colocar o bem-estar dele e o casamento a perder.

Sidnei também poderia reagir guardando o seu ciúme para si, mas sofrendo "um bocado", remoendo a dor e imaginando Marta "livre e solta" em Berkeley, sendo paquerada por um americano rico, alto, de olhos azuis...

A maioria das pessoas fica "enciumada" em certas ocasiões da vida. Isso acontece porque, por maior que seja a auto-estima de um indivíduo, mesmo que se considere o "rei da cocada preta", sempre existe o risco de ele perder o parceiro. A vida, algumas vezes, vai colocá-lo diante de situações que impliquem o risco, em maior ou menor grau, de perder o parceiro, ou que, pelo menos, façam-no sentir-se ameaçado. Por exemplo, Daniel está em uma festa com sua mulher Ruth. Luigi, um italiano muito atraente e charmoso, fica "dando em cima" de Ruth. Daniel sabe que a esposa "tem uma queda" por italianos. Por mais que seja um homem ponderado, tranquilo, ele não é "de ferro": fica enciumado. "E se Ruth me trocar por este homem?", pensa. Na festa, Daniel fica a maior parte do tempo do lado da mulher e conversa bastante com Luigi para evitar que este fale muito com Ruth. Quando ele e Ruth chegam em casa, ele briga com ela, dizendo que não deveria dar tanta atenção ao italiano. Ela responde que não o trairia com outro homem e que o ama muito. Daniel diz a ela: "Será que isso é verdade mesmo?". Os dois discutem durante mais um tempo. Ele fica dois dias conversando o mínimo possível com a mulher. Depois, chega à conclusão de que houve uma ameaça, mas nada aconteceu de fato e põe um ponto final na questão, "voltando às boas" com a mulher.

70 CASAMENTO – MISSÃO (*QUASE*) IMPOSSÍVEL

A "impermanência" é a lei fundamental da vida. A qualquer momento nosso parceiro pode conhecer outra pessoa... Tudo muda, de uma hora para outra, "por susto, bala ou vício"... Não é porque uma pessoa é casada, porque Deus a uniu a outra pessoa, "até que a morte os separe", que o amor será eterno. A morte que pode separar duas pessoas não é literal: é o esgotamento, o fim da relação. Esse risco existe para qualquer ser humano. A atitude mais sábia diante das coisas que não podemos mudar é aprender a lidar com elas da melhor forma possível; é buscar uma postura madura diante delas. Entretanto, muitas pessoas, quando deparadas com alguém que, por algum motivo, se lhes assemelhe ou supere em alguma característica ou qualidade, sentem-se ameaçadas a ponto de competir "ferozmente" com essa pessoa.

Darei um exemplo de como pode ser a reação de alguém maduro diante da possibilidade de o parceiro vir a relacionar-se com outra pessoa. Clara tem uma intelectualidade brilhante, é bonita e charmosa, mas não é uma diva de beleza estonteante. Seu marido, Rodrigo, a ama muito, acha-a bonita e valoriza sua intelectualidade. Ele também é um intelectual e são afins em muitos assuntos. Professor em uma universidade, Rodrigo tem uma aluna extremamente bonita e com um corpo escultural, que o paquera. Um dia ele comenta com Clara que recebeu um bilhete da aluna que está apaixonada por ele. "Como ela é?", pergunta a esposa. "Ela tem 22 anos e é linda, embora não seja muito inteligente", responde o marido. Ela fala: "Ahh!!!...". Clara fica "enciumada" em um primeiro momento. Tem de aparecer de repente na sala de aula do marido para mostrar à "outra" que ele já "tem dona". Nesse momento, ela não vê o marido como um ser amado, mas como propriedade, um objeto do qual é dona. Entretanto, passado esse primeiro momento de ciúme, ela pondera sobre os valores que tem, a respeito do próprio senso de auto-estima e encontra um equilíbrio interior. Ela pensa: "Eu tenho valores e qualidades que, para o meu marido, contam muito em um relacionamento. Acredito que, para ele, esses atributos contam mais que a beleza de sua aluna. Entretanto sei que, ainda assim, existe o risco de ele sair com a aluna e até de apaixonar-se por ela. Mas... o que posso fazer? Brigar com Rodrigo e 'armar um barraco' na faculdade para mostrar à outra que ele é *o meu* marido? Vou colocar, dessa forma, o meu relacionamento, que é bom e satisfatório, em risco por causa de uma possibilidade? Se ele me trair e eu ficar sabendo... Aí é outra história. Acho que não toleraria isso. Mas isso é uma **possibilidade** e não um **fato**. E a vida sempre vai estar repleta de possibilidades para mim e para ele. Vou conversar com ele a respeito dessa aluna, dizer-lhe que sinto ciúme, que essa história me incomodou... Mas não vou fazer uma cena 'à toa'. Não posso controlar a vida; posso zelar por mim e pelas pessoas que amo da melhor maneira possível. Agora, controlar o outro... Isso é impossível. Continuarei a fazer o que considero ser a minha parte: cuidar de mim e do meu casamento, sendo amorosa com o meu marido, respeitando-o, e tentar contribuir para sua felicidade. O resto, 'a Deus pertence'. Não vou competir com essa moça. Não posso 'perder o foco' na minha vida, meu casamento, meu trabalho...".

O terceiro tipo de ciúme é o **ciumento**. A pessoa que apresenta esta característica em sua personalidade é ciumenta por natureza, independentemente de estar sujeita a uma ameaça do mundo objetivo. Ela sempre desconfia que está sendo traída, esteja isso acontecendo ou não. Sua fantasia supera a realidade. O "ciumento" tem, na verdade, um transtorno, uma disfunção neurótica, assunto que tratarei logo adiante. Para a pessoa ciumenta, qualquer ação do outro já dá margem para ela desconfiar de que está sendo traída. Se o parceiro de, por exemplo, uma mulher ciumenta chegar cinco minutos atrasado em casa, ela já pensa: "Ah, ele estava com outra. Deve ser aquela 'fulaninha' do escritório. Eu sei que ela está dando em cima dele". Se a mulher de um homem ciumento, por exemplo, está na sala e desliga o telefone no momento em que este entra no recinto, ele pensa: "Ela estava falando com outro. Acho que ela tem um amante".

A pessoa ciumenta é extremamente insegura. Ela não acredita que o outro pode amá-la e admirá-la; não crê que possui valor para as outras pessoas. Em vista dessa insegurança, ela tem, em relação ao parceiro, um sentimento de posse absoluto. Sua lógica pode ser a seguinte: "Se eu não sou boa e ele é, me apodero dele e, assim, torno-me boa; se não tenho valor e ele tem, se ele for meu, terei valor". Pode acontecer também de a relação do casal estar tão frágil, tão ruim, que apresente uma ameaça real de perda do parceiro para a pessoa ciumenta. Ela pode não ter sido muito ciumenta durante um período da relação, mas, quando percebe que esta está acabando, que o outro não a ama mais como antes e que pode deixá-la a qualquer momento, tem seu sentimento de posse, seu ciúme acentuado. Também existem casais que, quando a relação acaba – deixam de se amar –, utilizam o ciúme como um "arranjo" para mantê-la, se não viva, pelo menos moribunda. Assim um dos parceiros (ou os dois) provoca ciúme no outro (ou ambos causam esse sentimento um no outro). Aí, o que está mantendo a relação não é mais o amor, mas somente o sentimento de posse.

O quarto tipo de ciúme é o **delirante**, que é patológico. O "ciumento" também é patológico, também tem um traço neurótico porque existe a desconfiança baseada no "nada", em suposições que muitas vezes não se sustentam. Entretanto, o delirante chega "às raias da loucura" porque ele não tem o domínio de sua consciência. Sua desconfiança é "autônoma", é delirante. A pessoa que possui esse traço psicológico cria uma realidade própria desconectada do mundo objetivo. Ela não desconfia que está sendo traída, como o "ciumento". Ela tem **certeza** disso. E essa certeza não está baseada em nenhum fato real, indício, evidência. O delirante também é capaz de matar o parceiro, como o ciumento, pois também cinde com a realidade. Esse tipo de ciúme geralmente está associado a algum problema orgânico, como alcoolismo (principalmente) e mal de Parkinson, que são quadros degenerativos. Também pode ter relação com outras disfunções, como a Erotomania ou Síndrome de Clérambault, transtorno que se caracteriza por uma mania de namoro. Recentemente, o psicanalista Bernardo Blay, que introduziu a terapia de grupo no Brasil, foi assassinado a tiros por uma cliente. Ela havia entrado em um estado demencial de Erotomania e, em seu delírio, achava que Blay era seu namorado e que a estava traindo.

Disfunções neuróticas

Há, pelo menos, 15 tipos de disfunções que podem ser associadas à pessoa "ciumenta" e, em alguns casos, à "enciumada". E alguém pode apresentar traços de um ou mais desses tipos em sua personalidade. Existe, por exemplo, a personalidade obsessivo-compulsiva (também chamada de **anancástica**). Quando uma pessoa apresenta essa característica, é uma perseguidora implacável. Ela pode cheirar a roupa do parceiro, vasculhar sua carteira ou bolsa, verificar a memória de seu celular para saber com quem ele tem falado e quem tem ligado, dentre outras atitudes, a maioria delas invasiva, no que se refere à individualidade do outro. Amanda, por exemplo, passa o dia atormentada, imaginando onde pode estar Rodrigo, seu namorado. Liga para ele com frequência insistente e lhe pede, sempre, referências de onde e com quem está. Quando se encontram, ela vasculha sua roupa à procura de manchas de batom e seu corpo na expectativa de encontrar alguma marca "suspeita". Mexe nos bolsos e na carteira, sempre obcecada por encontrar algo "incriminador"... é um inferno para ambos!

Também há o tipo **atlético** ou **epiléptico**: a pessoa é briguenta, impulsiva e tem personalidade explosiva. Ela tem explosões de agressividade quando imagina estar sendo traída, costuma xingar o parceiro, acusá-lo de estar lhe mentindo, discutir implacavelmente e pode até chegar à violência física. Essa reação acontece por causa de um estreitamento do campo de consciência. A pessoa pode, no limite, matar quando isso acontece.

Outra disfunção é a personalidade **depressiva**: o indivíduo interioriza o ciúme. Independentemente de estar ou não sendo traído, ele sofre, chora sozinho ou compartilha sua dor com um amigo ou uma amiga. Como Paulo, que pensa mais ou menos assim: "Eu não valho nada mesmo. Ela tem de me trair mesmo. Não vou deixá-la, pois ninguém mais vai me querer". Na contramão do tipo depressivo existe o **histriônico** (o novo nome para a antiga e jocosa denominação de **histérico**). Uma pessoa com essa característica "dá show", faz um teatro dramático quando fica com ciúme do parceiro: briga com ele, falando alto ou gritando, seja em casa, na rua, em uma festa, enfim, em qualquer lugar.

Outro tipo é o **paranóide**, que está constantemente desconfiado de todo mundo em geral e do parceiro em particular. O traço paranóide, na verdade, sempre está presente nas pessoas "ciumentas". O indivíduo com essa característica é cauteloso ao extremo, ficando atento a tudo o que o parceiro faz e interpretando as atitudes deste ao seu modo. Em um passeio ao shopping, por exemplo, fica muito mais atento ao olhar do parceiro do que às vitrinas, sempre procurando algum olhar que lhe pareça uma "paquera". Como todo ciumento, ele fantasia que o outro o está traindo. Se este, por exemplo, o parceiro, disser que não vai encontrá-lo no final de semana porque tem de ir viajar a trabalho, ele poderá pensar que o outro está inventando essa viagem para, na verdade, traí-lo com outra pessoa.

Tem também o tipo **inseguro-de-si**. A pessoa cuja personalidade é insegura está sempre achando que é desprezada e excluída pelas outras e isso se aplica também ao parceiro. Suzana é uma pessoa assim. Sempre pensa negativamente sobre si mesma e acredita que qualquer outra pessoa é "superior" a ela. Sofre muito com isso, mas não consegue evitar essa profunda sensação de que sempre será deixada para trás e abandonada. Pela história de sua vida, pode-se perceber que Suzana sempre foi uma criança solitária, daquelas que nunca conseguia se "enturmar" na escola e que, até mesmo em casa, era preterida em relação aos irmãos.

Existe, dentre outros, o tipo **fóbico**. A pessoa com essa característica tem um medo crônico de perder o parceiro. Em uma situação de ciúme, seu pavor é tão intenso que ela fica assustada, paralisada e é capaz de criar situações de exclusão por sentir que, de antemão, já perdeu o parceiro. Por exemplo, podemos citar a história de Alexandre que tem um ciúme aflitivo de sua mulher, Ângela, que gosta muito de ir às festas e sempre conversa com homens bonitos e interessantes. Quando isso acontece, ele "sua frio", fica praticamente mudo e, quando tenta falar, se atrapalha todo e diz coisas inadequadas para a situação. Ele começa, então, a não acompanhá-la mais nos passeios e festas, porque não consegue lidar com a situação de ciúme e prefere evitá-la. Isso acaba por piorar a situação de Alexandre que, ao ficar em casa, dá asas à imaginação e sofre com pensamentos terríveis de que Ângela está se divertindo e, "muito provavelmente", se deixando envolver por algum galanteador mais ousado!

Auto-estima

O nível de auto-estima que uma pessoa apresenta é condição basal para a manifestação do ciúme. O que isso quer dizer? Significa que a auto-estima vai determinar o grau de ciúme que alguém tem do parceiro. Quanto maior a auto-estima menor o ciúme e vice-versa. A auto-estima é uma avaliação mental e, em parte, inconsciente, que o ser humano faz do valor que tem para si e para os outros. Por exemplo, ele pode avaliar se é uma pessoa atraente fisicamente, se é inteligente, se é sensível, se é sociável... E daí por diante. A partir desse exame, vai considerar-se uma pessoa mais ou menos valiosa. Se a pessoa for inteligente, bonita e sociável, por exemplo, pode ter auto-estima elevada. Ou não. Às vezes, ela tem questões que foram geradas durante sua criação e ao longo da vida, que contribuíram para que tivesse baixa auto-estima.

O exemplo de Cláudio é bastante elucidador: em sua infância e adolescência, a mãe tentou evitar que se desenvolvesse por temer que a abandonasse. Por isso, ela desestimulou, sistematicamente, os seus projetos, dizendo que ele não tinha a capacidade de realizá-los. Agora, já adulto, Cláudio, embora seja inteligente, bonito e sociável, não consegue levar adiante os empreendimentos por temer não ser capaz de finalizá-los. A "crença" do fracasso, implantada em seu inconsciente, estará sempre a persegui-lo, tornando-o um perdedor desde o princípio.

Outra questão que influencia na formação da auto-estima de um indivíduo é se ele se sente completo ou incompleto. Se foi criado pelos seus pais de forma a valorizar suas qualidades e realizações e a buscar desenvolver suas próprias potencialidades, sem buscá-las nem projetá-las nos outros, provavelmente não vai se tornar dependente do parceiro, nem sentir que é proprietário ou subserviente deste, quando tiver um relacionamento.

A auto-estima de cada pessoa está, portanto, relacionada à forma como esta se estruturou durante a sua vida. O fato é que: quanto mais buscar realizar minhas potencialidades e mais completo me sentir como pessoa, menos dependo do outro, menos preciso ser proprietário do parceiro e, consequentemente, menos ciúme tenho dele.

Se, por outro lado, eu tiver auto-estima baixa porque me abandono, ao deixar de lado projetos e sonhos, e ao colocar a responsabilidade pela minha felicidade "nas mãos do outro", tenderei a ser muito ciumento.

A pessoa que tem auto-estima baixa tende a achar que o parceiro vai descobrir que ela não vale nada e trocá-la por alguém que tenha mais valor. Ela pensa que ele pode encontrar outra pessoa que possui qualidades – muitas vezes valorizadas por ela e não necessariamente pelo parceiro – que admira e trocá-la por esta. A "outra", ou "o outro", pode ser mais rica, mais bonita, mais inteligente, "melhor de cama"...

Pesquisas modernas têm demonstrado um forte fator genético-bioquímico na estruturação básica da auto-estima. Pesquisadores norte-americanos demonstraram, em pesquisas realizadas com animais, que a quantidade de um neurotransmissor, a **serotonina**, determinada geneticamente, atua nas transmissões entre os neurônios (células nervosas). Tais estudos procuram demonstrar que, quanto maior for a produção dessa substância, mais "vigor" psicológico terá o indivíduo e vice-versa.

76 CASAMENTO – MISSÃO (*QUASE*) IMPOSSÍVEL

Esses conceitos, então, fecham a compreensão biopsicossocial do Ser Humano, pois demonstram que, sobre um alicerce biológico, desenvolve-se uma estrutura psicológica que, ao enfrentar pressões sociais, pode ou não responder adquadamente às vicissitudes da vida cotidiana.

Ciúme – um complexo de sentimentos

Quando alguém me pergunta: "Existe alguma coisa de bom no ciúme?", eu respondo: "Existe". O ciúme é tão benéfico quanto uma **dor**. O que existe de bom na dor? Ela é um **sintoma** indicativo de que alguma coisa está **errada**. Se não houvesse dor, mesmo doenças tratáveis poderiam se complicar e chegar a levar as pessoas à morte. Alguém poderia morrer, por exemplo, de um problema dentário. Como a dor, o ciúme também é um sintoma, um **alarme** avisando que existe algo errado em quem o sente, no parceiro ou na relação.

Como eu falei no início deste capítulo, o ciúme pode ser um conjunto de sentimentos, como insegurança, exclusão, inveja, competição, entre outros. E também pode ser usado para encobrir um desses sentimentos. Por isso, quando alguém sente ciúme, em vez de associá-lo imediatamente ao "medo da perda" ou de encará-lo como um "condimento do amor", deve ir "mais a fundo" para procurar o que, em si mesmo, está gerando esse sentimento. Por detrás dele pode estar, por exemplo, um sentimento de exclusão ou de inveja. E, seja lá qual(is) for(em) o(s) sentimento(s) que compõe(m) o ciúme, sempre se origina(m) de uma base, que é a auto-estima baixa.

Insegurança

Quando um indivíduo tem personalidade insegura, ou seja, por determinadas razões não confia em seus próprios valores, tende a sentir ciúmes do outro porque não entende os motivos de ser amado por ele.

Geralmente, a pessoa insegura se estruturou dessa maneira durante a vida por mais de um motivo. Como disse anteriormente, o indivíduo é um ser "biopsicossocial" e não pode ser analisado a partir de somente uma perspectiva. O fator psicológico, formado pelas crenças, inconscientes ou conscientes, que uma pessoa desenvolveu na infância e nas outras fases da vida, é preponderante na formação de sua personalidade. Em algum momento da existência, em seus contatos sociais, ela pode ter aprendido que não era aceitável ou adequada, para relacionar-se afetivamente com as outras pessoas. Essa crença pode ter se formado por causa de situações de abandono e traumáticas, como ser ignorada e depreciada pelo pai e (ou) pela mãe e pelos colegas da escola, na infância e (ou) na adolescência, em relação a alguma (ou algumas) de suas características, como o modo de ela se comportar, seus atributos físicos, sua capacidade intelectual. E esse quadro pode se desenvolver de modo acentuado principalmente se a pessoa tem uma herança biológica desfavorável em relação à produção de serotonina, ou seja, se seu cérebro produz pouco dessa substância. O nível de auto-estima está diretamente ligado à produção de serotonina.

O padrão de abandono pode repetir-se ao longo da vida dessa pessoa. Como, mesmo depois de adulta, ela leva aos seus relacionamentos sociais o seu medo exacerbado de rejeição, isso pode acarretar comportamentos no meio social que desfavoreçam o sucesso em suas conquistas amorosas, por exemplo, ela pode acreditar-se uma "eterna fracassada" nesse campo. Quando encontrar alguém pela qual se interessa e que lhe corresponde, pode considerar isso um verdadeiro "milagre"; pode pensar: "Mas o que ela (ele) viu em mim que sou tão sem graça, tão sem valor, tão feio, tão incompetente, tão...". Por ter essa imagem tão desfavorável a respeito de si mesma, pode pensar que não é digna do amor do outro e achar que qualquer outra pessoa representa uma ameaça ao seu relacionamento afetivo. E, quando se vê diante de uma situação que considera ser de risco, como o parceiro estar conversando com outra mulher em uma festa, pode, automaticamente, pensar que a "outra" é melhor que ela e sentir ciúme dele. E ela fica com ciúme não porque haja, necessariamente, o risco do parceiro se interessar pela mulher com quem está conversando, mas porque considera a "outra" melhor, mais sedutora, mais bonita, mais inteligente... Independentemente se isso é verdade ou não!

Exclusão

Um dos sentimentos que podem despertar o ciúme é o de exclusão. Muitos indivíduos sentem ciúme porque não toleram se sentir excluídos. Isso

78 CASAMENTO – MISSÃO (QUASE) IMPOSSÍVEL

acontece, na maioria dos casos, porque essas pessoas não amadureceram. Elas são muito **egocêntricas** – acreditam ser o centro do Universo – e, por isso, não suportam que o parceiro tenha uma vida independente delas. Ainda têm a mentalidade de uma criança de 3 ou 4 anos que exige a posse absoluta de seu brinquedo. No caso delas, o brinquedo é o objeto de afeto, ou seja, o parceiro.

O ciúme que essas pessoas sentem geralmente não se restringe ao medo de perder o parceiro para outra pessoa. É um sentimento abrangente que abarca tudo o que pertence ao mundo do outro. Tudo o que o meu parceiro faz, tenho de saber e fazer junto com ele. Tudo o que é dele também é meu. Ele não pode sentir prazer fazendo qualquer coisa sem mim, pois eu sou o **centro**, a razão da vida dele. Daí, essas pessoas sentirem-se excluídas, rejeitadas, quando o outro vai à casa de uma amiga, sai com os amigos para um *happy hour*, vai jogar futebol, viajar sozinho, visitar a família...

Inveja

A inveja é outro sentimento que costuma fazer parte do "menu" do ciúme. Como a inveja é muito mais condenada pela nossa cultura que o ciúme, muitas pessoas dizem que estão enciumadas quando, na verdade, estão invejando a outra. Por exemplo, vejamos esta situação: a mulher de Bruno, Aline, tem uma relação de muita afinidade com o filho deles, Francisco. Bruno quer se aproximar do filho, mas encontra muita resistência, pois os dois "não se bicam", têm maneira muito diversa de pensar a vida. Quando ele vê a esposa e o filho conversando animadamente, ou fazendo, juntos, alguma atividade, sente muita inveja de Aline por não conseguir o mesmo com Francisco. Entretanto, ele condena tanto esse sentimento em si mesmo e acha tão vergonhoso reconhecê-lo, que acredita ter ciúme da mulher porque ela o abandona em favor de Francisco. Isso não ocorre de fato, pois Aline dá também muita atenção ao marido. Contudo, Bruno discute com ela dizendo que não recebe amor e carinho suficientes. Ele troca inconscientemente a raiva pelo ciúme porque não consegue aceitar a difícil realidade de não se dar bem com o filho.

Há, no entanto, casos em que o marido sente verdadeiro ciúme do filho, embora tenha inúmeras dificuldades para aceitar esse fato. No filme francês, de Claude Chabrol, *Ciúme, o inferno do amor possessivo*, isso aparece claramente quando o protagonista Paul manifesta descontentamento pelo fato de sua mulher Nelly dar atenção ao filho do casal em detrimento dele.

Competição

O instinto de competição está presente, em maior ou menor grau, em todos os seres humanos. Mesmo que tenhamos auto-estima alta, em algum momento de nossa vida vamos nos surpreender comparando alguma característica ou desempenho nosso com a de outra pessoa. Isso é humano. Entretanto, quanto mais focados estivermos em nossa vida, projetos, objetivos... menos daremos espaço para o sentimento de competição. Vamos aprendendo a "relativizar" esse sentimento na medida em que desenvolvemos nossos próprios potenciais, aprendendo a amá-los, cultivá-los e valorizá-los. Isso vem, muitas vezes, com a maturidade – quando o indivíduo já possui um significativo desenvolvimento psicológico favorecido pelos relacionamentos, realizações e perdas que teve durante a vida e pela maneira como elaborou essas vivências – e tende a estar mais integrado em si mesmo e menos dependente da opinião ou das qualidades alheias. E, ao alcançar a maturidade, ele é capaz de reconhecer os seus próprios valores e dificilmente se sentir ameaçado pelos valores e realizações das outras pessoas.

Entretanto, existem indivíduos que não amadurecem suficientemente e estão sempre competindo com os outros, em qualquer nível. Eles querem ser sempre os melhores em tudo. Por exemplo, se uma pessoa joga futebol, tem de ser melhor que o Ronaldinho e, se é um homem bonito, quer superar o Reinaldo Gianecchini... E assim por diante. E, em seu mundo interno, ela pode considerar-se a "melhor das melhores", ou porque acredita ser o centro do mundo, ou porque essa crença esconde um grande complexo de inferioridade em relação às outras pessoas.

Mostrarei, a seguir, a situação em que uma pessoa altamente competidora se surpreende ao saber que o parceiro admira outra pessoa. O marido de Joana, Ronaldo, é jornalista. Ele diz à esposa que admira muito uma colega de trabalho, Marília, porque é muito competente na área de política e ganhou um grande prêmio por isso. Quando ele lhe diz isso, Joana sente-se incomodada e tentada a competir com a "outra". Ela pensa: "Eu também sou jornalista, gosto de política, mas optei por fazer pequenos trabalhos nesta área para poder colocar o foco em minha carreira de artista plástica. Eu também ganhei um prêmio pela matéria que fiz sobre o *impeachment* daquele presidente. Mas, será que ela é melhor do que eu? Será que ele está apaixonado por ela?". Joana diz ao marido: "Você nuca me falou de outra mulher com tanta admiração! Por que você não fica com ela? Case-se com ela e vão para o Inferno!". Ronaldo fica perplexo e diz: "Nossa, querida, eu não estou interessado nela, só estou comentando que ela é muito boa no que faz. Você não precisa ficar com ciúme dela". Joana acredita que está com ciúme de Marília e não reconhece, nem para si nem para o meu marido, que, na verdade, está competindo com ela.

Já uma pessoa madura agiria de forma diferente. A esposa de Marcelo, Priscila, acha André um homem muito bonito e charmoso e diz isso ao marido. Como Marcelo possui boa auto-estima e tem consciência de seus valores, mesmo sabendo que é tão bonito quanto o homem que Priscila admira, não se sente ameaçado por ele. Marcelo sabe que sua mulher o acha atraente e que valoriza os seus talentos. Ela acha que ele é muito inteligente, um bom marido e pai e um advogado muito competente. Portanto, embora "o outro" represente um perigo em potencial, Marcelo confia em si e no seu relacionamento e sabe que, devido à impermanência da vida, tudo pode acontecer e não precisa temer o tempo todo o outro homem.

O ciúme do homem e o da mulher

Homens e mulheres costumam lidar de maneiras diferentes com esse sentimento. O homem geralmente tem mais dificuldade em admitir que está com ciúmes da parceira. Isso acontece especialmente se ele teve uma criação "machista", se os pais lhe ensinaram, por exemplo, que expressar sentimentos comprometeria sua virilidade. Já a mulher, que em sua criação não sofre, normalmente, esse tipo de coerção, e costuma ser estimulada a dar vazão ao que sente, tem mais facilidade de falar sobre o ciúme.

Os dois sexos também divergem nos motivos que lhes provocam ciúme. O homem costuma ter um "ciúme sexual". Para ele "é a morte" se sua parceira transar com outro homem. Isso acontece, em parte, porque muitos consideram que as parceiras são sua propriedade. Isso vem de muito tempo; está introjetado em nossa cultura. Desde Moisés, a *Tábua dos Dez Mandamentos* já dizia que o homem não deveria cobiçar os bens do próximo, e entre estes está a mulher! E, embora, já tenhamos passado pela revolução sexual feminina, esse pensamento, em muitos homens, mudou muito menos do que parece.

Por outro lado, existem muitas mulheres que reforçam esse sentimento de posse de seus parceiros. Muitas são deveras *machistas*. É comum vermos mulheres que, por causa de seu "complexo de Cinderela", esperam por um príncipe encantado que as sustente afetiva e economicamente. Elas não buscam se constituir como pessoas autônomas, como individualidades e só se sentem validadas se o parceiro lhes conceder esse mérito. Elas sentem-se como se fossem apêndices do outro; gravitam ao redor dele, como a Terra em torno do Sol. E muitas delas também dependem economicamente do parceiro. Ao se casarem, por exemplo, algumas deixam de trabalhar fora, ou arrumam emprego de meio período, alegando que precisam cuidar dos filhos. Elas se colocam na posição de dependentes dos maridos, como se fossem seres muito delicados e especiais, que necessitassem de proteção. Tornam-se verdadeiros bibelôs de seus maridos. E o que acontece? Como "quem patrocina manda", muitos maridos, principalmente os mais machistas e menos esclarecidos, nessa situação, acabam sentindo-se verdadeiros donos, proprietários de suas esposas.

As mulheres, via de regra, têm um "ciúme sentimental". Elas até toleram, mesmo que isso as faça sofrer, as traições sexuais do parceiro. As mulheres que têm relações sexual-afetivas mais estáveis e duradouras, e que são muito dependentes do parceiro, são as que costumam agir assim diante da traição. Para elas, desde que o outro não vá embora "para sempre", se ele voltar para casa no final do dia e não se apaixonar por outra pessoa, pode transar com todo mundo... "Afinal, ele é meu e eu tenho a segurança e o *status* que me proporcionam a manutenção do meu lar".

Já nas relações em que as mulheres não dependem emocional e, em alguns casos, economicamente do parceiro, a traição deste pode ser menos tolerada. Quando elas se valorizam e não consideram o casamento uma "tábua de salvação", até porque, como já vimos há pouco, devemos tomar muito cuidado com o que dizem as "Tábuas"... Quando a mulher procura desenvolver-se como um ser distinto do homem (o que não a impede de relacionar-se satisfatoriamente com ele), ao valorizar-se e desenvolver os talentos, os projetos, e

82 CASAMENTO – MISSÃO (QUASE) IMPOSSÍVEL

cuidar-se com amor e carinho, em vez de direcionar todo esse sentimento ao outro, ou esperar recebê-lo deste, ela tende a sentir-se mais forte e autônoma para escolher e determinar o que aceita ou não no relacionamento.

A "gaiola dourada"

Por que muitas pessoas se relacionam com outras que demonstram desde o início do relacionamento que são muito ciumentas?

Geralmente são as pessoas inseguras que optam por ter parceiros muito ciumentos. Elas pensam, ao encontrar alguém com esse perfil: "Ahh!, enfim encontrei quem cuide de mim; quem vai tomar conta de mim!". Daí a relação, durante um período, parece ser a mais acolhedora, a mais segura do mundo. "Sinto-me novamente protegido" – pensa a pessoa insegura –, "agora encontrei o paraíso (antes) perdido".

Só que o tempo passa e a pessoa ciumenta começa, cada vez mais, a cercear a outra. No início, ele não quer que eu use minissaia. Eu concordo. Afinal, é apenas um detalhe em uma relação tão satisfatória. Passado algum tempo, ele começa a implicar com os meus amigos e amigas – passa a me proibir de sair com eles. Só aceita que eles venham me visitar. Depois, ele quer que eu deixe a faculdade e só saia de casa à noite com ele. Paulatinamente, ele me coloca em uma "gaiola dourada". Ele quer tomar posse total de mim. Só que a minha sensação de sufocamento vai aumentando, aumentando... Até se tornar insuportável. Daí, eu começo a enxergar que o que ele chama de zelo e amor é, na verdade, um aprisionamento, uma forma tirânica de exercer um poder absoluto de restrição sobre mim. Acabo por me sentir como que refém desse relacionamento. Para o outro sou um objeto e não um indivíduo, uma pessoa a ser descoberta, amada, respeitada, admirada, vista... O outro, na verdade, está "cego", pois não vê nada além de si mesmo, ele não está "me vendo", sou mais um objeto de seu acervo, um troféu conquistado. A relação de troca entre os parceiros é cada vez menos possível: ele manda e eu obedeço. É uma relação entre tirano e vassalo. Só que o tirano, embora possa não saber, é tão dependente do vassalo quanto este dele. A pessoa insegura está se relacionando com outra que, na verdade, também é insegura. E esta manifesta a sua insegurança por meio da posse.

A pessoa que prende a outra na "gaiola" também pode ser invejosa. Ela pode, por exemplo, desejar muito ter algumas qualidades, ou mesmo ser como o parceiro. Como isso é impossível, ela se apropria dele como se assim pudesse satisfazer este desejo. Ela também pode tentar impedi-lo de ser, de agir no mundo, somente pelo fato de que não aguenta, não suporta que ele possua qualidades, ou amigos, ou talentos que ela não tem. Nesse caso, a inveja é tão grande que ela tenta destruir o outro.

A "gaiola dourada" é sempre uma armadilha. Não adianta você querer "tapar o sol com a peneira" dizendo, "Ah, se ele se preocupa tanto com o que faço, se não quer que eu saia de casa é porque me ama". Passado algum tempo, você vai despertar, como de um sonho, e enxergar a devastação que esse pacto que fez com o outro provocou. Se, com o objetivo de se esforçar menos ao garantir uma "segurança eterna" no relacionamento amoroso, você ficou no papel de propriedade, e o outro de seu senhor, pode acreditar que vai acabar sofrendo por isso. Esse tipo de relação torna a "presa" cada vez mais letárgica, passiva, desanimada, improdutiva... Como se ela estivesse em uma jaula. E o pretenso "caçador" também, mesmo que não se dê conta disso, restringe muito a sua visão de mundo e suas possibilidades na vida, pois deixa de viver todas as coisas boas que o relacionar-se com o parceiro pode trazer. O outro é como "outro mundo", com o qual podemos aprender e compartilhar emoções, que pode nos trazer novas possibilidades, nos surpreender... Isso somente é possível quando cultivamos a empatia e permitimos que ele faça parte de nossa vida, sem comprometer nem a nossa nem a integridade dele. Um relacionamento no qual não existam trocas e a vida é impedida de crescer, de renovar-se, está necessariamente condenado, independentemente de as duas pessoas continuarem ou não vivendo juntas.

Em muitos desses relacionamentos, embora os parceiros pareçam íntimos, são absolutamente estranhos um ao outro!

CAPÍTULO 5

Maternidade e Paternidade

Se não se tem um bom pai, é preciso arranjar um.
F.W. Nietzsche

São muitos os motivos que podem levar um casal a decidir ter um filho. Muitos têm vontade genuína de ser pais. Entretanto, existem pessoas que resolvem ter filhos por outros motivos, como atender às expectativas alheias ou tentar salvar o casamento. Há também casais que acabam tendo filhos "por um descuido" – porque o preservativo se rompeu, por exemplo, e muitas vezes não estão dispostos ou preparados (neste último caso principalmente quando são muito jovens) para assumir essa responsabilidade na vida.

Além de estar baseada em um desejo verdadeiro, a decisão de ter um filho deve ser consciente. Afinal, um filho muda a nossa vida. Temos que criá-lo, o que não implica somente cuidados elementares, como alimentação, saúde e educação escolar. Criar um filho é também lhe ensinar valores e princípios, a desenvolver sua própria "visão de mundo", a lidar com suas emoções... É, principalmente, ajudá-lo a tornar-se apto para sobreviver a ter autonomia para enfrentar a vida. Isso dá trabalho! E como! E exige, também, que o pai e a mãe estejam dispostos a crescer, a desenvolver-se junto com o filho, revendo e aprimorando, sempre que necessário, valores e comportamentos, ou seja, sua postura diante da vida.

Convenções

A maternidade é extremamente valorizada pela sociedade judaico-cristã na qual vivemos. Existe a crença na "maternidade nata". Para muitas pessoas, ser mãe é a maior realização que uma mulher pode almejar na vida; ela "nasceu para ser mãe"; todas as mulheres "devem ser mães". Essa crença costuma ter base religiosa. A religião católica, por exemplo, tem a máxima "crescei e multiplicai-vos", que é interpretada como "casai e tenhais filhos". Por causa disso, muitas pessoas – homens e mulheres – sentem-se na obrigação de se casar e procriar. Sequer questionam se querem mesmo fazer isso, se têm "vocação" para o casamento e a maternidade ou a paternidade. Para elas, esses são fatos "líquidos e certos", "naturais". O importante é atender às convenções, é ser convencional.

Ter filhos apenas para atender à expectativa alheia é um ato desastroso. Ser mãe e pai exige muita seriedade, um comprometimento verdadeiro, pois a criação de um ser não se resume a dar-lhe de comer, beber, assistência médica, educação formal e teto para morar. Um filho também requer ser visto, não apenas no sentido literal. Cuidar de um filho é estar atento também às suas necessidade psíquicas, às suas emoções, ao seu modo particular de ser e agir. Educá-lo significa levar em conta esses aspectos, compreender e participar de seu universo, respeitar o seu modo de ser e pensar... E, a partir disso, buscar meios para ajudá-lo a desenvolver, cada vez mais, sua personalidade, sua "visão de mundo", sua autonomia, suas aptidões e talentos. Isso requer dos pais muita dedicação.

As pessoas que têm filhos somente para ser convencionais não estão atentas a essas necessidades dos filhos. Muitas estão tão alienadas de si mesmas – possuem um universo interno tão precário, ou melhor, mal cultivado – que sequer sabem da existência dessas demandas. O importante, para elas, é "pôr os filhos no mundo" e, assim, cumprir sua obrigação "natural" e, muitas vezes, "religiosa". O filho recebe, quando é criado dessa forma, educação muito parcial. Ele pode até aprender a sobreviver (estudar, trabalhar, casar...), mas não a criar uma visão de mundo individual, particular, nem a reconhecer e lidar com suas emoções, nem desenvolver seus talentos genuínos... Ele estará somente repetindo o padrão viciado de seu pai e sua mãe. Também vai crescer, casar-se, ter filhos... E, por sua vez, seus filhos vão crescer, casar-se...

O filho "salvador"

Também existem pessoas que resolvem ter um filho porque acreditam que este pode ajudá-las a "salvar" seu casamento. Na maioria das vezes, são as mulheres que buscam melhorar a relação tendo um filho. Entretanto, essa idéia também pode partir do homem, ou mesmo do casal. Colocar um filho no mundo para este fim também é atitude desastrosa. Um filho pode, em certos casos, manter as pessoas vivendo juntas, habitando o mesmo teto. Mas isso não significa um casamento verdadeiro. Entretanto, muitas pessoas, principalmente as "convencionais", preferem ter um marido ou esposa em casa, mesmo que a relação esteja ruim ou já tiver acabado. Elas estão tão distanciadas de si mesmas, do que querem realmente para as suas vidas, que sequer conseguem imaginar o que fariam caso se separassem dos parceiros. Muitas temem se divorciar e ter de enfrentar a opinião alheia, pois acham que serão desvalorizadas por isso. Outras têm medo da solidão porque não se desenvolveram emocionalmente de modo a sentir-se bem e ter uma vida satisfatória, mesmo sem a presença de um parceiro, ou porque possuem auto-estima baixa e não acreditam poder encontrar outra pessoa para se relacionar sexual e afetivamente.

Acredito que, por mais difícil e dolorida que seja uma separação, às vezes não há outra saída. Em casos limites, quando o amor definitivamente acabou e os parceiros chegam a se agredir física e (ou) verbalmente, ou não têm mais nenhuma afinidade e somente se comunicam para dizer o estritamente necessário, é melhor, tanto para eles quanto para os filhos, que se separem. Mas, se os parceiros sentem e acreditam que é possível refazer a relação, devem buscar se entender, conversar francamente sobre suas dificuldades e buscar meios de resolvê-las, por exemplo realizando uma terapia de casal.

No caso de uma separação, o casal deve explicar aos filhos o porquê de o casamento ter acabado, deixando bem claro que mudanças isto trará na vida de todos. Os filhos precisam ser situados nessa nova situação e, principalmente se ainda forem crianças, saber que não têm responsabilidade nenhuma na separação dos pais. Eles também devem saber que, embora não vão mais conviver todos os dias com um dos pais – na maioria das vezes o pai –, isso não significa que não o verão mais, nem que a relação vai acabar. O pai deve continuar participando da criação dos filhos – estando com eles o máximo possível e encontrando-os não somente nos dias estabelecidos pela Justiça para visitá-los, mas também buscá-los na escola e almoçar com eles durante a semana, por exemplo. Também deve construir ou montar um ou mais quartos, em sua nova casa, para os filhos, para que estes sintam que continuam tendo um espaço na vida do pai.

88 CASAMENTO – MISSÃO (QUASE) IMPOSSÍVEL

Mesmo que os filhos sofram com isso e tenham que se adaptar a essa nova situação, correm menos risco de ficar traumatizados do que se presenciarem atos de violência sistemáticos dentro de casa, ou de crescerem em uma família convencional, que "vive de aparências" e sem amor, e acabarem, como eu já disse, repetindo esse padrão inconsciente e viciado no futuro.

Também ainda existe o "velho golpe da barriga", isto é, mulheres que engravidam para se casar. Quando a maternidade acontece com essa finalidade, a mulher pode gerar raiva no parceiro, pois ele sente que foi chantageado. Muitos homens se casam nessa situação, mas ficam com raiva da mulher e, em alguns casos, até do filho. Esse sentimento, mais cedo ou mais tarde, acaba aparecendo, podendo causar sofrimentos gerados, por exemplo, pelo descaso ou por vinganças (conscientes ou inconscientes) do marido em relação à mulher e ao filho.

O filho que vem com a "missão" de salvar ou provocar um casamento pode sofrer muito por causa disso. Não sendo verdadeiramente desejado, corre o risco de não ser amado. E ele acaba percebendo isso, consciente ou inconscientemente, o que poderá comprometer o seu desenvolvimento futuro e a auto-estima. Uma pessoa criada por pais convencionais que não a amam pode, por exemplo, ter dificuldade em alcançar um amadurecimento psíquico e afetivo satisfatório, já que não teve **imagos** – modelos de pai e mãe internalizados – funcionais e bem estruturados nos quais se basear para se desenvolver. Essa pessoa poderá, por exemplo, desenvolver uma personalidade insegura, baseada em uma auto-estima baixa e, por isso, ter dificuldades em se estabelecer, na vida, em termos de vida afetiva, social, profissional...

Casais despreparados

Também existem casais, na maioria das vezes os muito jovens, que são pais e mães, mas não estão preparados para exercer esses papéis. Em geral, os parceiros jovens não têm maturidade suficiente para compreender o que a maternidade e a paternidade implicam. Nesses casos, a mãe se comporta como uma menina que está "brincando de boneca" com o filho; o pai, como um garoto que só quer estar na "balada" e também não cuida devidamente do filho. Eles negligenciam os cuidados necessários ao filho não porque querem, mas

MATERNIDADE E PATERNIDADE **89**

por não conseguirem desempenhar os papéis de pai e de mãe. Psiquicamente, eles ainda não têm esse papel desenvolvido. Ainda não aprenderam sequer a cuidar de si mesmos; ainda são **filhos** em sua relação com o mundo, mesmo que já morem separados de seus pais e se sustentem economicamente.

Quando uma pessoa resolve ter um filho, ela precisa ter aprendido a cuidar de si, a ter autonomia, a ser "mãe" e "pai" de si mesma. Isso significa ser maduro, ou seja, capaz de sustentar-se psíquica, emocional e financeiramente. Somente dessa forma poderá ampliar o cuidado que tem com si mesma para o filho.

Se os parceiros não se desenvolveram dessa maneira (e muitas pessoas passam a vida inteira sendo "filhas"), vão comprometer a criação do filho. Existem muitas crianças que têm pais biológicos, mas que, na verdade, são "despaternalizadas" e "desmaternalizadas"; são "órfãs com pai e mãe".

Geralmente, quando o casal é muito jovem e despreparado, quem assume os papéis de pai e de mãe na criação da criança são os avós. Só que essa situação pode trazer vários conflitos entre os parceiros e os pais dela ou dele. Isso porque quem cria uma criança a educa segundo os seus valores, princípios e costumes. E, se os avós fazem o papel dos pais, é com eles que a criança tende a estabelecer uma relação filial. E os progenitores da criança acabam, muitas vezes, estabelecendo com ela uma relação fraterna, como se fossem irmãos desta. Entretanto, eles se ressentem, tanto porque o filho elege como seus pais os avós, quanto porque é criado segundo os valores destes.

Daí, com o tempo, é muito comum os pais e os avós da criança começarem a competir pelo afeto e o poder sobre ela. E ela fica no meio dessa arena familiar, sofrendo as consequências das brigas e das disputas entre parentes.

Confusões familiares como esta, que causam sofrimento a todos os envolvidos (pais, filhos, avós), podem ser evitadas. Quando um casal ainda não desenvolveu de forma mais plena os papéis de pai e de mãe, ou porque ainda é muito jovem ou por não ter recebido nenhuma referência desse padrão em sua infância e juventude (pessoas que também tiveram pais despreparados, por exemplo), pode buscar aprendê-lo por meio de outros modelos.

Carlos, um rapaz hoje com 24 anos de idade, cresceu competindo com sua mãe, que o teve aos 20 anos. Embora ela exigisse que a respeitasse como mãe, sempre se envolvia em discussões com o filho no mesmo nível infantil como outra criança ou adolescente qualquer o faria. Sem se darem conta,

90 CASAMENTO – MISSÃO *(QUASE)* IMPOSSÍVEL

disputavam seus desejos e necessidades, procurando em Paulo, pai de Carlos, o papel de "juiz" das controvérsias entre ambos. E isso não era nada fácil para Paulo que, ao mesmo tempo, não se sentia à vontade para contrariar a mulher, mas via que Carlos tinha razão em muitos de seus argumentos. Para complicar a situação, Marta, a mãe, era uma pessoa que não havia aprendido a ser "mãe", querendo manter todos os seus direitos, mas escusando-se de muitos deveres. Esse "triângulo" cresceu em permanente conflito, com Carlos, Marta e Paulo vivendo uma insuportável relação de tensão e crise permanente.

Hoje, já adulto, Carlos é uma pessoa ansiosa, agressiva, cujos limites entre o "sim" e o "não" são muito tênues e frágeis. É um rapaz hiperativo e inseguro, embora procure, com todas as suas forças, enfrentar as dificuldades da vida. As suas relações afetivas são instáveis e conflituosas, pois o modelo de competição com a mulher-mãe ficou internalizado em seu ser. O sofrimento psicológico fica nítido na permanente insatisfação perante a vida e na eterna busca por uma "paz de espírito" que não tem registro em seu interior. Carlos sofre... não sabe o porquê, nem como resolver essa "briga interna".

Amadurecer não é um processo simples nem controlável. Entretanto, quando uma pessoa se compromete com o seu amadurecimento, ela favorece, agiliza, na medida do possível, esse processo. Pode-se fazer uma analogia entre este e o estudo de um instrumento musical, por exemplo. Se eu estou em uma escola de música e me comprometo a tocar piano – estudando dedicadamente tanto a teoria musical quanto praticando os exercícios e as músicas no instrumento –, é quase certo de que evoluirei mais, nesta arte, do que alguém que levou o estudo "na flauta", que não se empenhou em estudá-la. Com a vida, é a mesma coisa. O comprometimento permite que alguém vá, passo a passo, plasmando, realizando aquilo que pretende. Claro que há pessoas naturalmente geniais, que não necessitam de tanto esforço e dedicação no estudo, apenas um comprometimento naquilo que fazem.

Os casais despreparados podem buscar referências de maternidade e de paternidade observando outras pessoas cuidando dos próprios filhos, especialmente se estas forem maduras e experientes. Assim, podem perceber como desempenham os papéis de pai e mãe. Também existem livros que tratam da educação de filhos e podem ajudar os casais nessa trajetória. A psicoterapia é outro caminho, pois conhecer a si mesmo é uma condição basal para quem quer educar um filho. O autoconhecimento ajuda a pessoa a evitar, por exemplo,

MATERNIDADE E PATERNIDADE **91**

projetar no filho suas questões mal elaboradas. Existem pais que tendem a projetar seus anseios e tudo aquilo que não conseguiram ou não quiseram realizar na vida em seus filhos. Este pode carregar, por exemplo, o peso, a expectativa paterna de ser economista, de tornar-se um grande executivo de uma empresa e ficar muito rico. Entretanto, este filho, pode querer ter um destino diferente do desejado pelo pai, como ser motorista de caminhão e passar a vida viajando pelas estradas. E ele pode sofrer muito, principalmente na adolescência, e, em alguns casos, até na vida adulta, com as pressões paternas para que seja um executivo. O autoconhecimento pode esclarecer que o filho não é obrigado a realizar os anseios do pai. Ele passa a compreender que, embora tenha "posto o filho no mundo", este é outra pessoa que tem os seus próprios projetos e sonhos, os quais devem ser respeitados.

Um bom exemplo desta situação é o de Wladimir, um rapaz de 30 anos de idade, filho de médicos, que sempre esperaram dele o mesmo comportamento escolar e profissional que desenvolveram. Mas Wladimir é uma pessoa "diferente", um *outsider* como poderíamos definir. Alguém extremamente criativo, livre de pré-conceitos, aberto às experiências artísticas, teatrais, circenses, musicais, enfim, um artista nato! Mas seus pais não haviam planejado isso e não compreendem como ele pode viver "pulando de galho em galho", com um emprego de músico aqui, uma charge lá, uma composição musical sem alguém para executá-la... A pressão sobre ele é terrível, mas Wladimir não consegue ser forte o suficiente para dizer um BASTA aos pais e seguir sua própria vida... ele tem medo, pois lhe ensinaram que a "vida segura", se é que há segurança na vida, é ter uma profissão estável, respeitável, reconhecida. Mas ele não quer nada disso! Ele deseja ser livre para viver sua vida do seu próprio jeito e assim, aos trancos e barrancos, vai sobrevivendo. Angustiado!

O "aborto vivo"

Por todos os motivos que expus até agora, volto a dizer: a decisão de ter um filho deve ser muito consciente. Não adianta gerar um filho para satisfazer expectativa social, tentar salvar (ou provocar) um casamento ou porque se considere que este é o destino natural dos seres humanos. Essa vontade tem de ser verdadeira, vir "lá do fundo", da alma da pessoa. Quando um filho não é realmente desejado, pode tornar-se, para a mãe (e em alguns casos para o pai), um "**aborto vivo**".

Se uma mulher torna-se mãe nas condições que acabo de citar, corre o risco de "praticar" um "aborto vivo", ou seja, de agir de duas maneiras: ou despreza o filho ou é superprotetora, sufocando-o de cuidados. Nesses dois casos, a verdade é que o filho "não existe", "está morto" ou permanentemente exposto à morte para a mãe. Como é muito difícil para a maioria das mães que estão diante do "aborto vivo" encarar essa realidade tão terrível, elas tendem a "superproteger" o filho. Assim, uma mãe nesta situação não deixa chegar, nem à sua, nem à consciência do filho, que não o ama: que ele está "morto", não existe para ela.

O "aborto vivo" ocorre, por exemplo, quando a mulher não planejou uma gravidez, mas opta por não abortar porque a religião ou a sociedade à qual pertence não admite o aborto. Ao conceber um filho nessa condição, ela pode incorrer em um "pecado" maior ainda... Criar alguém não desejado pode gerar, ao mesmo tempo, uma culpa "crônica" na mãe (que vive constantemente com o sentimento, consciente ou inconsciente, de que não ama o filho) e sofrimento para ele, o qual percebe que há alguma coisa de errado em sua relação com a mãe. O filho também pode não estar consciente do que acontece, mas sabe que existe "um muro intransponível" que o impede de relacionar-se verdadeiramente com a mãe. Esta pode alimentá-lo, educá-lo... Mas ele percebe que falta um afeto verdadeiro, e pode sentir-se rejeitado e culpado por não ser merecedor do amor da mãe. E isso prejudica seu comportamento futuro. Neste caso, ele pode, também, desenvolver uma auto-estima baixa e ter dificuldade em estabelecer relacionamentos afetivos, por acreditar não ser merecedor do amor de alguma pessoa.

Falo isso pela mãe, mas o mesmo processo ocorre em relação ao "pai forçado". Ele até pode se sentir responsável pelo filho, mas não consegue verdadeiramente amá-lo.

Há situações tristemente famosas em que homens foram obrigados, pela Justiça e pelos exames de DNA, a reconhecer a paternidade de um filho. Uma paternidade biológica, sem vínculo ou afeto, apenas reforça a sensação de rejeição da criança que, sem dúvida, poderá até vir a desenvolver doenças graves e precoces.

Papéis dos filhos no casamento

Nos casamentos os filhos podem ter diferentes papéis, além do de filho propriamente dito. Além de "fruto" da união entre duas pessoas e um ser que deve ser criado para ter autonomia e saber sobreviver no futuro, ao filho podem ser dados outros papéis, como o de salvador, bode expiatório, intermediário, marido-pai da mãe e esposa-mãe do pai.

Como eu já disse, um filho pode servir como desculpa para um casal não se separar. Mas também pode ser concebido com este fim. Ele pode ser colocado no papel de **salvador** do casamento: já chega ao mundo com a "missão" de salvar, ou seja, de evitar que um casamento entre em colapso. Nesse caso, ele pode manter os pais morando juntos, mas não recupera o amor que um sentia pelo outro. E tende a sofrer muito por julgar-se culpado, responsável pela falência do casal, ao vê-los brigando. Isso acontece porque a criança ainda não possui um desenvolvimento psíquico suficiente para discernir, por exemplo, por que razões seus pais discutem tanto. Ele pode achar que seja porque fez alguma "malcriação", como ter se perdido no shopping, no dia anterior. E os pais também podem, deliberadamente, culpar a criança pelos seus problemas, já que ela não "salvou" o casamento.

Na verdade, pais que agem assim não querem deparar-se com difíceis verdades, como o fim de um casamento ou a possibilidade de enfrentar suas vidas sozinhos, e criam uma "bola de neve" que vai crescendo cada vez mais, à medida que o tempo passa. Eles não têm a coragem de se separar e dão, para si e para os outros, o pretexto de que não o fazem por causa dos filhos; e podem chegar a gerar mais filhos para manter essa "desculpa".

Nesses casos o filho se torna também um **bode expiatório** dos problemas do casal. Mas ele também pode ficar nesse papel, independentemente de ter sido gerado para manter um casamento. As pessoas imaturas têm a propensão de projetar maciçamente, nos outros, suas falhas, deficiências, o motivo das frustrações... Enfim, tudo aquilo que não aceitam em si mesmas e/ou, não conseguem resolver em suas vidas.

Se duas pessoas assim se casam, e principalmente se tiverem "apostado suas fichas" no matrimônio como se este fosse uma promessa de felicidade, podem ter dificuldade em lidar com as frustrações decorrentes desse "investimento" e projetá-las no filho.

94 CASAMENTO – MISSÃO (QUASE) IMPOSSÍVEL

Flávio, por exemplo, espera que a esposa, Ana Cláudia, atenda todas as suas expectativas. Quando ele é frustrado no que anseia, em vez de falar com ela a respeito de sua raiva, "desconta" essa emoção no filho do casal, Silvio. Flávio, então, encontra um motivo qualquer, como o filho ter esquecido de arrumar os seus brinquedos, para chamá-lo de egoísta, comodista, ruim... Mas, na verdade, ele queria dizer isso à esposa. E Silvio, como não é capaz de discernir que está sendo acusado em lugar da mãe, pode achar que realmente é tudo aquilo do que está sendo chamado. Esse conceito distorcido de si mesmo pode prejudicar a sua auto-imagem, levando-o a acreditar que, por exemplo, não é capaz de amar o outro, nem de merecer o amor das pessoas. Em uma pessoa, um complexo desse tipo pode arraigar-se profundamente, a ponto de trazer sofrimento durante grande período de sua vida, senão por toda ela.

Outro papel dado a alguns filhos é o de **intermediário**, ou seja, o de interlocutor do casal. O filho fala tudo aquilo que um dos parceiros não consegue dizer ao outro. Isso pode acontecer, por exemplo, em um casamento no qual uma das partes é muito ativa (dominante) e a outra é muito passiva (dominada). O cônjuge passivo não gosta de brigar, mas fica incomodado com o ativo, quando este é despótico ao lhe impor regras absurdas. Uma mulher castradora e fóbica, por exemplo, diz ao marido "você só vai sair de casa quando eu for junto" ou "este seu novo negócio não vai dar certo, continue sendo funcionário ao invés de montar uma empresa que vai falir com certeza". O passivo, ao sofrer um abuso de poder ou uma desqualificação da parceira, sente raiva dela, mas não tem a coragem de confrontá-la. Então, para dar vazão à sua insatisfação, ele instiga o filho, que tem personalidade forte e confronta a mãe, a falar, por ele, o que deseja que ela saiba, ou mesmo a brigar com ela. Ao saber que sua esposa não quer deixar o filho viajar para acampar com os amigos na praia, no feriado, ele diz ao filho: "Vá lá, enfrente sua mãe! Lute pelos seus direitos! Você estudou durante o ano todo e passou de ano. Precisa se divertir!". As pessoas mais passivas, como este pai, podem acabar sendo oportunistas, se aproveitam de ocasiões que não lhes correspondem, para obter o que desejam.

Um filho também tem o papel de "intermediário" na seguinte situação: uma mulher castradora e dominadora, que na verdade é muito medrosa e dependente do marido, pode colocar a filha no lugar de "dependente" do pai. Ela, então, "volta e meia" manipula a menina, dizendo-lhe: "O seu pai poderia chegar do trabalho mais cedo. Ele só chega à noitinha. É muito melhor quando ele está aqui na hora do jantar". A criança, como é uma "caixa de ressonância", diz ao pai: "Chegue mais cedo. É tão bom quando você está aqui!".

Também existem filhos que passam a desempenhar papéis confusos dentro da família, como os de **"marido-pai da mãe"** ou **"esposa-mãe do pai"**. Isso pode começar a acontecer quando o filho ainda é criança e se acentuar com a adolescência e a vida adulta. Ele vai, cada vez mais, recebendo dos pais tarefas e responsabilidades que, em sua maioria, na verdade não lhe cabem. Assim, vai se consolidando na posição, no papel, que os pais, ou um dos dois, lhe destinaram.

Os papéis de "marido-pai da mãe" ou "esposa-mãe do pai" não são literais. Quem desempenha um papel desse tipo na família não vai ter um intercurso sexual com a mãe ou o pai. Essa pessoa desempenha o papel de marido-pai ou esposa-mãe quando passa a fazer, por um dos pais, o que este queria que o cônjuge lhe fizesse. Por exemplo, uma mulher quer que o marido cuide dela, "tomando a frente" para resolver os problemas dela e da família e fazendo tudo o que ela exigir. O marido é alcoólatra e fica no bar a maior parte do tempo. Como ele não cumpre os pedidos da esposa o filho é encarregado dessas "obrigações".

Então, o filho substitui o pai e acompanha a mãe nos programas feitos por casais. Ela exige que o filho vá com ela, nos finais de semana, almoçar fora e ao shopping fazer compras; que a acompanhe quando ela vai visitar as amigas; que saia de casa o menos possível para não deixá-la sozinha... E as exigências não param por aí... Geralmente, quando chega à maturidade, este filho pode tornar-se o "arrimo" emocional, de forma mais acentuada, e, em alguns casos, também financeiro da família. Ele tem, por exemplo, de brigar com o pai para que deixe de beber, ficar com a mãe grande parte do tempo para ela não se sentir sozinha e convencer o irmão a continuar seus estudos e arrumar um trabalho. E, quando a família é desestruturada financeiramente, o filho, principalmente se tiver conquistado posição econômica de destaque na profissão, pode passar a sustentar sua família de origem.

Quando a filha torna-se para o pai uma esposa-mãe, a dinâmica da relação entre eles é semelhante à da mãe cujo filho é um marido-pai. O pai quer que a filha cuide dele da maneira que a parceira não faz. Por exemplo, pode ter de cozinhar e comprar roupas para o pai, esperá-lo chegar do trabalho todos os dias e insistir com ele para que vá ao médico quando está doente.

Os papéis de esposa-mãe ou marido-pai não são atrelados necessariamente aos sexos feminino e masculino, respectivamente. Uma filha pode ter, para a mãe, o papel de marido-pai e, um filho, para o pai, o de esposa-mãe. Uma filha pode tornar-se a companheira inseparável da mãe, que a ajuda a resolver os seus problemas e, o filho, ser um "cuidador" dedicadíssimo do pai.

A inversão e a mistura entre os papéis, como os de pai, mãe, marido, esposa, filho e filha, acontecem porque não estão bem determinados na família. Quando estão confundidos, os papéis acabam gerando muito sofrimento nas pessoas envolvidas. Uma filha, por exemplo, que desempenhe o papel de marido-pai para sua mãe, pode sentir-se culpada e impedida de realizar outros projetos, como formar sua própria família. Ou ela pode estabelecê-la, mas ficar sobrecarregada tendo de cuidar tanto do marido e filhos quanto de sua mãe.

Uma pessoa não pode ficar atrelada a pais saudáveis e capazes de cuidar de suas próprias vidas e, por isso, ser impedida de realizar planos, de viver sua vida. Visitá-los, compartilhar parte de sua vida com eles, é uma coisa. Viver em razão deles é outra bem diferente. Se agir assim, ela estará perpetuando um padrão familiar errôneo, que a prejudica e aos pais, pois impede o crescimento psíquico-emocional de todos os envolvidos.

Os filhos devem cuidar dos pais, dando-lhes assistência emocional e financeira (se necessário), principalmente se estes forem idosos ou estiverem doentes. Mas, mesmo nesses casos, eles não devem comprometer projetos e relacionamentos com sua nova família. Um filho deve encontrar meios de ajudar os seus pais, como visitá-los, levá-los para passear vez ou outra, pagar o aluguel e auxiliar na despesa da casa deles, caso não tenham recursos para isso. Mas essa ajuda tem de ser bem dosada para que não comprometa as demandas que sua vida requer, como a família que formou, a profissão, os programas com os amigos, dentre outras.

As pessoas que delegam aos filhos papéis como os de marido-pai e esposa-mãe, geralmente, fazem isso porque não tiveram modelos de pai e (ou) de mãe bem estruturados, nos quais se basear para desenvolver de modo funcional, internamente, as instâncias psíquicas materna e paterna. Elas possuem imagos de pai e mãe não-funcionais ou pouco desenvolvidos. Embora aparentemente o que lhes faltam sejam maridos ou esposas que atendam às suas necessidades, o que não têm, na verdade, são figuras internalizadas bem estruturadas de "pai" e (ou) de "mãe". Quando essas pessoas se casam, imaginam ter encontrado, no outro, a solução para essas carências. Entretanto, isso não ocorre e algumas pessoas transferem a expectativa de ter um pai para seus filhos.

Um indivíduo que possui um modelo positivo, bem estruturado de mãe interna tem autonomia para cuidar de si, ou seja, atende às suas necessidades individuais e cultiva o mundo interno e o externo de modo que se desenvolvam e lhe permitam melhor qualidade de vida. Assim, ele amplia esse cuidado para os relacionamentos afetivos, casa, carreira profissional... Enfim, para os vários âmbitos de sua vida. Se ele também tem um imago de pai bem desenvolvido, sabe orientar-se no mundo objetivo – estabelece leis, limites que vão norteá-lo durante a vida.

Se, em algum momento da vida, uma pessoa estacionou seu desenvolvimento psíquico, ou por falta de modelos (imagos), ou porque sofreu uma perda que lhe gerou trauma muito profundo, deve procurar ajudar-se, de modo a retomar seu processo de crescimento individual. Se ela se negar a fazer isso, vai prejudicar-se e, provavelmente, também às pessoas que lhe são próximas, como o cônjuge e os filhos. Como eu já disse, se alguém não tem referências pelas quais se orientar, como a materna e a paterna, isso não significa que está condenado a "não crescer". Existe uma frase na música *Esquinas* de Djavan, que ilustra bem a angústia gerada quando queremos fazer alguma coisa, mas não encontramos, internamente, nenhuma referência que nos norteie, nenhum "material" disponível. Ele fala: *"Sabe lá o que é não ter e ter que ter pra dar"*. Não é fácil mesmo, "lutarmos sem armas..." Mas essa condição não é definitiva.

Uma pessoa pode buscar esses referenciais em livros que tratem da maternidade e da paternidade ou observando pessoas próximas a ela, que considere mais sábias e maduras, desempenhando os papéis que quer desenvolver. Fazer terapia, que ajuda as pessoas a desenvolver papéis distintos entre si, também pode ajudar. E ela também pode buscar, dentro de si mesma, seja por meio da religião ou da busca individual, entrar em contato com os grandes arquétipos que habitam o inconsciente, como o do Velho Sábio e o da Grande Mãe, e "ouvir o que eles têm a dizer" a respeito de nossa vida, pois carregamos, de alguma maneira, a herança de nossos antepassados... Enfim, são muitos os meios pelos quais uma pessoa pode buscar o conhecimento que lhe falta. Não há desculpa que justifique essa resistência em crescer.

Ser homem e mulher, além de pai e mãe

Como eu disse há pouco, muitas pessoas fazem uma confusão de papéis. Mas, quando um indivíduo é realmente maduro, percebe que, embora seja um único ser, tem vários papéis a desempenhar na vida e cada um desses possui suas próprias exigências e deve estar muito bem definido, ou seja, "recortado" do todo.

A vida conjugal não é fácil; não é um processo simples. Volto a dizer: ela exige **comprometimento**. Mas não estou falando de um falso comprometimento, em que o casal permanece junto "até que a morte os separe". Refiro-me ao verdadeiro comprometimento, que consiste em cultivar a relação sexual-afetiva com atenção, discernimento e dedicação.

A chegada dos filhos traz demandas que antes o casal não tinha. Outrora, os parceiros possuíam mais tempo para namorar, sair junto... Agora, estão "às voltas" com mamadeira, fraldas... E, mais adiante, terão de tratar de demandas mais complexas ainda, como o desempenho do filho na escola, suas brigas com os colegas, o novo namorado da filha...

Não há como negar: os filhos trazem demandas que diminuem o tempo que o casal tem para cuidar do relacionamento. Entretanto, fazer isso não é impossível. Muitos casais "se perdem" no meio das mudanças trazidas com o nascimento dos filhos e o trabalho que eles passam a dar, o que é extremamente prejudicial para o relacionamento "a dois". Por exemplo, como eu citei no Capítulo 2, uma mulher que se preocupa demasiadamente com os cuidados aos filhos pode ficar tão absorvida por esse papel, que acaba tratando o marido também como filho. Ela se torna "mãe" do marido, em vez de esposa. E o marido, por sua vez, pode procurar, fora do casamento, uma mulher com a qual possa ter relacionamento sexual-afetivo, no lugar de maternal.

Mas, além de riscos como esse, há também o de o casal se voltar completamente para os filhos e esquecer-se de que tem um casamento a zelar. Os parceiros podem ficar tão preocupados com a vida dos filhos: o boletim escolar, o namorado novo, o torneio de tênis... a ponto de abandonar a relação conjugal. Assim, aos poucos, como a **libido** está completamente voltada para a criação dos filhos, os parceiros vão perdendo o interesse sexual um pelo outro e deixando de fazer programas românticos juntos, como jantar fora, ir ao cinema... Assim, a relação vai morrendo e tornando-se, na melhor das

MATERNIDADE E PATERNIDADE **99**

hipóteses, mais fraternal que sexual-afetiva. Só que isso pode ser um problema, pois, um dia, provavelmente os filhos vão embora, para morar sozinhos ou se casarem. E, nesse momento, o casal que descuidou de sua intimidade tem de se deparar com uma relação sexual-afetiva que já não existe.

O ideal é que, por mais que a prole exija a atenção e o trabalho dos pais, estes não deixem de ser, além de pai e mãe para os filhos, homem e mulher um para o outro. Para tanto, é importante que as pessoas não se descuidem dos cuidados com si mesmas e com o relacionamento. Além dos papéis de mãe e de pai, cada parceiro deve estar consciente de que, como indivíduo, precisa desempenhar vários outros para ter uma vida satisfatória. No âmbito individual, ele deve tentar manter, na medida do possível, os interesses que tinha antes da chegada do filho, como continuar a trabalhar, estudar, ter momentos de solitude, cuidar da aparência física e praticar alguma atividade que lhe dê prazer, como escrever, fazer exercícios físicos ou pintar. No aspecto conjugal, ele precisa ficar atento às necessidades afetivas e sexuais do parceiro, tentar manter o romantismo buscando fazer programas com o outro sem a participação dos filhos, como ir ao teatro, jantar fora, fazer uma viagem...

Quando os filhos partem

Quando um casal cria um (ou mais) filho(s), deve estar consciente de que chegará o dia em que terá de se separar dele(s). Em geral esse é um momento de muita dor e, ao mesmo tempo, pode trazer a sensação de "dever cumprido", já que o filho ficou apto para levar uma vida autônoma. A partida dele – seja porque decidiu morar sozinho, seja porque se casou – é sentida como uma grande perda pela maioria dos pais. E isto é aceitável e normal, já que o casal criou e conviveu com os filhos durante anos.

Há quem diga que "a arte de ser pai é saber se tornar dispensável!".

Entretanto, existem casais que têm dificuldade em pensar que os filhos amadureceram e precisam partir. Isso pode acontecer por vários motivos, dentre eles o medo de ficar "frente a frente" com uma relação falida. Quando o filho está morando com os pais, requer muita atenção destes. Nessa fase, muitos casais ficam voltados para o desempenho escolar, a saúde, o namoro dos filhos... E usam essas preocupações como um muro que os defende de

100 CASAMENTO – MISSÃO (*QUASE*) IMPOSSÍVEL

tratar de seus problemas conjugais. A correria é tanta – levar o filho na escola, ao médico, à natação, preparar o almoço, fazer hora extra na empresa – que permite ao casal esconder-se de seus conflitos. Nesses casos, o filho é o elo que mantém o casamento dos pais. Sem ele, este não tem motivo de ser. O filho é o cimento, o sustentáculo da relação.

Quando os filhos vão embora, alguns casais, principalmente aqueles que descuidaram da relação conjugal em favor da prole, podem perceber que não há mais nada que justifique estarem unidos. Não há mais libido entre eles, nem afinidade, nem objetivos semelhantes. Por isso, acontece de muitos casais, ou de um dos cônjuges, tentarem, velada ou deliberadamente, impedir que os filhos amadureçam e saiam de casa. Os parceiros ficam apavorados com a possibilidade de ter de conviver com o outro, sem a intermediação do filho, já que não tem mais interesse sexual-afetivo nem afinidades com o cônjuge. "Como lidar com essa pessoa, que agora é uma estranha para mim?", eles pensam.

Embora alguns homens também possam tentar impedir o amadurecimento dos filhos, é mais comum que mulheres ajam assim. Ilustro essa situação com o problema enfrentado por Arthur, advogado, com 26 anos de idade, mas cuja mãe tenta impedir sua saída de casa, nesse caso deliberadamente, provocando-lhe o sentimento de culpa, com a frase das clássicas mães superprotetoras. O discurso delas, nessa situação, é: "Filho, depois de tudo o que eu fiz por você; de eu ter me sacrificado tanto... Você vai me abandonar?". Arthur sente que um pesado "cordão umbilical" o mantém preso à mãe, impedindo-o de tomar iniciativas independentes na vida.

Uma pessoa pode, também, tentar impedir a saída do filho de maneiras indiretas. Por exemplo, fica doente sempre que ele ameaça deixá-la. E essa doença pode ser simulada ou não. Ela pode ficar tão desesperada com a saída do filho de casa a ponto de provocar, inconscientemente, sua própria doença. Por exemplo: pode passar uma tarde inteira tomando chuva, na esperança de pegar uma "baita" pneumonia; ou esquecer de tomar os remédios para alguma doença crônica que tenha, para que fique visivelmente doente.

Também existem casos em que a mãe tenta impedir o amadurecimento do filho a todo custo, principalmente por meio de uma comunicação patológica, que impede o desenvolvimento psíquico-afetivo do filho. É o que os estudiosos da Teoria da Comunicação, da Universidade de Palo Alto, na Califórnia, chamaram, em 1970, de "mãe esquizofrenogênica".

MATERNIDADE E PATERNIDADE **101**

É uma situação bastante curiosa, embora trágica, que se caracteriza por um comportamento materno pautado pela comunicação ambígua e contraditória. Ela lhe dá duplas mensagens, o tempo todo, impedindo-o de situar-se na vida. Ilustrarei esse comportamento materno com a seguinte situação vivida por Wilson, um paciente internado na Clínica Psiquiátrica do Instituto de Psiquiatria do Hospital das Clínicas de São Paulo, com o diagnóstico de esquizofrenia.

No dia da visita familiar, Sônia, sua mãe, ao entrar no recinto reservado às visitas, abre os braços e diz, sorrindo, para Wilson vir abraçá-la. Ele também abre os braços e sorri. O rapaz corre em sua direção e, quando vai abraçá-la, Sônia dá um leve toque em seu ombro indicando que está recusando o abraço. Instintivamente Wilson recua e ouve de Sônia: "Nossa, filho! Você tem de perder esse medo de abraçar sua mãe!".

Atônito, mas sem conseguir perceber exatamente o que aconteceu, Wilson pergunta-se: "Ela quer ou não o meu abraço? Ela me ama ou não me ama". E, em um nível mais profundo, inconsciente, ele pode perguntar-se: "Eu sou ou não sou?". Como situações desse tipo se repetem durante todo o relacionamento do filho com a mãe, este pode desenvolver, além de uma personalidade extremamente frágil e insegura, grande dependência da mãe. E ele pode, realmente, viver por toda a vida ao lado dela. E a mãe pode fazer isso porque quer ter o poder absoluto sobre o filho e (ou) para não ser abandonada.

Esse comportamento ambíguo da mãe não gera necessariamente filhos esquizofrênicos, pois há, ainda, um fator biológico importante predisponente para a doença, mas pode gerar estragos profundos no desenvolvimento psíquico de uma criança.

Independentemente dos motivos que levam um casal ou um dos parceiros a impedir o amadurecimento do filho, essa atitude traz malefícios, tanto para os cônjuges quanto para o filho. Embora seja difícil acostumar-se com o "buraco" que o filho deixa ao partir, é lidando com esta e outras perdas que o ser humano amadurece e pode partir para outras fases da vida. Negar o amadurecimento é acarretar sofrimento para toda a família. Nenhum relacionamento – seja conjugal, entre pai ou mãe e filho ou qualquer outro – deve transformar-se em uma prisão. Como eu já disse e insisto, a única coisa de que temos certeza na vida é que esta é **impermanente**. Lutar para que as águas do rio não mudem é desgastante e infrutífero. Favorecer o desenvolvimento de um filho é uma das mais importantes realizações que uma pessoa pode ter na vida, um dos maiores legados que pode deixar para a posteridade.

Capítulo 6

O Casal e a Sexualidade

O sexo contém tudo: corpos, almas,/ sentidos, provas, purezas, delicadezas,/ resultados, avisos,/ cantos, ordens, saúde,/ o mistério materno, o leite seminal,/ todas as esperanças, benefícios,/ todas as dádivas, paixões, amores, /encantos, gozos da terra,/ todos os deuses, juízes, governos, pessoas no mundo com seguidores/ – tudo isso no sexo está contido/ ou como parte dele ou como sua/ razão de ser.

Walt Whitman

Dizem que o sexo é o termômetro do casamento – quando está frio é porque a união não vai bem e, se está quente, o matrimônio está bom. Dessa maneira, o sexo reflete o estado em que o casamento se encontra. Pode-se dizer que isso tem sentido, já que a sexualidade é um elemento fundamental em um casamento de verdade. A sexualidade não se refere estritamente à relação sexual, mas a um erotismo mais amplo, a uma "atmosfera" erótica que está presente nos relacionamentos sexual-afetivos, independentemente da idade dos parceiros. Um casal idoso, por exemplo, pode ter relações sexuais com menos frequência que um jovem, ou mesmo não tê-las, mas a sexualidade também está presente nas carícias que um faz no outro, na flor que o marido leva para a esposa, na comida predileta dele que ela prepara, nos passeios que fazem juntos... E o ideal é que mesmo os casais mais jovens também desenvolvam e mantenham essa sexualidade ampla permeando todo o relacionamento. Assim se cultiva a relação, se mantém vivo o casamento.

Algumas pessoas acreditam que o casamento acontece por si só. Isso não é verdade. Posso morar junto com alguém, mas não estar casado de verdade com essa pessoa. Um casamento satisfatório não é o resultado de um milagre, ou, como dizem muitos: "uma loteria", mas da dedicação, do cuidado e do afeto mútuo entre os parceiros. Independentemente de um casal ter filhos "de carne e osso", a relação entre os cônjuges é um "filho simbólico", é o "nós", é a individualidade do casal. E, se estamos constantemente lutando para sobreviver e viver melhor, trabalhando, cuidando de nossa saúde, de nossa casa, com o casamento não é diferente: sua "vida" depende de comprometimento e dedicação.

Um bom relacionamento é construído no dia-a-dia. Pode ser comparado a uma casa que necessita de um cuidado constante para não se deteriorar. Esse cuidado depende do afeto, da sinceridade, do diálogo, da intimidade... E a sexualidade é a base estrutural dessa casa. Mesmo que os parceiros tenham construído uma linda casa – ou seja, um casamento muito satisfatório – eles não podem se descuidar dela. Uma casa, para ficar "como manda o figurino", sempre requer reformas, mudanças, renovação. Por isso, digo que um casamento vivo é resultado de uma eterna construção, feita "tijolo por tijolo", dia após dia...

Quando a cama fica fria

Embora nenhuma pessoa tenha o poder de fazer o amor durar para sempre, seja o que sente por outra pessoa, seja o afeto que alguém lhe dedica, pode, pelo menos, colaborar com o destino. Existem casos em que o casamento acaba mesmo, e não há terapia, nem simpatia ou reza "brava" que dê jeito. Mas também há muitos casais que abandonam o relacionamento, deixando-o à deriva. Eles não conversam a respeito de seus problemas e/ou deixam de ter relações sexuais, ou as têm mecanicamente, ou seja, cumprem sua "obrigação" matrimonial.

A principal causa do abandono da sexualidade nos casamentos são as mágoas mal-resolvidas que vão se acumulando até provocar o distanciamento dos parceiros, tanto na cama quanto nos outros âmbitos da vida. A comunicação fica precária e o desejo acaba. As razões pelas quais as pessoas guardam suas mágoas para si podem ser muitas. Nos casamentos convencionais isso tende a acontecer com mais frequência. Existem mulheres que aprenderam com as mães a sempre ceder para não perder seus parceiros. Uma mulher assim "engole grandes sapos", ou seja, quando é magoada não conversa com

O CASAL E A SEXUALIDADE **105**

o marido sobre o que este fez que lhe causou sofrimento. Assim, como sente raiva do parceiro, perde a vontade de ter relações sexuais com ele. Muitos homens também agem assim quando são, por exemplo, passivos. Eles acabam "engolindo" mágoas por ter medo da reação de suas esposas, geralmente muito dominadoras e agressivas.

Também existem homens que, por serem muito machistas, não fazem nenhum esforço para compreender a psique feminina, nem levam a sério as mágoas das esposas – não conversam com elas e, mesmo assim, querem fazer sexo todos os dias, pois acham que suas parceiras "estão lá" para servi-los. E, ainda por cima, geralmente não têm sensibilidade suficiente para perguntar do que suas esposas gostam de fazer na cama e que tipo de carícias mais as deixa excitadas. Um homem assim acaba, de certa forma, fazendo sexo sozinho, embora esteja na cama com a mulher. A afirmação que farei a seguir pode parecer óbvia, mas não o é para muitas pessoas: a relação sexual tem de ser feita a dois, ou seja, os parceiros devem participar *ativamente* do sexo, mostrando ou falando, um para o outro, quais são os seus desejos. Se não for assim, o sexo torna-se uma "masturbação assistida" – o parceiro ejacula e a mulher o suporta. Ou vice-versa, a parceira se satisfaz e aguenta o marido até ele fazer o mesmo.

Aqui cabe uma observação que acho importante que diz respeito ao orgasmo. Particularmente no homem, que tem na ejaculação uma "prova" evidente de que "acabou", existe a falsa sensação de que ejacular é a mesma coisa que ter orgasmo. O que não é! A ejaculação, assim como a ereção, depende do Sistema Nervoso Autônomo e ocorre devido a fenômenos físico-químicos. Já o orgasmo, aquela sensação de plenitude, prazer, encontro, depende de uma entrega verdadeira, de um fenômeno emocional, anímico, que parte da genitalidade para uma explosão complexa de sentimentos de afeto e comunhão!

Por sua vez, existem mulheres que, com o passar do tempo, podem se tornar menos sexualizadas. Isso acontece, por exemplo, depois que elas se tornam mães. Em alguns casos, a mulher volta sua libido tão maciçamente para a criação do filho, que acaba se desinteressando de cultivar o relacionamento com o marido, inclusive de fazer sexo com ele. Talvez pelo filho ser um acontecimento tão "impactante" na vida de algumas mulheres, por ter sido gerado a partir de suas entranhas, estas o colocam no lugar de "deus único"

106 CASAMENTO – MISSÃO (QUASE) IMPOSSÍVEL

e deixam de ter vida própria, como cultivar o relacionamento sexual-afetivo com o parceiro, trabalhar fora, ter amigos. Para elas, ser mãe é uma condição tão sagrada, imperativa e dramática a ponto de, para se dedicarem completamente a esta, praticamente abandonarem qualquer outro âmbito de suas vidas, ou de tratarem a tudo e a todos de forma excessivamente materna, inclusive aos seus maridos.

Também há mulheres que se casam com o único intuito – consciente ou inconscientemente – de ter filhos. Cumprido esse desejo, elas se desinteressam dos maridos, que lhes serviram somente para ser os pais biológicos de seus filhos. Terrivelmente falando, seriam mulheres do tipo "reprodutoras", tão-somente.

Existem casos também de mulheres que são (ou se tornam) "frias" na cama por causa da criação que tiveram. Uma mulher que, por exemplo, foi educada rigidamente, onde não havia espaço para se falar sobre sexo e que, ainda por cima, estudou em um colégio de freiras durante muitos anos de sua vida, pode internalizar o conceito de que o sexo (e o contato humano em geral) é um ato sujo e pecaminoso. Ela pode ter sofrido uma "limpeza", uma esterilização interna tão eficaz das madres superioras e candidatas ao cargo, a ponto de tornar-se extremamente ascética e rejeitar qualquer contato humano mais próximo e profundo, como o sexo. Mesmo que se case, e se esforce para satisfazer seu parceiro na cama, ela pode, com o tempo, ir deixando o que considera ser uma obrigação conjugal – o sexo – e envolvendo-se, se não com o filho, com a igreja, a salvação dos pobres e oprimidos, o controle da comunidade onde vive...

Nos três últimos casos que citei, é comum a mulher responsabilizar o marido por ter se distanciado dela, sendo que, na verdade, ela é quem se desinteressou do sexo. Na prática, ela tem uma ação contrária ao seu discurso. Diz que a cama esfriou por causa do marido, mas age de modo a afastá-lo. E faz isso de várias maneiras, muitas vezes indiretas. Por exemplo, quando o marido chega em casa à noite ela já está dormindo; ou diz que realizou várias tarefas durante o dia e, sentindo-se exausta, deseja dormir ao invés de transar; ou usa a clássica desculpa da dor de cabeça quando ele a procura para fazerem amor; ou vai minando a relação indo para a cama com o marido de maneira tão desinteressada e automática que este acaba desistindo de fazer sexo com uma "boneca"...

O CASAL E A SEXUALIDADE **107**

Um homem ou uma mulher que age das muitas maneiras que expus aqui, na verdade, não está se relacionando com o outro, e a causa disso pode ser o medo. Uma pessoa pode ter medo de se envolver mais profundamente com o outro, mesmo em um casamento, e manter com ele o menor contato possível. Como o sexo é uma demanda do relacionamento, ela o faz o mais depressa e o menos "comprometedoramente" possível, ou acaba afastando o parceiro definitivamente, para não se envolver afetivamente de forma mais profunda. A pessoa vai para a cama com sua armadura, e não se despoja dela. Indivíduos assim, na verdade, podem ser muito vulneráveis. Eles estão sempre armados porque imaginam que assim ficam protegidos dos ferimentos que um relacionamento muito íntimo e profundo pode lhes causar.

É o caso de Roseli e José Antônio, um casal na faixa dos 30 anos, que procuraram ajuda numa terapia. Ambos perceberam que, passados aqueles momentos iniciais do relacionamento, cheios de paixões e "loucuras", transas em lugares arriscados e quase públicos, frequentes, com orgasmos múltiplos e prolongados, lentamente a vida sexual foi caindo em uma monotonia cada vez mais acentuada, mais esparsada, mas não tão alegre e viva como era no começo. Demoraram para se dar conta disso, pois os inúmeros afazeres do dia-a-dia, os problemas profissionais e familiares de cada um sempre exigiam prioridade em relação à vida a dois.

Roseli foi a primeira a perceber esse distanciamento e começou a "cobrar" de José Antônio mais atenção, mais presença, mais carinho. Ele, por seu lado, a cada "cobrança", afastava-se mais e mais, sentindo-se chantageado, ameaçado, acuado. Foi numa sessão de terapia, numa frase irada de Roseli que surgiu a "chave" para todo o problema.

Estavam discutindo seu dia-a-dia, quando ela rompeu em lágrimas e exclamou:

– E nem capaz de me dar um filho você é!!!!

Essa frase rompeu um silêncio, revelou um segredo e uma mágoa que Roseli não podia admitir em si mesma. De fato, José Antônio tinha problemas irreversíveis de esterilidade, mas, no "faz-de-conta" da vida em comum, isso era relevado por Roseli. Na verdade, inconscientemente, por um mecanismo chamado de "co-inconsciente", ambos sabiam do problema e procuravam fugir dele. Só quando isso veio claramente à tona, ambos se conscientizaram que estavam se hostilizando há muito tempo e não havia, entre eles, um espaço franco e aberto para discutir essa questão "delicada demais".

A solução? Bem... a conclusão a que ambos chegaram na terapia foi a de procurar um médico especialista em fertilidade e, lá, encontrarem um novo caminho a seguir, agora, sem máscaras, nem segredos, nem disfarces.

O medo da proximidade

As pessoas que não se vinculam de maneira profunda no relacionamento sexual-afetivo e, por isso, acabam estabelecendo casamentos convencionais, geralmente agem dessa forma porque têm medo do envolvimento e (ou) possuem desenvolvimento psíquico-emocional precário. Não somente olhar, mas ver profundamente o outro (a mulher ao homem e o homem à mulher) que é o seu oposto e, ao mesmo tempo, complemento, que é um ser igual-diferente, pode causar temor em muitas pessoas. Elas podem agir assim porque vieram de famílias desestruturadas nas quais seus pais não se amavam e se maltratavam, se agrediam verbal e/ou fisicamente, e ter ficado com a impressão de que o casamento é ameaçador, perigoso, pode machucar... Também podem se esquivar de um relacionamento mais íntimo por ter convivido com pais muito convencionais que cumpriam suas obrigações familiares de forma mecânica: o pai sustentava a família, a mãe cuidava da casa, a família almoçava junta aos domingos... Mas cada membro não sabia lidar com suas próprias emoções, nem com as dos outros; não conseguia relacionar-se.

Uma pessoa que teve uma estrutura familiar assim, não foi iniciada, pelos pais, no plano psíquico e emocional, não aprendendo a reconhecer nem a cultivar e lidar com o seu mundo interno e suas emoções, acaba por ter uma visão exclusivamente concreta da vida, repleta de crenças inconscientes enclausuradas em um mundo interno inacessível. Ela pode ter sido alimentada, levada ao médico, colocada para estudar em uma escola, mas não recebeu nenhum ensinamento dos pais referente aos seus sentimentos, emoções, estados psíquicos. Foi educada parcialmente, e isso se reflete no modo de lidar com si mesma e com os outros. Assim, ela não sabe e teme relacionar-se com o outro no plano afetivo-sexual. Como o sexo requer uma grande proximidade entre os parceiros e pode despertar, nessa pessoa, muitas emoções com as quais não sabe lidar, é para ela uma ameaça.

O falso conhecimento

O sexo, embora atualmente seja assunto muito falado e tema de muitos livros, filmes, músicas... esteja presente no cartaz em frente à banca com a mulher nua, que também é a protagonista de 99% das propagandas de cerveja... seja mais que insinuado nas novelas... e especialistas falem sobre ele como nunca... ainda é uma questão mal resolvida. E isso, tanto para a mulher quanto para o homem. Fala-se muito sobre sexo, mas não o que realmente interessa. Mas antes de comentar sobre a falta de conhecimento em relação ao sexo e saber o que se gosta, vamos entender melhor quais sentidos este tem, normalmente, para o homem e para a mulher.

Em geral, a mulher valoriza muito o sexo no significado moral e pouco no sentido da ação. Já os homens costumam fazer o contrário: desvalorizam o sexo no sentido moral e o supervalorizam no de ação. Para as mulheres, normalmente o sexo deve acontecer dentro de um contexto – ser a expressão máxima de uma relação amorosa e/ou de um compromisso sério com o outro, como o namoro ou o casamento. Consideram a relação sexual melhor, quanto mais afetivo e profundo seja o relacionamento com o parceiro. A mulher tende a "sacralizar" o sexo, considerando-o um grande acontecimento em sua vida. O que importa para ela não é necessariamente a quantidade de sexo e de parceiros que já teve durante a vida, mas a qualidade, o nível de envolvimento que estabeleceu com cada homem com o qual se relacionou.

O homem, por sua vez, costuma banalizar o sexo: ele deseja ter relações sexuais com frequência, e se possível com várias mulheres, mas o sexo não costuma influenciar muito sua vida cotidiana. Ele não se envolve emocionalmente com uma mulher somente porque fez sexo com ela; ele destaca o sexo da relação afetiva. Isso não significa que os homens não se envolvam emocionalmente com as mulheres. Eles também podem sentir-se, como as mulheres, profundamente felizes quando associam sexo e afetividade. Entretanto, geralmente para eles a prática do sexo não precisa estar associado ao amor para ser muito satisfatória. Por isso, muitos traem sexualmente suas mulheres independentemente de ter uma vida sexual satisfatória com elas, mas não se envolvem emocionalmente com "a outra". Já as mulheres, quando traem, costumam fazê-lo porque a relação sexual-afetiva com os parceiros não está satisfatória. Falarei mais sobre traição em outro capítulo acerca desse assunto. Por ora, tratarei das questões sexuais mais comuns entre os casais.

Embora se fale muito sobre sexo, seja verbal ou por meio de imagens, o discurso relativo a esse assunto geralmente está voltado para os homens. Isso acontece, em parte, por causa das diferentes perspectivas, que acabo de mostrar, a partir das quais o homem e a mulher encaram o sexo. Não se discute, nem se procura, na maioria das vezes, um verdadeiro conhecimento acerca da sexualidade – a descoberta e a prática do que se gosta de verdade na cama a partir de si próprio, e não do que se aprendeu; a busca de ficar sensível e receptivo ao outro para favorecer um encontro mais profundo e o interesse em satisfazer as vontades do parceiro –, mas, ao contrário, o que vemos, na televisão e nos cartazes de cerveja, por exemplo, é um tratamento estereotipado do sexo. A mulher é colocada como objeto de consumo para o homem. As propagandas de cerveja fazem o possível para relacionar essa bebida às mulheres no inconsciente masculino. Muitas associam, explicitamente, o ato de beber a cerveja com a relação sexual com mulher bonita e "gostosa". A intenção dessas propagandas é explicitamente que o homem faça a seguinte associação: "Quando eu bebo essa cerveja estou fazendo sexo com aquela bela mulher do cartaz".

Como, ainda nos dias de hoje, muitos homens recebem educação machista que trata o sexo como prática banalizada e a conquista sexual da mulher como troféu, a mídia somente reforça esse total desconhecimento do sentido verdadeiro do sexo. O encontro sexual entre duas pessoas deve ser, muito além da procriação e do prazer imediato, uma comunicação profunda entre o masculino e o feminino em um ato que não deixa de ser instintivo, mas que também propicia um sentimento de completude, de troca profunda de afeto com o ser amado. Entretanto, muitos homens acham que saber muito sobre sexo é transar com tantas mulheres quanto for possível e masturbar-se no banheiro olhando uma revista de beldades nuas. Não há, por parte deles, um verdadeiro interesse em conhecer a sexualidade, em descobrir como é a mulher com a qual estão na cama e o que ela gosta de fazer; em se mostrar, se entregar verdadeiramente ao outro naquele momento. A "receita" de como fazer sexo já está "escrita" em sua mente. Ele só se preocupa em "ir lá" e ejacular.

Os homens que agem assim, na verdade, estão seguindo o caminho mais fácil – o do prazer imediato e totalmente descomprometido – que o do envolvimento emocional, que implica riscos, dúvidas, dificuldades... Muitos

O CASAL E A SEXUALIDADE **111**

temem perder-se no outro – têm medo que a paixão os tome a identidade e a autonomia, e/ou que traga sofrimentos, como a perda ou a traição do parceiro. Mais uma possível razão para que o sexo continue sendo estereotipado: a pessoa nunca perde o controle de suas emoções e, assim, acredita estar protegida da dor.

Esses homens geralmente utilizam o sexo com o único fim de liberar as tensões do dia-a-dia. Talvez porque, em geral, apresentem um comportamento impulsivo e "polinizado" – biologicamente estejam predispostos a "espalhar suas sementes" –, ou seja, estão disponíveis para fazer sexo, com ou sem qualidade, com o maior número de mulheres para perpetuar sua descendência, e por causa da criação machista que muitos recebem, alguns não aprofundam os seus relacionamentos sexual-afetivos. Isso acontece, em geral, porque esses homens não foram iniciados devidamente em sua criação. Ainda hoje, muitos pais se preocupam muito com a iniciação sexual das filhas (desejam que esta seja o mais tarde possível e que seja com um namorado "firme e sério", se não, ainda para muitos, que ela "case virgem"), mas não com a dos filhos. Muitos, desde garotos, são estimulados a sair com várias garotas pelos pais. Algumas mães, por sua vez, pensam: "Sendo homem, ele se vira. Não preciso lhe ensinar nada sobre sexo. Ele aprenderá na rua. Já se fosse uma menina... Seria outra história". E elas evitam falar de sexo com eles.

Assim, muitos homens só se relacionam sexualmente com as mulheres em um nível superficial e não têm a mínima idéia de que o sexo pode proporcionar descobertas e prazeres muito maiores do que os que conhecem. Eles não sabem se relacionar sexualmente com uma mulher a não ser no nível da satisfação física imediata e a única sensação mais forte que conseguem ter é a provocada pela ejaculação, como já citei. Alguns dos meus clientes, entre eles homens mais velhos, não sabem separar a sensação da ejaculação da sensação de um orgasmo. Eles se espantam quando eu pergunto se já sentiram um orgasmo. Isso acontece porque consideram que é a mesma coisa ejacular ou ter um orgasmo. Alguns até distinguem uma sensação da outra, mas dizem que já sentiram orgasmos umas poucas vezes na vida.

A mulher, por sua vez, também pode ser "sovina" no amor, por exemplo, ao procurar parceiros "para uma única noite". E algumas também fazem sexo para aliviar as tensões do cotidiano, sem investir na intimidade com os seus parceiros. Entretanto, a maioria, mesmo que faça sexo eventual, afirma que

112 CASAMENTO – MISSÃO (*QUASE*) IMPOSSÍVEL

deseja investir em um relacionamento sexual-afetivo profundo, estável e, se possível, legalizado, como o casamento. Entretanto, embora muitas mulheres concebam o sexo como um momento sagrado em suas vidas, ainda existem as que, também por desconhecimento – nesse caso porque não se sentem à vontade para falar de sexo nem para praticá-lo, pois tiveram uma criação muito rígida, na qual o sexo era um tabu – e/ou por medo de um envolvimento sexual e afetivo mais profundo, não conseguem se soltar na cama e esperam que o parceiro seja o único ativo durante a relação sexual.

Solange, advogada de trinta e poucos anos, solteira, considera-se uma mulher moderna, economicamente independente, livre de conceitos e pré-conceitos sociais e morais, gosta de afirmar que tem vários relacionamentos sexuais com vários homens diferentes em seu *curriculum*.

Sai para as "baladas" várias vezes por semana, com amigas solteiras ou divorciadas e vive à "caça de um gato" para os prazeres da vida, segundo ela mesma diz.

Mas, todo esse "consumismo sexual" esconde uma profunda solidão que Solange resiste em admitir conscientemente. Criada em um ambiente desestruturado, nunca soube o que era amor, nunca conseguiu amar, nem ser amada. Em seus sonhos, narrados na terapia, Solange conta de cenas muito escuras, aterrorizantes, vazias e um profundo sentimento de desamparo, exatamente o contrário do que procura demonstrar em sua vida cotidiana.

O que será mesmo verdadeiro? O aparente colorido e alegre festival de aventuras ou o negro e fúnebre vagar pelos desertos da solidão?

Incompatibilidades e desencontros

Embora as pessoas possam, durante a fase do namoro, perceber se a parceira ou o parceiro são mesmo compatíveis sexualmente com elas, algumas insistem em se casar, acreditando que, após o matrimônio, tudo irá mudar... "Depois de casada ela fará sexo oral em mim e vai se soltar mais na cama, fazer outras posições sexuais. Ela ainda não faz isso porque não temos um relacionamento seguro, ainda não nos casamos, e ela é muito recatada", pensa Rui de sua namorada Júlia. Só que, depois do casamento, ela não faz o que ele pede porque acha que é nojento, repulsivo. Ela se nega terminantemente

O CASAL E A SEXUALIDADE **113**

a fazer sexo oral e se restringe a determinadas posições que considera não expô-la muito, como a tradicional "papai e mamãe". Por mais que Rui argumente, a recusa é constante. Daí, ele justifica sua traição – "se ela não atende o que peço, posso buscar uma amante que o faça" – e acaba tendo um relacionamento extraconjugal. Quem está certo e quem está errado nessa situação? Difícil dizer, pois cada um pode exercer a sexualidade da maneira que mais lhe aprouver.

Durante a fase do namoro, muitas pessoas tendem a idealizar o parceiro, procurando nele qualidades que acha necessárias a um bom marido ou esposa. "Ela é uma mulher muito reservada na cama, mas é muito amorosa, carinhosa, e, por isso, cuidará muito bem de mim e de nossos filhos. Sexualmente não me sinto muito satisfeito, mas ela tem tantos atributos: é bonita, caseira, acolhedora... Fico seguro quando estou ao seu lado", pensa Rui. Na visão desse homem, com traços bastante machistas, ela é a mulher ideal. Ele também é rígido, embora não tanto quanto ela e pretendia não trair a mulher após o casamento. Entretanto, depois que se casaram, percebeu que ela não mudou sua atitude em relação ao sexo e continuou não conseguindo satisfazer-se sexualmente com uma mulher tão pudica na cama. Assim ele acaba procurando alguém com quem tenha mais afinidade sexual. Entretanto, Rui sofre porque se sente culpado em trair a mulher, principalmente por levar a série seus princípios religiosos e morais. Situações assim podem trazer sofrimento para as três pessoas envolvidas: o marido sentir-se culpado; a esposa, por perceber que ele está distante e já não lhe dá o carinho de antes; e a amante por se relacionar com um homem que só fica com ela durante poucas horas na semana e ficar impedida de levar uma vida mais corriqueira com ele, como dormirem juntos e passearem no sábado à noite.

Para evitar esse tipo de situação, as pessoas devem estar conscientes de que o outro não vai necessariamente mudar sua forma de agir após o casamento. E, se mudarem, muitas vezes é para pior! E também devem ser honestas com as suas necessidades sexuais. De que eu preciso para sentir-me satisfeita sexualmente? De fazer sexo com frequência? De alguém que não tenha pudores na cama? Ou prefiro alguém mais "cerebral" e menos "sexual" como eu, porque considero que o mais importante é ter uma pessoa com a qual eu converse muito e possua afinidades intelectuais? Ou preciso de um(a) amante arrojado(a), que me surpreenda sexualmente com várias posições,

114 CASAMENTO – MISSÃO (*QUASE*) IMPOSSÍVEL

acessórios e lugares imprevistos para fazer sexo? Elas devem fazer-se perguntas desse tipo, pois, pelo menos em tese, após o casamento, vão viver durante um longo tempo ou por toda a vida com os seus parceiros.

Se uma pessoa tiver, por exemplo, uma libido transbordante e queira fazer sexo com frequência – todos os dias, por exemplo –, dificilmente ficará satisfeita com um parceiro ou parceira que goste de transar no máximo uma vez por semana e priorize a afinidade intelectual no relacionamento. Já, se for o contrário, a pessoa tiver pouco interesse por sexo, deve pensar se estará disposta a atender à necessidade diária do parceiro. Não adianta negar, escamotear a própria necessidade, seja por mais sexo, seja por sexo mais *light*. Depois do casamento, "o bicho pega", pois necessidades desiguais geram atrito, inevitavelmente. Por isso, a escolha é necessária. Não adianta uma mulher dizer "Ele é meio devagar na cama, mas é um bom rapaz, é amoroso, quer casar e ter filhos, será um marido fiel e dedicado". Se ela quer um homem mais ativo na cama, vai se ressentir de não ter a sua sexualidade satisfeita e deverá ou abafar essa necessidade, ficando com raiva do marido, ou arrumar um amante e ficar dividida emocionalmente. Nesse caso, é melhor que essa mulher parta em busca de alguém que a satisfaça em vez de causar sofrimento para si e o parceiro.

A rotina pode ser uma das causas do desencontro sexual entre os casais. Com o passar do tempo, principalmente se os parceiros não cultivarem o relacionamento, o cotidiano contribui para provocar uma diminuição na frequência com que eles se relacionam sexualmente e também para o "automatismo" – o cumprimento da "obrigação matrimonial" – de um deles, ou dos dois, na cama. Nesses casos, se um valoriza muito o sexo, acaba se ressentindo da falta de interesse do outro e pode afastar-se dele. Essa situação acaba gerando raiva no cônjuge que quer mais sexo e provocando conflitos no casamento. O casal pode continuar a viver junto, mas volta sua libido completamente para outras demandas, como a educação dos filhos e os empreendimentos financeiros, como estabelecer uma empresa ou comprar uma nova casa. Entretanto, os parceiros não estão sendo "nutridos" conjugalmente e/ou acabam se separando, ou permanecem em uma relação truncada, pautada pelo ressentimento, que gera ou conflitos constantes ou um frio afastamento das duas partes.

A chegada do filho é outro fator que pode gerar um grande desencontro entre o casal, principalmente se os parceiros não estiverem dispostos a buscar desenvolver mais de um papel dentro da família. A educação de um filho requer dedicação e tempo disponível da parte dos pais. Se estes não estiverem atentos nem se empenharem em continuar a cultivar o relacionamento a dois mesmo depois da chegada do filho, podem voltar sua atenção tão maciçamente para ele a ponto de se esquecerem de cuidar da relação conjugal. O fato de muitas mulheres tornarem-se mães em tempo integral – começarem a ser "mães" até de seus maridos – e destes, em contrapartida, passarem a concebê-las como sendo mulheres "sagradas e intocáveis", e se colocarem em lugar de filhos delas, em vez de maridos, dificulta muito a continuidade da relação sexual-afetiva. Essa "maternalização" excessiva do casal, que "sacraliza" o papel de mãe – "mãe é a Nossa Senhora, virgem, impoluta. Até ontem minha mulher era minha amante; agora é mãe do meu filho" –, traz sofrimento para todos os envolvidos. O marido muitas vezes arruma uma amante, que seja mais mulher para ele que mãe. E a esposa também pode procurar, embora isso aconteça com menos frequência do que com os homens, e é mais comum ocorrer quando os filhos já estão crescidos, tendo outro parceiro fora do casamento. Assim, a relação entre marido e mulher pode naufragar. A individualidade do casal deve ser construída e preservada, apesar dos filhos, da rotina, das atribulações do dia-a-dia... Por isso, repito: devemos ser "pai" e "marido", "mãe" e "esposa", mesmo que isso exija uma luta, um esforço de organização interna para que esses papéis sejam preservados.

Impotência sexual, ejaculação precoce, frigidez e vaginismo

Vários fatores podem levar à impotência sexual, à ejaculação precoce masculina, à frigidez ou ao vaginismo feminino. Geralmente, esses distúrbios sexuais estão ligados a tabus e preconceitos neuróticos; a abusos sofridos no passado; à falta de preocupação com a satisfação sexual da parte de um parceiro em relação ao outro; a uma comunicação perversa contínua; a problemas externos ao relacionamento, como desemprego e falta de perspectivas de melhora na vida social, entre outros motivos.

A história de vida de uma pessoa – principalmente os valores que lhe foram passados a respeito do sexo, durante sua criação pelos pais, na escola e pelo restante da comunidade na qual viveu (ou ainda vive) – e suas vivências sexuais, influencia muito na maneira com que ela vai conceber e praticar sua

116 CASAMENTO – MISSÃO (*QUASE*) IMPOSSÍVEL

vida sexual. Isso é o conjunto de "crenças" conscientes e inconscientes, que determinam seu modo de viver. Se os pais lidaram de maneira saudável e tranquila, tanto com a sua própria, quanto com a sexualidade do filho, este tenderá a ter, no futuro, uma vida sexual sem maiores problemas. Um exemplo disso são pais que ensinam ao filho que o sexo é manifestação natural de desejo e afeto do ser humano e que requer responsabilidade, pois pode ser supervalorizado em detrimento de outros âmbitos da vida também fundamentais para o desenvolvimento de uma pessoa, além de poder gerar uma gravidez e doenças, se não for feito com proteção. E que, além disso, não tratam suas próprias, nem a sexualidade do filho, como algo da qual se envergonhar, como se o sexo fosse um ato sujo e pecaminoso. A própria nudez ou ausência dela na intimidade do lar pode gerar interpretações errôneas de vergonha e recato excessivos.

Além dos pais, a escola, os amigos, os parentes... enfim, o entorno social, que permeia a vida de uma pessoa, também pode contribuir para a visão desta em relação ao sexo. Quando a comunidade trata o sexo de maneira natural e saudável, aceitando as diferenças entre as pessoas, sem condenar suas escolhas de parceiros (em relação ao sexo ou à idade, por exemplo) e práticas sexuais (desde que estas não sejam patológicas a ponto de ameaçar a integridade física e psicológica dos indivíduos, como seria o caso do estupro em qualquer circunstância e da violência sexual contra crianças e animais, os quais não possuem autonomia para fazer escolhas, nem meios para se proteger do agressor), também contribui para um desenvolvimento sexual-afetivo saudável de seus membros.

Entretanto, existem pais e comunidades que podem colaborar para a geração de tabus e preconceitos neuróticos na mentalidade de uma pessoa. As disfunções neuróticas podem ser provocadas, por exemplo, por uma educação muito rígida dada a um filho por mulheres (mães, tias, avós, professoras) que, por sua vez, também tiveram formações muito austeras e inflexíveis de seus pais e estudaram em colégios rígidos, herdando uma visão muito negativa em relação ao sexo e à afetividade, pautada pelo distanciamento e controle. Elas podem passar à criança ou adolescente tabus e preconceitos, que aprenderam naquelas instituições (de forma explícita ou indireta), como a vergonha do próprio corpo, gerada pela proibição de conhecê-lo e gostarem dele, e a concepção de que o sexo é pecado, sujo e imoral.

O CASAL E A SEXUALIDADE **117**

Uma mulher que tenha sido educada dessa maneira pode desenvolver a **frigidez** (a impossibilidade de experimentar sensações de prazer durante o sexo e de chegar ao orgasmo) ou o **vaginismo** – a contração espasmódica do músculo constritor da vagina, que impede a penetração pelo pênis. Como ela não aceita o sexo como ato humano natural e expressão da libido – a energia da vida –, mas, ao contrário, o atribui, consciente ou inconscientemente, ao pecado, ao mal, acaba ficando impassível ou contrai involuntariamente a vagina, impedindo a relação sexual.

Quando uma mulher sofreu abusos sexuais em algum momento da vida também é possível que fique frígida ou apresente vaginismo. Por exemplo, uma pessoa que sofreu abusos do pai ou de um tio durante a infância pode acreditar, esteja ou não consciente disso, que o sexo é sinônimo de violência, invasão, subjugação. Assim, ela não consegue excitar-se durante o ato sexual e pode impedir inconscientemente a penetração, contraindo a vagina, por causa do medo que se repita a violência que sofreu no passado.

Também há mulheres que, embora não apresentem frigidez ou vaginismo, não conseguem ficar excitadas e ter relações sexuais satisfatórias porque o parceiro somente se interessa pelo seu próprio prazer. Ele "bate o ponto", ou seja, faz sexo com o único objetivo de aliviar as tensões, priorizando a penetração, sem preocupar-se em saber do que a mulher gosta de fazer na cama, nem em acariciá-la o suficiente para que se torne receptiva sexualmente.

Como a frigidez e o vaginismo, a impotência sexual e a ejaculação precoce também podem ocorrer devido a causas psicológicas. Existem casamentos propiciadores da impotência sexual masculina. Nas uniões na quais a mulher é muito castradora, um homem que seja muito passivo pode sentir-se cada vez mais impedido psicologicamente até manifestar esse estado na impotência física. Ao ser constantemente desacreditado e humilhado pela parceira, de forma explícita ou velada, ele vai, gradativamente, perdendo sua força vital, sua libido. Uma mulher pode, por exemplo, desacreditar claramente o marido, dizendo que ele é incompetente em sua profissão – e chegar a compará-lo com outros homens, com um irmão dele que seja bem-sucedido social e economicamente, por exemplo; ou falando para ele frases que gerem culpa e/ou descrédito, como: "Por que você comprou este carro? Precisamos de tantas coisas para nossa casa, como trocar os móveis e você nem pensou em nós?". Ou dizendo: "Será que você vai mesmo conseguir aquele cargo na empresa? Acho melhor ficar fazendo o trabalho que já conhece. É muito arriscado. Você pode se dar mal. Esse cargo novo requer muita atenção e você é muito distraído. Não se esqueça de que tem uma família para sustentar...".

Também existem mulheres que desacreditam o parceiro em relação ao seu desempenho sexual por meio de agressões verbais diretas, como quando dizem "você já não bate aquele bolão de antes" ou "você é um desastre na cama como em todo o resto. Sorte tem a minha amiga Cláudia, pois seu marido é bonito, é rico, é charmoso... E ele não dá sossego para ela todas as noites na cama". Outras mulheres humilham os maridos por vias indiretas – geralmente ficando extremamente passivas na cama, como se fossem verdadeiras múmias, ou lançando ao parceiro um tipo de olhar ou outra expressão facial que denote não estarem gostando da relação sexual e que, se estão ali, é apenas por que se sentem obrigadas.

Um relacionamento que seja pautado por uma sistemática comunicação perversa da mulher em relação ao homem, como a presente nos exemplos que acabo de descrever, pode acabar provocando a impotência sexual do parceiro. E ele pode pensar que esta é eterna, irreversível. Entretanto, costuma acontecer de um homem nessa situação ficar impotente ao tentar transar com a esposa, mas conseguir ter relações sexuais normalmente com outra mulher. Geralmente, a esposa que age de forma muito dominadora em relação ao parceiro passa a ter, para ele, uma imagem de "mãe castradora" e não mais de mulher, de fêmea. Daí, quando ele inicia uma relação extraconjugal com uma mulher que o deixe mais à vontade para ser autêntico e mostre que se interessa por ele, tanto sexualmente, quanto por sua vida em geral, acaba recuperando seu desejo e sua potência sexual.

O contexto social e econômico que um homem esteja vivendo também pode influenciar sua vida sexual. Por exemplo, uma pessoa que fique desempregada durante um longo período e, por isso, impedida de sustentar ou colaborar com as despesas da casa, pode acabar ficando impotente temporariamente, até que retome sua vida profissional. Para os homens, em geral, o trabalho representa parte essencial de sua identidade – é o que os justifica e os torna guerreiros, dignos, capazes... O senso de auto-estima masculino está diretamente ligado à sua capacidade provedora, mesmo que simbolicamente, já que a mulher, atualmente, também contribui para manter economicamente o casamento, ou, em alguns casos, seja a provedora da família.

O CASAL E A SEXUALIDADE **119**

A ejaculação precoce também pode ter raízes em questões psíquicas, como a insegurança. Um homem que tenha desenvolvido personalidade insegura pode ficar em dúvida se será capaz de manter sua ereção durante o tempo suficiente para levar a parceira ao orgasmo. Essa insegurança pode deixá-lo tão ansioso que, no desespero de satisfazer a parceira e, ao mesmo tempo, manter a ereção até isso acontecer, acaba ejaculando rapidamente, logo após o início da relação sexual, já que não consegue manter-se concentrado e tranquilo.

Em alguns casos, o homem não está necessariamente preocupado com a satisfação da mulher, mas é tão ansioso que desenvolveu sua sexualidade de maneira muito unilateral e imediatista. Ele não consegue ficar tranquilo quando está com uma mulher, pois muitas vezes tem muito medo do sexo feminino ou pudores disfuncionais em relação ao ato sexual. Ele desenvolve, então, como mecanismo de defesa, uma sexualidade "rápida e parcial", manifestada na ejaculação precoce, ou o contrário, não revela seu desejo sexual, tornando-se impotente, condições que lhe permitem ter o menor contato físico possível com a mulher. Certos homens agem assim porque, como algumas mulheres, também herdaram de sua criação uma visão extremamente ascética em relação ao sexo, considerando-o impuro e sujo. Outros tiveram, durante a infância e juventude (e isso costuma se repetir na vida adulta), contato com figuras femininas extremamente castradoras e que chegaram até a ser malévolas. Como, em seu desenvolvimento psicológico, esses homens não desenvolveram instâncias psíquicas – que lhes permitissem se sentir indivíduos íntegros – e mecanismos de defesa funcionais que os ajudassem a lidar com essas mulheres abarcadoras, sem ser "devorados", ou seja, subjugados, eles acabam se esquivando do relacionamento com o sexo oposto. E fazem isso por meio da impotência e da ejaculação precoce, mas também de uma relação emocional parcial com a mulher – não se permitindo um encontro mais profundo com ela também no nível da intimidade, da troca afetiva, do conhecimento do feminino.

Há ainda um velho mito conhecido como o da "vagina dentada que morde". A Índia antiga, o sul da África e as Américas ainda alimentam o mito de uma vagina possuidora de assustadores dentes. Até a psicanálise freudiana possui registro dela. Camile Paglia especula que esse mito é uma transcrição direta do poder feminino e do medo masculino. O horror de ser castrado no momento do coito atribui poder às mulheres. Em uma visão junguiana, essa imagem do Inconsciente Coletivo pode estar presente em quem tenha sofrido danos no seu desenvolvimento sexual.

Nesse campo dos mitos, existe, ainda, a famosa história de Lillith, aquela que teria sido a primeira mulher criada por Deus à imagem e semelhança do homem, com poderes e forças iguais às dele. Essa figura de mulher forte e enfrentadora teria sido rejeitada por Adão e a seu pedido Deus a expulsou do Paraíso, o que a levou a viver nos Infernos. Lendas medievais contam que Lillith, terrivelmente bela e sedutora, aparecia para os viajantes nas estradas e os levava para locais onde eram mortos após satisfazerem-na sexualmente.

As bruxas e feiticeiras também cultuam o mito de Lillith, considerando-a a sua deusa!

Como os casais se arrumam?

Não há regras para a felicidade de dois parceiros, ou, pelo menos, que façam um casal permanecer junto. Cada par encontra, ou não, suas formas de relacionar-se bem. Existem casais que não têm muitas afinidades (intelectual, religiosa, por exemplo), mas estabelecem uma vida sexual tão satisfatória que o relacionamento se mantém por um longo tempo, senão por toda a vida. Outros já não se dão bem na cama, mas mantêm o casamento porque não querem perder a convivência com os filhos e/ou por acreditarem que, se permanecerem juntos, estes terão uma criação mais completa e ficarão salvaguardados da dor de passar pela separação dos pais. Também existem pessoas que ficam juntas porque dependem emocionalmente e, em alguns casos, também economicamente da outra. E tem parceiros que não se relacionam mais sexualmente, mas ficam juntos porque se tornaram muito amigos.

Mas vamos falar aqui dos casais cujo interesse sexual um pelo outro está vivo e que querem mantê-lo. Muitas pessoas acham que o maior "fantasma" da relação amorosa é o rotineiro, o costumeiro. Elas não se dão conta de que a vida é, em si, rotina. Se eu vou jantar junto com o meu marido e depois ao motel com ele uma vez por semana, já estou criando rotina. Se eu uso, habitualmente, fetiches para atiçar o meu e o interesse sexual do parceiro, isso também é rotina. Então... Não há como fugir dela? Posso dizer que por um lado não, por outro, sim.

O CASAL E A SEXUALIDADE **121**

Luiz Fernando Veríssimo brinca em uma de suas crônicas, afirmando que seu casamento deu certo porque ele e a mulher saem duas vezes por semana para jantar fora. Ele às terças e ela às quintas.

Ao passar vários anos convivendo com um parceiro ou parceira, mesmo que exista muito amor de ambas as partes no relacionamento, não há como evitar momentos de tédio, de enfado. Por outro lado, se eles se amam e, por conseguinte, têm uma intimidade verdadeira, ou seja, uma união baseada em um sentimento sincero e autêntico, a vida do dia-a-dia também traz muitos momentos de felicidade, na cama e fora dela. Em casamentos assim, cada parceiro vai cada vez mais se aproximando afetiva e sexualmente do outro e aprendendo como agradá-lo na cama. O aprofundamento do sentimento de amor entre eles é propiciado pela forma como lidam com a libido no relacionamento. Esta não está voltada unicamente para o relacionamento sexual, mas também para outros aspectos da vida, como a afetividade, as vivências compartilhadas, a admiração mútua e os projetos que realizam juntos. Por exemplo, a libido também está presente na comida que um prepara para o outro, no carinho mútuo e no elogio que um cônjuge faz em relação à beleza ou elegância do outro; na comemoração que fazem juntos pela finalização da pós-graduação de um deles; na admiração que um tem pelo outro ser um pai ou mãe dedicada...

Nos relacionamentos verdadeiros, nos quais há um real comprometimento dos parceiros, existem momentos em que, na relação sexual, eles se tornam pura energia, alcançam um momento de intimidade forte e profundo. Isso acontece, em parte, porque existe uma verdadeira disposição de os dois estarem ali. São duas pessoas que decidiram ter coragem de ver, de se aproximarem uma da outra. Elas têm a coragem de entrar no casamento "pra valer"; estão realmente casadas, unidas, juntas. Elas resolveram aceitar o desafio: conhecer o universo do outro e relacionar-se com ele.

Mesmo nessas uniões sinceras, o desejo cresce e decresce; o relacionamento está constantemente morrendo e renascendo... Em alguns momentos, estamos cheios de libido voltada para o parceiro, repletos de "amor para dar". Noutros, o outro nos parece uma geladeira na cozinha – somente um elemento a mais na paisagem do lar. É também muito provável, ou mesmo inevitável, que, em alguns momentos da vida, as pessoas, mesmo sendo bem casadas, sintam-se atraídas sexualmente por outras, ou mesmo que se encantem por alguém

122 CASAMENTO – MISSÃO (*QUASE*) IMPOSSÍVEL

por quem tenham, além do desejo sexual, admiração por algum (ou alguns) de seus atributos, como o charme, a desenvoltura nos relacionamentos sociais ou um brilhante desempenho profissional. Entretanto, muitas vezes os desejos e as paixões acabam tão instantaneamente como começaram. Por isso, é importante que cada pessoa pense se vale mesmo a pena viver um relacionamento paralelo, se realmente existe alguma necessidade fundamental sexual-afetiva que não está sendo satisfeita em seu casamento, ou se ela está passando somente um breve momento de desejo por uma pessoa que se lhe apresenta como uma novidade que lhe aguçou estritamente seu instinto de conquista.

Além disso, antes de pensarmos se estamos ou não satisfeitos com nossa vida mais corriqueira de casados no âmbito sexual, temos de levar em conta o fato de que existe uma indústria "global" do sexo, que se utiliza, sistematicamente, de um fortíssimo apelo sexual. Grandes companhias – cinematográficas, televisivas, de cosméticos, fabricantes de automóveis, entre outras – criam, por meio de filmes, programas, novelas e propagandas extremamente sedutoras, a crença de que somente as mulheres lindíssimas e os homens muito poderosos são atraentes e amados. E, baseada nessa crença, a indústria global cria falsas verdades e necessidades, presentes direta ou indiretamente, em determinados filmes, novelas, revistas – especialmente as de "fofoca" e as que endeusam as pessoas bem-sucedidas –, propagandas, entre outros, que são infelizmente acreditadas por algumas pessoas. Essas falácias são: a virilidade de um homem é medida na proporção das mulheres com as quais ele transa; somente as mulheres bonitas e os homens bem-sucedidos são felizes na cama; homem "bonito e atraente" é somente o galã de novela e mulher "gostosa e bonita" é só a mocinha do filme; você tem de malhar para ficar gostoso(a), ou o sexo oposto não vai lhe desejar; tem de fazer mil piruetas e posições na cama, pois a outra (ou o outro) pode desbancar o seu lugar; usar acessórios, como calcinhas comestíveis, algemas e fantasiar-se de Branca de Neve; fazer plástica; comprar aquele carrão – enfim, dispor de toda uma parafernália para ser atraente para o sexo oposto.

É inacreditável que toda essa balela seja aceita por tantas pessoas. E elas se esquecem do principal: de que o mais importante é o profundo encontro com o outro que o sexo pode proporcionar. Isso não exige uma beleza estonteante ou um motel luxuosíssimo, mas sim a coragem da entrega, sem idéias pré-concebidas, sem saber o que vai acontecer no momento seguinte. É estar com o outro no presente – mostrar-se a ele e descobri-lo –, deixando que o feminino e o masculino fluam, que se manifestem a partir de dentro, do interior, da alma. Os seres humanos possuem o arquétipo feminino e masculino que, para se comunicarem, não precisam de engenhocas, de malabarismos espetaculares. E, a partir desses arquétipos, cada pessoa tem uma forma própria de ser sensual, atraente e amável. Existe um quadro do pintor italiano Caravaggio (Michelangelo Merisi, 1573-1610), chamado *Amor Vencedor*. Nessa tela, o deus grego Eros está ao lado de uma cama desarrumada. Ele tem a expressão facial de um garoto, embora possua o corpo de um homem maduro. Próximo aos seus pés estão instrumentos musicais e uma partitura (que podem representar o feminino), e uma armadura masculina, indícios de que um homem e uma mulher fizeram (ou estão fazendo) amor. Essa imagem talvez fale sobre o amor que pode ser maduro e, ao mesmo tempo, manter a pureza, a curiosidade e a capacidade de se surpreender, de se deslumbrar da criança interna... Talvez ela comunique que o amor pode ser simples e que, para chegarmos a ele, temos que nos despir, nos despojar dos acessórios, aparatos, armaduras...

Capítulo 7

Infidelidade

Das grandes traições iniciam-se as grandes renovações.
V.V. Rozanov

A traição é umas das circunstâncias mais indigestas que acontecem em muitos casamentos. Quando somos traídos, o outro nos aparece em toda sua dimensão humana: falível, imprevisível, dual... E não mais como um anjo celeste que veio nos salvar e proteger das intempéries do mundo. Despencamos do Paraíso e nos sentimos desolados, abandonados, limitados... É... a traição é um fato duro de se vivenciar.

Entre os significados do verbo *trair*, nos dicionários de Língua Portuguesa, estão: ser infiel, não cumprir, abandonar traiçoeiramente, delatar, revelar, demonstrar, comprometer-se, manifestar-se, não corresponder e descobrir involuntariamente (o que se devia ou desejava ocultar). É consenso, para a maioria das pessoas, que trair significa não cumprir um contrato, um acordo. Uma pessoa trai quando não corresponde à confiança que outrem lhe depositou; quando não faz a parte que lhe cabe no pacto estabelecido com alguém ou com um grupo de indivíduos. A maioria das pessoas considera o traidor como sendo alguém vil, mau. Judas, por exemplo, traiu Jesus, pois o entregou aos romanos. Por isso, é visto, pelos cristãos, em geral, como alguém indigno de confiança, desleal, perigoso, covarde... Enfim, um pária. Mas será que, se Jesus não fosse traído, cumpriria sua missão na terra? Que os teólogos discutam essa questão...*

---

* Interessante notar que na visão cristã-brasileira há dois grandes traidores: Judas, que traiu Jesus, e Joaquim Silvério dos Reis, que traiu Tiradentes e os Inconfidentes. O fato

126   CASAMENTO – MISSÃO *(QUASE)* IMPOSSÍVEL

A palavra trair tem um sentido conotativo amplo, pois significa revelar; demonstrar; descobrir, involuntariamente, algo que deveria ficar escondido. Assim, o traidor é aquele que, intencional ou acidentalmente, revela o que estava oculto. Nesse sentido, trai, por exemplo, aquele que ousa olhar – sem purismo – o que está por trás da aparência idealizada das coisas. Trai quem revela o que há de camuflado, de "não dito", em um sistema político, religioso ou cultural de uma sociedade; quem vê a intenção de usurpar, de apropriação, por detrás de uma regra aparentemente verdadeira e justa.

Por exemplo, geralmente nas culturas patriarcais as mulheres são ensinadas a buscar um salvador, ou seja, um homem que vai protegê-las e sustentá-las para o resto de suas vidas, como se este fosse o ideal de relacionamento sexual-afetivo, um fato natural da vida e uma promessa de felicidade para elas. Entretanto, na maioria das vezes, o preço dessa proteção e sustento, dessa "segurança permanente" é que a mulher fique submetida ao homem, como sendo sua propriedade e não tendo voz ativa, nem no casamento, nem na sociedade em que vive. Uma pessoa trai essa cultura quando denuncia que nela há, na verdade, uma relação de poder baseada na opressão e no controle da mulher pelo homem, em vez do apregoado relacionamento ideal. A mulher, como a memorável psicanalista russa Lou Andréas-Salomé, que se nega a viver de acordo com essa cultura, que não aceita um papel de submissão em relação ao marido, mas luta por manter sua integridade, buscando, por exemplo, uma vida a dois em que não haja abuso de poder, mas sim relação de igualdade, de respeito mútuo, está traindo o modelo patriarcal, pois não corresponde ao que este espera dela.

Traindo o mundo encantado

Nos casamentos em geral, traições estão sempre acontecendo, seja no sentido de quebra de um contrato, seja no de revelar algo que estava oculto sob uma aparência de estabilidade, de segurança. Neste capítulo, tratarei da

---

curioso é que ambos se julgavam traídos e não traidores. Judas esperava de Jesus uma luta mais forte pela libertação do povo judeu dos Romanos. Já Joaquim era português e via na Inconfidência um ato de traição contra Portugal, portanto, nada mais justo do que delatar esta conspiração.

infidelidade sexual, entretanto, falarei brevemente sobre a traição em seu contexto mais genérico, já que, nesse sentido, a maioria de nós está constantemente traindo e sendo traída pelo outro.

Em um artigo publicado pela revista *IstoÉ*, em março de 2000, foi apresentada uma pesquisa realizada com 1,3 mil pessoas, na qual se constatou que 68% dos homens e 43% das mulheres afirmavam ter sido infiéis. É claro que esses números são tendenciosos, pois os homens costumam exagerar em sua *performance*, enquanto a mulher, por pudor, receio ou vergonha, tende a negar a experiência extraconjugal.

Em um casamento, a infidelidade não se restringe à relação carnal, sexual de um dos cônjuges com um "terceiro ou terceira", mas a todas as expectativas de um parceiro que não são correspondidas pelo outro. É comum que, principalmente na fase do namoro, os casais façam pactos de "amor eterno", de que nunca vão se trair, de que viverão um em razão do outro e, para tanto, sacrificarão alguns hábitos, projetos, sentimentos e até idéias pessoais. Entretanto, após o casamento, grande parte desses acordos tende a ser quebrada, a não ser nos casos em que reine extremo controle de um em relação ao outro (ou de ambas as partes), por exemplo, quando um dos parceiros é muito passivo e deixa o outro dominá-lo por completo, ou quando ambos perpetuam uma vida extremamente convencional onde o que importa é estritamente manter a estabilidade a qualquer custo...

Um casamento *de verdade* é vivo, pulsante e, por isso, sujeito à imprevisibilidade, às inúmeras mutações que acontecem na vida. Mesmo que tenhamos feito pactos com os parceiros no início do relacionamento, nós e eles estamos em constante transformação e, por isso, mudamos nossas necessidades, preferências, opiniões... Ao longo de um relacionamento afetivo, muitos acordos têm de ser revistos, alguns modificados, outros quebrados ou substituídos por novas combinações.

A traição tira as pessoas do "mundo encantado", idealizado, que, a despeito de suas experiências e sofrimentos passados na vida afetiva, muitas vezes teimam em (re)criar. De certa forma, por mais que amadureçam, muitas pessoas estão sempre "Em Busca do Paraíso Perdido" – daquele ninho de segurança que tiveram na infância; daquela sensação de eterna proteção e carinho que sentiam por causa dos cuidados que os pais lhes dedicavam. Embora esse estado maravilhoso possa ser experimentado apenas em curtos

128 CASAMENTO – MISSÃO (*QUASE*) IMPOSSÍVEL

períodos da vida, o ímpeto de buscá-lo, a despeito de tantas frustrações e sofrimentos passados, costuma renovar-se, principalmente quando iniciamos um relacionamento sexual-afetivo.

A relação afetiva é um dos estados do ser humano que, em geral, proporcionam, principalmente no início – na fase do **enamoramento** e, na melhor das hipóteses, nos primeiros anos de casamento –, um estado de paixão que gera sentimentos de completude e aconchego mais intensos que os provocados pela maioria das outras vivências humanas. Entretanto, como um relacionamento amoroso possui várias fases, com o passar do tempo, a paixão, que exige a satisfação imediata e a presença do outro pelo maior tempo possível, vai dando lugar a um sentimento mais profundo e calmo, que é o amor.

Após alguns anos de casamento, quando a fase da paixão passa, os parceiros costumam retomar projetos, vontades e hábitos que haviam sido postos em segundo plano ou abandonados. Essa volta à rotina, à normalidade da vida, é inevitável e muitas vezes chocante para quem esperava um idílio eterno. Acrescente-se a isso o fato de que o outro se mostra como é: um ser humano com qualidades e imperfeições, em vez de um príncipe encantado. É em parte por isso que ouvimos muitas pessoas dizerem: "Ah... Se eu soubesse que era assim, não teria me casado".

Há dois filmes que merecem ser vistos, pois retratam essa questão da traição sexual por parte da mulher sob dois ângulos diferentes. Um deles é o excelente *As Pontes de Madison*, de Clint Eastwood. Após a morte de Francesca Johnson (Meryl Streep), uma proprietária rural do interior do Iowa, seus filhos descobrem, pelas cartas que a mãe deixou, o forte envolvimento que ela teve com um fotógrafo (Clint Eastwood) da *National Geographic*, quando a família se ausentou de casa por quatro dias. Essas revelações fazem os filhos questionar seus próprios casamentos, pois revelam a natureza profunda do ser humano dividido entre o amor, o desejo e o dever.

No filme *Infidelidade*, dirigido por Adrian Lyne (*Atração Fatal*) e com Richard Gere e Diane Lane no elenco, a infidelidade da mulher aparece como algo lúdico, pura aventura em busca daquele louco prazer perdido em um casamento estável e monótono.

As inevitáveis traições – as quebras de promessa e de contrato – lançam aos parceiros o desafio de continuar amando, e ao lado de um ser que lhes traz satisfações e, ao mesmo tempo, frustrações; que lhes gera, tanto um sentimento de profundo afeto quanto o de raiva quando não atende ao que esperam.

As traições do dia-a-dia podem levar os casais a se adaptar a novas situações ou à separação. Por exemplo, para Sandra, o fato de Murilo ter voltado a jogar futebol com os amigos, nos finais de semana, depois do casamento, é uma grande traição. Durante o namoro, ele havia parado de praticar este esporte e prometido a ela que nunca mais jogaria sequer uma pelada. Ele fez essa promessa para não perdê-la, pois ela disse que nunca se casaria com alguém que jogasse futebol nos finais de semana, pois não abriria mão da presença do marido no sábado e no domingo. Entretanto, depois do casamento, Murilo sentiu falta de passar alguns momentos com os amigos e retomou o futebol. Isso causou uma crise no casamento até que Sandra, após passar por um período em que sentia muita raiva do marido, compreendeu que ele também precisava encontrar os amigos e gostava de jogar futebol. Ela passou a aproveitar o tempo que fica sem ele, no final de semana, para visitar sua família (o que ela adora fazer e ele abomina), além de cultivar velhas amizades com amigas que há muito já não via mais.

Já Rodolfo sentiu-se traído quando Márcia, sua esposa, resolveu trabalhar fora. Ela havia lhe prometido que somente se ocuparia dos afazeres domésticos. Entretanto, ela, que trabalhava fora antes do casamento, não se adaptou à vida exclusivamente "do lar". Sua opção gerou uma grave crise no casamento. Os dois resolveram se separar, mas acabaram reatando e Rodolfo acabou-se adaptando à opção da esposa, embora mantivesse, inconscientemente, guardado naquela "caderneta de poupança psíquica" que já mencionei, esta sua **concessão** à vontade da mulher.

Embora muitas vezes os casais acabem superando seus mal-entendidos e aceitando as escolhas do outro, alguns resolvem pela separação. Juliana não suportou que o seu cônjuge, Oscar, trabalhasse "de segunda a segunda" e lhe dispensasse muito pouco tempo para ficarem juntos. Eles acabaram se separando e ela casou-se com Lúcio, um homem que trabalha fora, mas que não abre mão dos finais de semana para ficar com a esposa, chegando até mesmo a sufocá-la com tantos compromissos com amigos e familiares.

Assim é a vida para a maioria das pessoas: o parceiro as satisfaz em alguns sentidos e em outros não. Para nós, o outro é imperfeito, incompleto, como o somos para eles... O ser amado tem sua individualidade e, por isso, poderá compartilhar conosco apenas algumas partes de sua vida e nunca toda ela, mesmo que com ele estejamos casados(as). E isso pode fazer com que nos sintamos traídos e abandonados em alguns momentos. Mas justamente essa aparente contradição – a de estarmos casados e, ao mesmo tempo, mantermos a nossa individualidade e o parceiro a dele –, pode evitar uma união que nos aprisione, paralise, sequestre. Mesmo no casamento, a diversidade é imprescindível para que haja trocas de afeto e de experiências ricas entre os parceiros e, assim, a vida possa renovar-se.

Também existem casais que se julgam "saudáveis", mas que, na verdade, mantêm relacionamentos opressivos e convencionais. Nessas uniões, muitas vezes os cônjuges fazem um pacto, consciente ou inconsciente, de nunca denunciar, revelar "o que há de podre no reino da Dinamarca". Daí, para evitar lidar com a traição, eles pagam o preço de viver sob permanente opressão – suportando um mútuo controle sistemático. Ficam, continuamente, "varrendo para baixo do tapete" seus desejos, vontades, insatisfações, sentimentos desagradáveis em relação ao parceiro, conflitos que não se exteriorizam... Nesses casos, ou os parceiros evitam ter qualquer atrito, discussão com o outro, ou discutem "gravemente" apenas assuntos superficiais (como "você é um folgado, pois nunca apaga a luz da casa antes de vir para a cama"). Eles nunca abordam questões mais difíceis, controversas e dolorosas, que os possam tirar de um falso estado de paz, de estabilidade, mesmo que, para tanto, tenham de sentir um sofrimento crônico.

Diferentes perspectivas

Falarei, a partir de agora, da infidelidade sexual, uma das situações mais difíceis de ser vividas e toleradas pela pessoa traída, em um relacionamento.

Embora a Biologia procure demonstrar que não há, no reino animal, nenhuma espécie que seja fiel ao parceiro, exceto o cisne, a fidelidade sexual é uma questão crucial nos relacionamentos afetivos.

Em geral, homens e mulheres encaram a traição a partir de diferentes perspectivas. O homem normalmente não aceita ser traído sexualmente pela parceira. Ele não suporta que ela mantenha relações sexuais com outro homem, independentemente de haver ou não afeto envolvido nessa traição. Para ele "é a morte" sua mulher transar com outro. Já muitas mulheres, embora

INFIDELIDADE **131**

sofram com a traição do parceiro, se doem muito mais se este se envolver, além de sexualmente, emocionalmente com outra mulher.

Como o homem geralmente é muito competitivo e tende a apoiar a auto-estima em seu poder fálico (do pênis), seja no sentido literal, como ser capaz de satisfazer uma mulher a ponto de esta não precisar de nenhum outro homem para sentir-se realizada sexualmente, seja no âmbito simbólico – ser o melhor e o mais poderoso "guerreiro" nos diversos aspectos da luta pela vida, e valoriza o *status* que isso representa na sociedade em que vive, sente-se anulado, arrasado e envergonhado perante as outras pessoas, quando é traído.

Ao ser traído, o homem poderá até dizer para sua mulher que a perdoa. Entretanto, em geral, ele não perdoa a traição e, na primeira oportunidade – durante uma discussão qualquer, por exemplo –, "joga na cara" da mulher o que ela lhe fez, ou a trai também, assim que se apresente uma situação favorável para isso.

A mulher, por sua vez, embora também seja competitiva, tende a valorizar mais o aspecto emocional do relacionamento, a idéia do lar que constrói ao lado do parceiro e a estabilidade do casamento. Não há como negar que elas traem mais hoje do que há vinte anos. Isso acontece porque muitas mulheres, ao adotarem maior independência, exigem mais dos seus parceiros e não aceitam relações de subordinação ou casamentos insatisfatórios. Entretanto, embora a revolução feminina tenha possibilitado tantas conquistas às mulheres, muitas destas ainda baseiam grande parte da auto-estima nas uniões afetivas e estáveis que mantêm com seus parceiros. E, no âmbito social, principalmente nas sociedades patriarcais e extremamente machistas, como a brasileira, o *status* da mulher está, em grande parte, ligado a uma união "permanente". Provavelmente por esses motivos, e porque é sabido que, pelo menos em tese, os homens separam o sexo da afetividade (transam com mulheres fora do casamento, mas não se envolvem emocionalmente com elas), existem aquelas que tendem, se não a aceitar totalmente a traição, pelo menos a tolerá-la. Muitas perdoam a traição em nome da estabilidade emocional do relacionamento, mesmo que, no fundo de si mesmas, fiquem com uma sensação de "vaso quebrado", de que alguma coisa se desfez definitivamente na relação conjugal.

Uma pesquisa realizada por estudiosos ingleses, há poucos anos, demonstrou que, dentre as várias populações estudadas, de diferentes partes do mundo, é a mulher brasileira a que tem, ainda, a maior propensão em aceitar a traição sexual do parceiro, desde que isso não corrompa o vínculo familiar.

132 CASAMENTO – MISSÃO (*QUASE*) IMPOSSÍVEL

Pode-se concluir desse estudo que, em nosso meio, a dependência afetiva e, principalmente, a econômica da mulher em relação ao marido ainda é muito ampla e socialmente mantida.

Em relação ao ato de trair, homens e mulheres, geralmente, também têm visões diversas. O homem costuma separar o sexo do envolvimento emocional. Chega a ser capaz de manter relações sexuais com uma mulher várias vezes sem se envolver afetivamente com ela. Para ele, a traição não tem o mesmo peso que para a maioria das mulheres. Muitos encaram suas relações sexuais fora do casamento como uma busca de prazer sem maiores consequências, e estas não influenciam na estabilidade matrimonial. Ouvi certa vez, de um paciente, Otávio, de 40 anos de idade, casado há 16, a afirmação de que sair com garotas para transar tinha para ele o mesmo valor e equivalência do que ir jogar pôquer com os amigos. Ou seja, era mesmo apenas mais um "divertimento"!

Já a mulher, em geral, suporta mais as dificuldades e contrariedades do casamento e trai somente quando existe algum tipo de insatisfação muito grave no relacionamento. Por exemplo, se o marido não mais a valoriza, não lhe dedica atenção e carinho; se a relação já está muito desgastada por brigas e desentendimentos e não há mais como resgatá-la; e se já sofreu muitas traições do marido e a confiança e a admiração por ele acabaram. Dessa forma, quando a mulher chega a trair, normalmente é porque o seu nível de insatisfação chegou ao limite. E, diferentemente do homem, ela normalmente se envolve sexual e afetivamente com o amante.

A fidelidade feminina e a masculina

Podemos analisar os fatos da vida por meio de diferentes perspectivas. Como eu disse, o ser humano é "biopsicossocial". Por isso, analisá-lo por meio de uma única perspectiva traz conclusões, no mínimo, parciais, que não refletem a realidade. Entretanto, em certo sentido, um recorte da realidade pode ser necessário para compreendermos, pelo menos em parte, como este se articula com os outros, como o psicológico e o social.

Se levarmos em conta a perspectiva científica, a mulher tende a ser mais fiel que o homem. Existem duas experiências, uma realizada pelo obstetra francês Michel Odent e outra pela neuroendocrinologista Sue Carter, nos

EUA, demonstrando que a fidelidade pode estar ligada a um hormônio chamado **ocitocina**, que está presente em muito maior quantidade na mulher, do que no homem. Esse hormônio também é responsável pela contração do útero na hora do parto e pelo estímulo da lactação. Olhando a partir da ótica biológica, "endocrinologicamente" falando, a mulher tenderia a ser mais fiel do que o homem.

Já em termos psicológicos, a mulher também seria mais fiel que o homem, especialmente se viver em alguns tipos de cultura, principalmente as de cunho patriarcal, como a brasileira. Em nosso país, muitas mulheres, embora trabalhem "fora" e tenham conquistado um nível elevado de independência financeira, ainda se sentem emocionalmente dependentes de seus parceiros. Como vivemos em uma cultura eminentemente patriarcal e católica, a mulher aprende, desde cedo, a se considerar um apêndice do homem, um ser inferior em relação a ele. E esses conceito, aprendido por ela desde a infância, a partir, por exemplo, do modelo passado pelo casamento dos seus pais e da religião em que foi criada (e às vezes da que segue na vida adulta), é difícil de ser questionado, desaprendido e substituído por outro, embora existam muitas mulheres que consigam fazê-lo. Por serem tão dependentes do homem, seja emocionalmente e, em alguns casos, no sentido financeiro, muitas talvez não traiam seus parceiros para não correr o risco de perdê-los. No sentido religioso, chama a atenção o número de vezes em que se proclama a fidelidade dos parceiros e, em algumas religiões, a submissão da mulher.

E, embora isso esteja mudando, as culturas patriarcais, como a brasileira, mesmo que veladamente, ainda condenam muito mais a mulher que trai do que o homem que faz o mesmo. Para muitas pessoas, a mulher que trai ainda é considera a "vilã", a "vadia", a "sem-vergonha"; e o homem trai porque esse comportamento faz parte da "natureza" dele ou porque tem muitas mulheres "dando mole por aí". E aquele que "vai para a cama" com várias é valorizado, pois isto é sinônimo de poder, de potência, de predominância nessas culturas. Há um e-mail jocoso circulando pela Internet, em que certas atitudes do homem são consideradas positivas e as mesmas atitudes na mulher, classificadas como "vagabundas"...

Também há quem defenda que os homens traem mais do que as mulheres porque produzem maior quantidade de testosterona – hormônio que estimula o desejo e o impulso sexual, além de torná-los muito agressivos,

134 CASAMENTO – MISSÃO (QUASE) IMPOSSÍVEL

competitivos e territoriais – que elas. E se especula que aqueles com menos testosterona teriam menor propensão a trair as parceiras.

Se levarmos em conta os motivos que acabo de apresentar – o cultural e o biológico –, o homem, em geral, tenderia a ser mais infiel que a mulher. Entretanto, como o ser humano é, repito, "biopsicossocial", além do entorno cultural e de suas heranças genéticas, os homens também possuem características psicológicas que podem influir em seus comportamentos sexuais. Os valores e princípios que foram passados a um homem durante sua criação (por seus pais, a religião e o restante da comunidade), os modelos que internalizou de pai e mãe (imagos) e as experiências pelas quais vai passando durante a vida (que muitas vezes colaboram para a reformulação daqueles princípios e valores, ou a adoção de novos) também são fatores que contribuem para maior ou menor propensão à traição.

Assim, mesmo que o meio cultural e a produção de testosterona sejam fatores que predisponham um homem a trair a parceira, ele pode não fazer isso, por exemplo, por ter como princípio que a traição é um pecado (porque aprendeu isso na religião que frequenta), por ter crescido em um lar onde os seus pais não se traíam e adotou esse comportamento, ou porque considera que colocar o seu foco em uma única parceira lhe traz mais satisfações do que teria se mantivesse relações múltiplas ou um "triângulo amoroso". Insisto que este não é o comportamento masculino comum, mas, como em toda regra, esta é a exceção exemplar.

A insatisfação e o papel do amante

Além dos possíveis estímulos à traição que expus há pouco, um dos principais motivos desta é a insatisfação com o relacionamento. Homens e mulheres, mesmo amando seus parceiros, têm desejo por outras pessoas, afinal, estão vivos e, portanto, sujeitos aos estímulos do meio em que vivem. A atração sexual é, antes de tudo, um instinto básico que não obedece a regras. Entretanto, embora o desejo não seja evitável, a traição o é.

Quando uma pessoa, homem ou mulher, está satisfeita com seu relacionamento afetivo, embora possa se atrair por outras pessoas que não o cônjuge,

INFIDELIDADE **135**

geralmente tem menos propensão a levar a cabo uma traição porque sente menos necessidade de trair. Além disso, ela segue o ditado "não se mexe em time que está ganhando": se suas necessidades sexuais e afetivas estão sendo satisfeitas, por que vai trair e, assim, correr o risco de perturbar ou perder uma relação estável? Mesmo assim, muitos homens, "por força do hábito", não deixam de ter uma atitude mais sedutora ou galanteadora com uma mulher, mesmo que não tenha a menor intenção de levá-la para a cama.

Já os casamentos em que os parceiros continuam morando juntos, mas abandonam o relacionamento – perdem o interesse sexual um pelo outro e não trocam mais manifestações de afeto –, propiciam a traição dos cônjuges. As uniões em que um parceiro maltrata o outro, seja exercendo uma comunicação perversa (atacando-o sistematicamente com frases depreciativas ou sarcásticas, ou ignorando-o, fazendo-o sentir-se completamente dispensável, uma nulidade), seja agredindo-o fisicamente, também são mais suscetíveis à traição, principalmente do parceiro mais submisso que pode trair porque se sente mais valorizado pelo amante, ou mesmo para vingar-se, indiretamente, das agressões do cônjuge, a quem não consegue enfrentar.

Também os casamentos nos quais há muito controle, por exemplo, de uma das partes envolvidas, podem estar mais vulneráveis à traição. Em geral, as mulheres são muito mais controladoras, do que os homens, no casamento. Algumas exercem um controle tão exagerado sobre os cônjuges que os fazem sentir-se mal em seus próprios lares. Elas tornam os lares verdadeiras prisões, criando regras desnecessárias e absurdas. Não pode isso... Não pode aquilo... Não pode comer na sala; não pode soltar "pum" no quarto; não pode transar nessa posição porque a cama pode quebrar... E o homem arruma uma amante com a qual pode tudo e que não o fica julgando por isto ou aquilo.

O amante (ou a amante) pode ter a função de aliviar as tensões de casamentos conflituosos, como os que citei há pouco. Ao lado dele, a pessoa encontra aceitação, carinho, prazer e afeto, sem viver o lado "pesado" do casamento – como as obrigações a cumprir e as neuroses mais insuportáveis do outro. Enfim, com o amante, a pessoa vive, na maioria das vezes, só a "parte boa" do relacionamento. Esse "estado paradisíaco" costuma acontecer quando o amante aceita ficar nesse papel e não exige que o seu parceiro termine o casamento. Também ocorre quando a pessoa casada dribla essa exigência, alegando que, um dia, vai separar-se do cônjuge.

Modalidades da traição

Existem, digamos, diferentes "tipos" ou "modalidades" de traição. Por exemplo, é muito comum que homens casados (embora mulheres casadas também tenham amantes, isto é menos frequente) procurem relações eventuais, tenham casos rápidos com mulheres que conhecem no trabalho ou em um bar, ou saiam com prostitutas que trabalham em casas de massagem. Esses homens preferem ter encontros rápidos com mulheres, se possível uma diferente de cada vez, em parte porque gostam de sexo casual e também porque isto não os compromete. Eles preferem não se envolver emocionalmente com outra mulher que não sejam suas esposas. Isso porque manter dois relacionamentos sexual-afetivos exige muita energia, pois as duas mulheres – a esposa e a amante – vão querer a presença e a atenção do homem que se relaciona com elas. Além disso, muitos não querem pôr em risco seus casamentos. Se eles tiverem relacionamentos afetivos com as amantes, provavelmente elas vão acabar colocando-os na parede, exigindo que terminem seus casamentos. E isso eles não pretendem fazer porque gostam da esposa e/ou, não querem perder a convivência que têm com os filhos ou mesmo não pretendem trocar "seis por meia dúzia".

Há homens casados que preferem se envolver com mulheres que também sejam casadas. Alguém que opta por uma relação desse tipo pensa que, como a amante também é casada, não vai exigir a presença dele em momentos inoportunos, como nos finais de semana (quando ele quer ficar com a mulher e os filhos), aniversários, festas de fim de ano, porque ela também tem de se dedicar às demandas do seu casamento.

Também há aqueles com uma amante "de casa montada". Esses homens, digamos, dispõem de energia (e situação financeira) suficiente para criar e manter dois relacionamentos sexual-afetivos, e são muito safados e espertos, pois conseguem que suas esposas não descubram os relacionamentos paralelos. O homem nessa situação possui dois lares. Ajuda na despesa da casa onde vive com a mulher e na que passa boa parte de seu tempo com a amante. Faz o mesmo com a amante que com a mulher: passeia e viaja com ela, dorme em sua casa, divide com ela parte dos problemas do dia-a-dia dos dois... Alguns homens chegam a ter filhos com amantes e a assumi-los em termos de cuidados e criação, pelo menos em parte. Judith, outra cliente minha, conviveu nessa situação de amante durante mais de 20 anos com o mesmo homem, com quem teve dois filhos, reconhecidos legalmente por ele. A situação só se complicou mesmo quando ele teve um enfarte na casa montada para ela e acabou morrendo a caminho do hospital. Foi apenas então que a outra família soube dos fatos e nem é preciso comentar o "quiproquó" que se seguiu a essa descoberta.

Também existem casos de mulheres que casam com homens que têm um transtorno neurótico ou histérico chamado **donjuanismo.** Estes, extremamente narcisistas, precisam constantemente de auto-afirmação, o que conseguem momentaneamente por meio do sexo. Eles sentem forte compulsão para seduzir mulheres e são capazes de fazer qualquer coisa para obter sucesso nessas conquistas. Sentem a necessidade de transar com o máximo de mulheres possível. E o que está por trás dessa necessidade não é somente o gosto pelo sexo "variado", mas uma emergência em sentir que se pode obter alguém; em exercer a potência da conquista. O sexo é consequência da prática desse poder. Na verdade, é como se o número de conquistas contasse pontos na formulação de sua auto-estima, mas isso é apenas ilusório e nunca há uma satisfação real.

A mulher que apresenta um transtorno semelhante a este sofre de **messalinismo,** que é um desejo excessivo ou patológico pela conquista de novos parceiros sexuais. O nome vem da imperatriz romana Valéria Messalina, terceira esposa do imperador Cláudio. Os historiadores a descrevem como uma mulher cruel e ambiciosa, com enorme influência sobre o marido que incentivava a executar quem lhe desagradava. Foi também uma adúltera promíscua, dada a casos escandalosos.

Mulheres com esses transtornos também sentem a necessidade constante de provar, para si mesmas e muitas vezes para as outras pessoas, que é desejada pelos homens, e também têm diversos parceiros sexuais durante a vida. Homens e mulheres que agem assim dificilmente abandonam esse comportamento depois do casamento, pois se trata de um problema grave de personalidade e, até hoje, a psiquiatria e a psicologia avançaram muito pouco no tratamento desses transtornos.

Pode-se considerar também um quadro que vem paulatinamente ganhando espaço na nosografia psiquiátrica, que é a obsessão excessiva pela relação sexual em número exagerado de vezes. No homem ainda não há um nome específico para esse transtorno, mas as mulheres que assim se comportam já são, há anos, chamadas de **ninfomaníacas.**

Abalando as estruturas

Trair e ser traído são situações que implicam sentimentos diversos para ambas as partes envolvidas. A traição, quando descoberta, pode provocar um *tsunami*, um verdadeiro abalo sísmico no relacionamento afetivo.

A pessoa traída sente que foi "feita de idiota", que não pode confiar no outro, e que este é um canalha ou uma vagabunda. Geralmente, a auto-estima da traída (mesmo se ela calculou todos os riscos ao entrar no relacionamento, se preparou internamente para a possibilidade da traição do outro) despenca. Em um primeiro momento, em geral, ela sente a dor, o choque; sente, psiquicamente, uma "punhalada pelas costas". Imediatamente, tem um sentimento agudo de raiva do parceiro e pensa: "Por que não sou suficiente para ele? O que a outra pessoa tem que eu não tenho?". Ela se sente, então, inferior, limitada, porque não foi capaz de satisfazer plenamente o parceiro. Ser traído é receber um golpe certeiro na auto-estima, no ego narcísico.

Já o traidor normalmente tem um sentimento de culpa, pois ele "quebrou o contrato". Mas isso, embora incômodo, não gera nem um décimo da dor causada na pessoa traída. Acontece, por exemplo, de a pessoa que começa a trair, principalmente nas primeiras vezes em que faz isso, chegar em casa e sentir-se sem coragem de olhar para os filhos como se tivesse traído, em vez de somente o parceiro, toda a sua família. Mas, quando a traição continua se repetindo, com o passar do tempo, o sentimento de culpa geralmente tende a diminuir.

Mesmo sendo muito comum, em nossa cultura, que o cônjuge traído "perdoe" o traidor, de fato, lá no fundo da alma, há uma fratura irrecuperável e que insiste em permanecer, mesmo que oculta, nas sombras do inconsciente.

Refazer os laços... É possível?

Em um segundo momento, passada a dor inicial, a pessoa traída fica com uma "batata quente" nas mãos. "O que fazer agora que o nosso pacto foi quebrado?" Perdôo? Separo-me? Brigo com a(o) outra(o)? Traio também? Cada pessoa lida de maneira diferente com esse dilema. Digo dilema porque o amor não acaba quando somos traídos. Continuamos amando o outro e, ao mesmo tempo, sentindo raiva dele. Pensamos que seria melhor que nada disso tivesse ocorrido. Mas é fato: aconteceu e não dá para voltar atrás.

INFIDELIDADE **139**

Existem pessoas, homens e mulheres, que, por dependerem extremamente, no sentido emocional, dos parceiros, não têm coragem de enfrentá-los para discutir sobre a traição, de colocar seus relacionamentos em xeque por medo de perdê-los, e nem cogitam em terminar a relação. Por isso, elas deslocam a raiva para o amante, para a terceira pessoa que invadiu, "maculou" o terreno sagrado das suas relações. Então, passam, por exemplo, a perseguir, a atormentar, com cartas ou telefonemas anônimos ofensivos, quem consideram ser o "agente causador" da traição. Algumas pessoas chegam a procurar o amante do cônjuge e a discutir com ele, xingá-lo e até lhe bater fisicamente. Ou então, quando o (a) amante é também casado(a), procura de todas as formas infernizar a vida do outro casal, lançando suspeitas e fazendo afirmações, nem sempre tão verídicas assim, acerca do suposto traidor.

Também há quem opte por vingar-se "na mesma moeda". Essas pessoas traem seus parceiros porque, assim, sentem que a dor de ter sido traídas fica mais fácil de ser suportada. Algumas traem e fazem com que os parceiros saibam do que fizeram, para que sintam a mesma dor que tiveram. Outras traem "às escondidas" e ficam satisfeitas se somente elas mesmas souberem do que fizeram.

Algumas pessoas não suportam viver com o outro a partir do momento em que souberam ter sido traídas. Elas optam pela separação por não estar dispostas, ou não conseguir lidar, com o sentimento deveras incômodo que a traição normalmente provoca. Outras se separam porque sabem que a traição foi um sintoma, que estava demorando a aparecer, de que o casamento já tinha acabado.

E também existem os indivíduos que perdoam, mesmo que parcialmente, os parceiros, sem se vingarem dele com uma traição. Eles dão uma segunda chance aos cônjuges e se esforçam por encontrar as causas da traição, não somente neles, mas também em si mesmos e na maneira como a relação de ambos se estabeleceu. Estes pertencem àqueles raros grupos de pessoas com "espírito elevado" e que constituem a exceção da regra.

É importante que a pessoa traída, mesmo ficando com raiva do parceiro, consiga, antes de tomar decisões precipitadas, como também trair ou separar-se, perguntar a si mesma e ao outro: onde foi que eu errei? O que está errado nesta relação que está levando meu parceiro a trair-me? Se a relação estivesse satisfatória sexual e afetivamente, gostosa, funcionando legal... Ele teria me traído?

Se essa pessoa chegar à conclusão de que também é responsável pela traição do outro, porque, por exemplo, abandonou o casamento deixando de atender às necessidades emocionais e sexuais do cônjuge, em razão do nascimento e da criação dos filhos; ou o fez sentir-se um ser dispensável ao agir de forma extremamente dominadora, julgando e condenando tudo o que ele faz, talvez valha a pena rever esses comportamentos e tentar prosseguir com o relacionamento.

A famosa peça de Nelson Rodrigues, *Perdoa-me por me traíres* trata exatamente desse tema, em que o protagonista reconhece sua incapacidade para satisfazer os desejos de sua parceira...

Reservar alguns momentos para o casal namorar e respeitar o modo de ser do outro, não tolhendo sua liberdade, são atitudes que podem contribuir muito para o casamento ficar mais gostoso, mais satisfatório e, por conseguinte, diminuir a necessidade da traição.

Por outro lado, se a pessoa traída muda suas atitudes para com o outro e este, ainda assim, continua tendo amantes, talvez seja o momento de aceitar que a relação já acabou. Existem pessoas que traem, mas ficam em um casamento não por amar o cônjuge, mas porque este lhe oferece vantagens emocionais e/ou financeiras. Por exemplo, uma pessoa pode continuar casada porque não se sente capaz de viver sozinha (acha que não suportaria a solidão ou que ficaria se sentindo diminuída perante a sociedade) ou porque tem medo de se separar, assumir um novo relacionamento e este não dar certo. Nesse caso, ela considera o casamento, mesmo que insatisfatório, como sendo um "porto seguro". Outras dependem financeiramente dos seus parceiros – algumas, por exemplo, têm padrões elevados de qualidade de vida (viajam ao exterior, compram roupas caras, frequentam bons restaurantes, vivem em casas confortáveis), e não querem abrir mão dessas comodidades, ou pelo menos de parte delas, em virtude de uma separação.

O ser humano, em geral, tem muito medo de arriscar-se em algo novo, no desconhecido; ele se aferra ao que é costumeiro, por considerá-lo mais seguro. Entretanto, será que vale a pena continuar casado com alguém que está nessa relação pelos motivos que expus há pouco? Eu acho que não. Para os dois cônjuges, continuar em um casamento convencional, por causa da dependência emocional e/ou financeira, vivendo uma "solidão a dois", pode ser muito pior do que se separar e lançar-se mais uma vez ao mundo, ao desafio de construir uma vida nova – menos segura, talvez, mas também mais íntegra e verdadeira, pois como diz o músico brasileiro Ivan Lins: *"Começar de novo e contar comigo, vai valer a pena ter amanhecido...".*

CAPÍTULO 8

Comunicação Perversa

Um crime bem-sucedido e favorecido pela sorte é chamado de virtude.

Sêneca

É... os tempos mudaram mesmo!

Os seres humanos há muito saíram da selva e, agora que vivem em civilizações avançadas, estão seguros, pois muitos deles não precisam mais se preocupar em brigar, como o fazem os outros animais, literalmente, até "tirarem sangue" um do outro, para conseguir alimento e sexo. Eles obtêm isso por meios muito mais civilizados e ascéticos, como o trabalho e o casamento. O ser humano evoluiu.

Concorda? Hum... Mas eu acho que as coisas não mudaram tanto assim...

A maioria de nós não vive mais em florestas, mas em cidades; não bate ou mata o outro para conseguir comida, mas trabalha; não briga corpo a corpo com um adversário para fazer sexo com determinada pessoa, mas se esforça para ser mais atraente que os "adversários" sendo mais ricos, colocando silicone ou tendo um "papo" mais interessante que o dele. É, parece que a vida da maioria das pessoas não tem tanta selvageria como no restante do mundo animal. Lutamos pelas mesmas coisas que antes, mas de um modo mais civilizado. Mas isso é verdade até que ponto?

Não vivemos mais em uma selva literal, mas, sim, em uma selva psíquica. A luta pela sobrevivência, com toda a violência que requer, internalizou-se e sofisticou-se. As relações entre os seres humanos ficaram mais complexas, porém, muitas vezes, não menos violentas que as existentes quando ainda vivíamos nas florestas.

142 CASAMENTO – MISSÃO (*QUASE*) IMPOSSÍVEL

Predadores ainda existem e podem estar mais próximos do que imaginamos. Se uma pessoa, por exemplo, tem vontade de matar ou ferir outra, ela não o faz com uma faca ou dando-lhe um tiro, pois, além de muitas vezes não ter consciência de que deseja prejudicar o outro, matar ou ferir seria extremamente incivilizado, contra sua religião e poderia lhe trazer algumas consequências indesejadas, como uma condenação à prisão pela Justiça. Mas, ela o "mata psicologicamente", o que não é muito diferente de um assassinato literal, invadindo seu território psíquico, por meio de uma comunicação perversa, levando-o, por exemplo, a uma depressão profunda que pode, em casos extremos, levar ao suicídio.

No "mundo civilizado" os ataques passaram a ser, pelo menos para os ingênuos e desavisados, mais sutis que os da selva, porém, não menos mortais. Nele, uma das grandes armas de que os seres humanos lançam mão para competir entre si é a comunicação, tanto a verbal como a não-verbal.

O predador e a vítima

Todos nós já fomos perversos em algumas ocasiões da vida. Ocasionalmente, já utilizamos alguma "arma psicológica" para ferir ou desarmar alguém. Por exemplo, usamos a ironia para rebater a agressão verbal de alguém direcionada para nós, ou fazemos uma ironia e "fuzilamos" com o olhar aquela pessoa de quem não gostamos e com a qual topamos, sem querer, em uma festa. Existem pessoas, porém, que fazem uso sistemático dessas armas como um "meio de vida". Mais ainda: elas vêem o mundo pelas lentes da perversidade. É somente por meio dela que se relacionam, que se comunicam com os outros indivíduos.

Embora muitas pessoas amadureçam, ou seja, desenvolvam o ego a ponto de, em sua personalidade total, existir lugar para o *eu* e o *outro*, ou seja, para a individualidade e a alteridade, algumas permanecem durante toda a vida com o ego tirânico de uma criança. Isso acontece provavelmente porque a pessoa foi ferida nas primeiras fases da vida: ela não foi reconhecida, valorizada, não conseguiu se realizar na infância.

COMUNICAÇÃO PERVERSA **143**

Marta e João, por exemplo, têm duas filhas, Larissa e Amanda. Por nascerem em momentos diferentes do relacionamento dos pais, Larissa, a mais velha, é supervalorizada desde pequena: é considerada a mais bonita, inteligente e criativa das duas. E recebe, dos pais, um investimento afetivo muito maior do que Amanda que, por ter nascido em um período extremamente crítico e belicoso do casamente, é, ao contrário, sistematicamente negada, negligenciada. Eles a consideram feia, burra, sem graça, lhe dizem que ela faz tudo errado. Muitas vezes sequer ela é considerada na relação familiar. Todos a desprezam. Amanda, digamos, estaria mais propensa a desenvolver um transtorno de personalidade. Como não lhe foi permitido formar uma imagem positiva de si mesma, ela não desenvolve um "ideal de ego" e procura, em vão, apropriar-se das pessoas que, a seu ver, se realizam na vida.

É impossível determinar as causas do comportamento perverso de uma pessoa porque, volto a dizer, ela é um ser biopsicossocial. Como exemplifiquei, o meio em que ela se desenvolveu, como a maneira como foi criada – se teve pais que agiam de maneira perversa um com o outro e com os filhos, e (ou) se possui um traço de personalidade perverso herdado geneticamente – e (ou) como o meio social (escola, amigos, comunidade em geral...) a acolheu (ou excluiu), podem predispô-la a ser mais ou menos perversa em seus relacionamentos (o que nada mais é do que uma extensão da forma como a pessoa trata a si mesma).

Nós nascemos com um ego ainda não formado ou, ainda, carregado de traços selvagens da evolução das espécies, uma "fera interior", que é narcísica, egocêntrica e tem um instinto de competição exacerbado, pois quer predominar sobre as outras pessoas: ser a mais amada e a melhor. Em um amadurecimento "ideal", o indivíduo, ao longo da vida, vai conhecendo sua fera e aprendendo, tanto a contê-la no que ela tem de mais ameaçadora para a integridade física e psíquica dele, das outras pessoas e do meio ambiente, quanto a libertar o que ela possui de mais vital e criativo. O ideal é que no processo de amadurecimento este ego que, em uma criança de 3 anos de idade, se manifesta, por exemplo, em um desejo de poder absoluto – ela bate no irmãozinho de 2 anos quando vê seus pais o beijando e abraçando –, vá se transformando, a partir dos limites que vão sendo impostos a nós e pelas experiências adquiridas pela vida afora (pais, escola, amigos, religião...), em um ego desenvolvido que consiste tanto no amor-próprio quanto na alteridade, ou seja, no reconhecer e compartilhar com as outras pessoas.

144 CASAMENTO – MISSÃO *(QUASE)* IMPOSSÍVEL

Entretanto, por mais que amadureçamos, uma parte do ego criança subsiste. Temos de lidar, ao longo da vida, tanto com os nossos sentimentos de amor, fraternidade, comunhão, quanto com o desejo de poder. Amor e desejo de poder, digamos, são as duas instâncias psíquicas que regem, de modo geral, a relação do indivíduo com ele mesmo e com as outras pessoas. "Onde o amor impera, não há desejo de poder e onde o poder predomina, há falta de amor. Um é a sombra do outro", disse Jung. Amor e poder não podem coexistir. Algumas pessoas desenvolvem mais o amor em si mesmas; outras, o desejo de poder. Cada uma decide a qual desses dois aspectos vai alimentar mais, vai dar mais gás, colocar mais sua energia... Pois o aspecto mais alimentado, o mais praticado, é o que mais se desenvolve. O perverso alimenta mais o desejo de poder que sua afetividade, que o seu amor por si mesmo e pelos outros.

A inveja também é a principal causa da comunicação perversa. Quase sempre esse sentimento está por trás das artimanhas de um ser perverso. A inveja é um sentimento humano. Todos nós somos passíveis de senti-la e não há como escapar: um dia, em algum momento de nossas vidas, vamos senti-la. O que torna uma pessoa digna, "de bem", não é se ela sente ou não a inveja, mas o que faz com ela, que destino dá a esse sentimento. O ideal é que, ao sentir inveja, a pessoa reflita sobre isso. A partir daí, ela pode ou buscar desenvolver em si mesma o potencial, a qualidade que invejou na outra pessoa ou, se isso não for possível, refletir sobre essa impossibilidade e elaborar essa frustração, aceitando sua limitação, contudo, reconhecendo e investindo naquilo que ela tiver de promissor.

Entretanto, as pessoas perversas não conseguem direcionar, canalizar a inveja dessa maneira. Elas não podem ter o que o outro possui, ou não querem lutar, se esforçar para obtê-lo. Como a imagem do sucesso do outro é extremamente perturbadora para elas, pois lhe causam um sentimento de inferioridade, querem destruí-lo ou apropriar-se dele. E esse sucesso do qual falei não significa necessariamente fama, riqueza, uma beleza estonteante ou uma inteligência excepcional. Para o perverso, o fato de uma pessoa estar simplesmente satisfeita com sua vida ou em uma boa fase desta, por exemplo investindo em seus projetos, como comprar uma casa, ou tendo uma vida sexual-afetiva satisfatória, já é motivo suficiente para ela ser destruída.

A vítima, por sua vez, geralmente tem uma personalidade insegura. Ela foi criada em um sistema familiar perverso que, se não destruiu, também

COMUNICAÇÃO PERVERSA **145**

não colaborou para que ela construísse uma personalidade íntegra, uma boa auto-estima. Essa pessoa cresce desconfirmada*. Então, ela torna-se um adulto muito inseguro, sem saber direito quem é, o que quer e o que pensa acerca da vida. Ela já está pronta para cair nas garras do predador porque foi vítima de um ambiente perverso. Freud falava na compulsão e da repetição: a pessoa tende a repetir a sua neurose, o seu transtorno.

Pessoas arrojadas, que têm muita vitalidade e sabem lidar com suas inseguranças, também podem ser alvo dos perversos. Entretanto, em geral, elas suportam menos as investidas perversas e logo delimitam seu território psíquico para que o opressor não possa atingi-las.

A invasão do território psíquico

Hoje, a maioria de nós não chega a matar outra pessoa para, por exemplo, obter sua terra ou escravizá-la, literalmente, para que fique à nossa mercê. Contudo, há um "bem" que as pessoas perversas consideram muito precioso: dominar, "obter", a mente de outro indivíduo. Elas são tirânicas e pretendem que o outro lhes obedeça e também adote seu modo de vida (valores, princípios, idéias, comportamentos...). Assim, elas destroem psiquicamente o outro e se apropriam dele; este se torna para elas um "bem", uma "propriedade".

Os perversos, por serem, em geral, muito inseguros e medíocres (são miseráveis mentalmente, ou seja, não possuem, ou não querem utilizar recursos psíquicos próprios para elaborar suas impotências e desenvolver qualidades e talentos que os tornem mais satisfeitos com si mesmos), sentem-se muito ameaçados por outra pessoa que considerem ser mais inteligente, ou mais bonita, ou mais carismática (ou tudo isso junto) que eles. Então, para afastar o incômodo que o outro lhes gera, eles buscam levá-lo à morte psíquica, ou seja, tentam, sistematicamente, devastá-lo mentalmente para que fique paralisado e não mais lance mão de seus atributos.

Seja para dominar ou destruir psiquicamente, o meio usado pelo opressor obter sucesso, sem "sujar as mãos", é invadir o território psíquico do outro

---

* Desconfirmação é um termo técnico em Psicologia que, de modo geral, significa ignorar ou negar o outro em seus atributos mais essenciais.

146 CASAMENTO – MISSÃO (*QUASE*) IMPOSSÍVEL

tentando afetar o que este tem de mais básico para se orientar: o instinto de defesa. É esse aspecto do ser humano que, estando saudável, ou seja, estável e intacto, possibilita à pessoa distinguir entre o que pode lhe fazer bem e o que lhe é prejudicial. O instinto de defesa faz com que o indivíduo detecte uma situação perigosa que coloque sua vida em risco e possa evitá-la. É o principal aspecto que permite, às pessoas e aos outros animais, que se orientem no meio em que vivem, se defendam dos diversos predadores que encontram pela vida afora, reajam a agressões e preservem sua integridade.

Por meio de diversas técnicas de comunicação perversa, uma pessoa pode ir prejudicando, pouco a pouco, o instinto de outra, até que esta perca sua capacidade de reagir a agressões. Um processo semelhante a este pode ser exemplificado com o que, literalmente, acontece com ratos, quando submetidos a determinada experiência. É comum que os adeptos da Psicologia Experimental façam a seguinte experiência com essas cobaias:

Um rato é colocado próximo à comida. Entre ele e esta há um pequeno percurso a fazer. Na primeira vez que vai até a comida, ele o faz sem empecilhos. Ao tentar aproximar-se da comida pela segunda vez, ele leva choque e afasta-se com medo. Na terceira tentativa, recebe novamente choque. Na quarta vez, vai até o alimento sem levar choque no caminho. Na quinta, também não recebe choque. Na sexta, leva choque antes de chegar à comida. E assim por diante. Como nunca sabe quando vai ou não levar choque ao tentar pegar a comida, ele não consegue criar uma defesa contra esses ataques. Fica completamente desorientado, sem condições para evitar ou reagir aos ataques, e não obtém o alimento.

Já em uma experiência diferente, outros ratos, ao tentar pegar a comida, sempre levavam choque. Ao contrário do que se poderia pensar, ao invés de ficarem desorientados ou desistirem da comida, eles criaram uma força de reação – sabiam que iam levar choque, se preparavam para isso, suportavam o revés e conseguiam pegar o alimento.

Os ratos que passaram pela experiência de receber choques aleatoriamente desenvolveram úlceras no estômago. Eles, além de terem seu instinto extremamente prejudicado – não mais sabiam quando comer, nem reagir aos choques, permanecendo sempre em estado de alerta, em situação de estresse –, somatizaram esse estado de confusão mental desenvolvendo úlceras. É possível fazer um paralelo entre os efeitos dessa técnica de desorientação dos ratos

COMUNICAÇÃO PERVERSA **147**

com os resultados da comunicação perversa na psique de um ser humano. No caso de uma pessoa, se ela for, por exemplo, permanentemente desconfirmada, poderá desenvolver algum tipo de doença física ou psíquica.

Comunicação analógica e comunicação digital

Antes de discorrer sobre tipos de comunicação perversa, é fundamental que entendamos os dois tipos geralmente presentes na comunicação humana: a analógica e a digital. A comunicação chamada de **digital** é o verbal, é *o que*, literalmente, se diz. Por exemplo: "Eu amo você". A comunicação **analógica** é *como* se diz. São todos os elementos não-verbais expressos ao mesmo tempo do que a fala, ou seja, em sintonia com o que está sendo dito. Esses elementos são a entonação com que a frase é proferida e os gestos corporais que a acompanham. Uma pessoa diz "eu amo você" com um tom sarcástico. Também pode afirmar isso e, ao mesmo tempo, afastar levemente o outro, dando-lhe um toque no ombro que indique rejeição. Nesses casos a comunicação digital diz *venha, eu lhe aceito* (Eu amo você) e a analógica diz *vá, eu lhe rejeito* (entonação e/ou o toque sutil). Quando uma pessoa se vale desses dois tipos de comunicação ao mesmo tempo, está passando ao outro uma **dupla mensagem**, estabelecendo com ele um duplo vínculo, pois, digitalmente, está falando aproxime-se e, analogicamente, dizendo afaste-se.

Quando o discurso de uma pessoa é verdadeiro, o digital e o analógico acontecem em sintonia. Por exemplo, se digo "eu amo você", e estou sendo sincero, meu gestual é amistoso. Você sente, sabe instintivamente, que estou falando a verdade porque "lê" minha postura, ou seja, percebe que meu olhar é de ternura, meu abraço é acolhedor e a entonação da minha frase – seja calorosa e entusiástica, ou serena e doce – é forte e autêntica.

Para a maioria das pessoas, principalmente se estas estiverem instintivamente alertas, a comunicação analógica é mais reveladora que a digital. Por exemplo, se eu disser que gosto de comer banana e fazer, ao mesmo tempo, uma careta, meu interlocutor, muito provavelmente, vai entender a seguinte mensagem: "Ele não gosta de banana". Isso porque a comunicação não-verbal – a imagem da minha careta – passa a mensagem de que não gosto de banana, de forma muito mais contundente, mais impactante, que a frase dita. Por outro lado, quando uma pessoa está com suas funções instintivas danificadas porque passou, por exemplo, por repetidas desconfirmações, pode não ser capaz de interpretar qual é a verdadeira mensagem que lhe está sendo dada. Ela fica confusa e pensa: "Ele me ama ou não me ama?". "Ele me quer ou rejeita?". Ou: "Ele gosta ou não de bananas?".

Tipos de comunicação perversa

A comunicação perversa está presente, em maior ou menor grau, em todas as modalidades de relações humanas: entre casais, mãe e filho, pai e filho, amigos, chefe e subordinados no trabalho, colegas de trabalho, nas relações hierárquicas de igrejas ou seitas religiosas... Enfim, permeia todo e qualquer relacionamento. E suas técnicas são "democráticas", ou seja, podem ser aplicadas da mesma maneira a qualquer relação humana. Neste capítulo farei um recorte desse universo: relacionarei a comunicação perversa somente aos relacionamentos sexual-afetivos.

Como eu já disse, a comunicação perversa pode ser usada por qualquer pessoa eventualmente. As pessoas lançam mão desse tipo de comunicação, por exemplo, em um momento em que estão com raiva de alguém e querem feri-lo, ou para se defenderem de ataques também perversos. O que torna a comunicação perversa patológica (para quem a usa) e nociva (para quem a recebe) é sua repetição; quando é usada incessantemente por alguém para prejudicar outra pessoa.

Uma pessoa pode utilizar uma, algumas ou várias formas de comunicação perversa para destruir outra. Existem muitos tipos de violência perversa, como a desconfirmação, a negação, a desqualificação, a alternância entre confirmação e desconfirmação, a ironia, a geração de culpa, entre outras. E quase sempre essas "técnicas" vêm acompanhadas da comunicação não-verbal, que é a linguagem do corpo e a entonação com a qual algo é falado.

A desconfirmação

Uma das principais formas de comunicação perversa é a desconfirmação, ou seja, o ato de tirar do outro o direito de ser e sua capacidade de

COMUNICAÇÃO PERVERSA **149**

discriminação, de orientação. A desconfirmação é o ato de ignorar, desprezar o que o outro sentiu, viu ou ouviu. Ou seja: ele não existe, pois não sentiu, não ouviu, não viu... É por meio dela que uma pessoa "enlouquece" a outra, seja de modo permanente (quando a opressão dura anos a vítima pode desenvolver uma instabilidade emocional grave), seja momentaneamente, tirando sua capacidade de se orientar dentro de si e no mundo objetivo. No relacionamento sexual-afetivo, por exemplo, um parceiro desconfirma o outro quando lhe dá uma dupla mensagem e, depois, nega que fez isso, ou que transmitiu uma das mensagens.

O saudável na comunicação é a **confirmação**, em que se dá o direito de o outro existir, ser, pensar, perceber. A confirmação não quer dizer que se concorde com tudo que o outro diz ou faz, mas como na frase atribuída a Voltaire: *"Posso não concordar com uma palavra do que dizes, mas respeito o direito de dizê-las"*.

Na confirmação é também saudável rejeitar a opinião do outro, dizer que não concorda com ele, mas reconhece que o outro realmente pensa assim, mesmo que seja diferente da forma habitual de pensar. Pode-se, também, concordar com o que o outro diz ou faz e assim, além de confirmá-lo, aceita sua atitude ou opinião. Mas tudo isso realizado de forma séria e verdadeira, sem ironias ou descaso.

Magdalena abraça seu marido Alberto e, ao mesmo tempo, lhe diz que o ama. Entretanto, vira seu rosto de maneira sutil, evitando beijá-lo na boca. Alberto não entende o que acaba de acontecer. "Mas, se ela diz que me ama, por que rejeita meu beijo?" Ele pergunta à esposa: "Por que você não quis me beijar? Fala que me ama, mas seu corpo parece não estar dizendo o mesmo!". "Ahh!, Alberto, lá vem você com esta paranóia... Eu não o rejeitei, eu lhe abracei. Se eu não amasse você, por que diria isso?" Alberto pensa: "Será que eu me enganei? Ela não me afastaria. Eu é que sou paranóico mesmo".

A personalidade de Alberto é insegura, em grande parte, provavelmente pela criação que teve. Sua mãe, que era uma "desconfirmadora de carteirinha", o tratava de modo semelhante ao da sua esposa. Ela lhe dizia que o amava, mas lhe lançava um olhar de desprezo enquanto falava isso. Alberto cresceu convivendo com a loucura da mãe e acabou se casando com uma mulher parecida com ela nesse aspecto. Ele se sente impotente diante da esposa, que, ao fazer esse jogo perverso, acaba dominando-o por completo. Como não consegue

150 CASAMENTO – MISSÃO (*QUASE*) IMPOSSÍVEL

utilizar seu instinto para perceber que, na verdade, a esposa o "enlouquece" porque não o ama mais, mas o considera sua "propriedade", seu objeto do qual não quer desfazer-se. Assim, Magdalena o mantém preso, escravizado a ela, à sua neurose.

Negação e desqualificação

Outro tipo de comunicação perversa é a negação sistemática da existência do outro. Nesse caso o perverso, por exemplo, despreza qualquer expressão (opinião, idéias, vontades...) que o outro venha a expressar, ou qualquer coisa que ele faça ou adquira, como a faxina da casa, o prato que ele preparou, o quadro que pintou, o carro que comprou, a promoção que teve na empresa... A "vítima" não existe, não tem direito à voz. Nesse caso, em geral o opressor se sente tão ameaçado pelo outro a ponto de, somente negando-o, poder sentir-se bem com si mesmo. Um marido perverso, por exemplo, nega a existência da esposa quando, ao ser perguntado por ela se a casa está mais bonita depois da faxina, responde: "Eu nem percebi que você limpou a casa". E ainda por cima, ele vai até o quintal e volta com os pés sujos de barro sujando o piso da casa toda. E, quando o casal reúne amigos para um jantar em casa, a esposa é sempre interrompida, "cortada" pelo marido, quando vai comentar ou opinar sobre alguma coisa.

Aliada à negação sistemática do outro, quase sempre está a desqualificação. Se o outro não puder ser negado, que seja desqualificado, "pensa" inconscientemente, o perverso. Tudo o que o outro faz é ruim: ele não trabalha direito, não é bom de cama, poderia ter feito melhor ou, apesar de ele ter arrumado toda a casa, esqueceu-se de limpar a "sujeirinha" do canto esquerdo inferior do fogão, ou tem idéias descabidas, ridículas... É, esta é uma prisão e tanto para a "vítima" suportar. Ela é sempre o vagabundo, o indisciplinado, o bagunceiro, o influenciável... Se ela expressa uma opinião, o perverso está de plantão para desaboná-la.

Nádia está sentada no sofá da sala ao lado de seu marido Oscar. Ela diz a ele: "Eu gosto de assistir novelas; elas sempre trazem algum ensinamento para a vida real". "Ahhh! Não diga bobagens, que bom exemplo este tipo de folhetim pode trazer para quem quer que seja?!?", responde o marido. E continua:

"Você está dizendo isso porque as suas amigas gostam disto! Aquele bando de insensatas! E você... Não sabe nem qual é a diferença entre a realidade e a fantasia!". "Claro que eu sei", rebate ela. "Agora não estou com vontade de falar disso", diz o marido, interrompendo bruscamente a mulher, enquanto sai da sala e vai para a cozinha. Nádia fica estarrecida por não ter podido nem expressar sua opinião ao marido. Ela foi, ao mesmo tempo, desqualificada e negada por ele. E, quando vai falar com o marido sobre isso, ele a desconfirma, dizendo: "Você está imaginando coisas. Eu nunca a proibi de expressar suas opiniões". Ela se sente um "nada", pois foi completamente barrada no seu direito de expressar-se, de ter "uma voz no mundo". Oscar, no fundo, inveja sua mulher porque ela tem muita vitalidade, é muito inteligente e articulada. Como ele não é capaz de expressar de forma clara as suas idéias de modo geral para as outras pessoas, tenta negar e desqualificar a esposa sempre que ela expressa sua opinião sobre alguma coisa. E ele também a critica quando ela lhe mostra um poema que escreveu, ou faz um prato mais elaborado para o jantar, ou mesmo se arruma de uma forma mais atraente para saírem juntos à noite.

Alternar entre confirmação e desconfirmação

Outro meio de uma perversa tentar enlouquecer a outra é alternar entre a confirmação e a desconfirmação. Isso acontece, por exemplo, quando uma pessoa, como se costuma dizer, faz a outra de "marionete", de "boneco". Ela "brinca com a presa", ou seja, tortura mentalmente a outra porque já percebeu que esta depende, por exemplo, emocionalmente dela e que, por isso, não vai deixá-la facilmente.

Ilustrarei essa situação com o exemplo de um casal no qual a esposa é perversa. Marlene é casada com Junito. Ela é uma pessoa bem-sucedida profissionalmente – é proprietária de um restaurante badalado que "vai de vento em popa" – e muito querida socialmente, pois os seus amigos e parentes a adoram, por ela ser muito simpática e amorosa com eles. Entretanto, em casa... Aí é outra história. Marlene trata o marido de forma extremamente perversa. Ela sabe que ele é extremamente apaixonado por ela e que gosta muito de fazer programas "a dois" como viajar, sair à noite, passar a tarde de sábado na cama... E sente muito prazer em deixá-lo com a expectativa de ter algum desses momentos com ela, e, em seguida, frustrá-lo. Ela diz a ele: "Querido, vamos viajar sexta para a praia e voltar no domingo à noite. Chegue mais cedo do trabalho na sexta, para não pegarmos muito trânsito na estrada". Junito fica feliz em ter mais tempo para ficar com a mulher, já que os dois trabalham muito e, às vezes, mal se encontram, mesmo nos finais de semana. Na sexta, ele chega mais cedo, do trabalho, em casa: às 16 horas. Marlene não está em casa. Ele telefona para o restaurante, mas não consegue falar com ela. Marlene liga para Junito, do seu restaurante, às 18 horas, e diz a ele que não vão mais viajar. Ele sente-se muito frustrado com isso. Quando vai conversar com a esposa a respeito de ela ter resolvido não viajar e somente avisá-lo às 18 horas, ela diz que isso não é motivo para ficar bravo, já que podem viajar em outra ocasião. Dias depois, ela diz novamente que vão viajar juntos, desta vez para a fazenda de uns amigos dela. Ele novamente se prepara e, mais uma vez, é frustrado na última hora. Ela lhe diz que não pode deixar de ir ao restaurante, pois naquele final de semana alguns políticos estarão jantando lá. Duas semanas antes do aniversário de Junito ela lhe diz que esta data é muito importante e que ele merece uma grande comemoração. Fala que fará uma grande festa e convidará os amigos dos dois. Um dia antes do aniversário ela lhe diz que não poderá fazer a festa porque está gastando muito com o restaurante e que eles podem jantar neste mesmo local. Junito sente-se desvalorizado pela esposa: "Mas ela não havia dito que eu merecia uma grande comemoração, que esta data era muito importante e coisa e tal?", pensa. Marlene fica "jogando" com o marido: ora o confirma, ora o desconfirma. Ela se compraz em sentir que Juanito, apesar de frustrar-se com muita frequência, sempre a perdoa e a trata como uma rainha. Com Junito tão submisso, ela, que tem uma personalidade muito insegura, se sente rainha e sua auto-estima se eleva. Ela só se sente bem na medida em que tem alguém, o marido, que lhe trata não como um ser igual, mas como uma deusa, e que sobre quem pode reinar absoluta.

A ironia

A ironia é uma forma de comunicação perversa cuja tônica é fazer uma crítica ao outro de forma que este fique impedido, devido à duplicidade contida da mensagem, de rebatê-la. Traz, em geral, uma mensagem de desprezo ou depreciação. Na ironia, a comunicação digital e a analógica ficam muito nítidas. Na ironia, a comunicação analógica acontece, tanto na entonação quanto na expressão corporal de quem a utiliza.

Não é fácil, e em muitos casos nem é possível, traduzir, na escrita, como acontece a ironia. Mas tentarei, pelo menos em parte, mostrar como ela ocorre. Por exemplo, Vagner diz à sua esposa Eulália: "Nossa, Eulália, você está tão (leia-se tãããããããããão) bonita com este vestido!". Ele fala quase todas as palavras da frase com energia, com ânimo, exceto a palavra *tão*. Ele "carrega" a palavra *tão*, "estende-a" e a diz com uma entonação lânguida, lenta, sem nenhum entusiasmo, e, ao mesmo tempo, lança à mulher um olhar de reprovação "de cima a baixo". Eulália, ao receber um ataque indireto e dual (você está bonita e você não está bonita) como esse, fica momentaneamente impedida de reagir a ele. Na verdade, Vagner atacou a esposa porque ela estava muito bonita com o seu novo vestido, pois este lhe caiu muito bem e revelou parte de seu belo colo. Vagner, apesar de ser um homem muito atraente fisicamente e muito paquerado pelas mulheres, nunca se sentiu à vontade com o seu próprio corpo, em parte por causa da educação ascética que recebeu em casa – seus pais lhe passaram a idéia de que o corpo é sujo, que não deve ser visto nem considerado –, não consegue aceitar que sua esposa goste e considere o corpo que tem. Some-se a isso o fato de ele ser uma pessoa perversa. Ele tem auto-estima muito baixa, é muito inseguro, pois não acredita em suas potencialidades, e se sente ameaçado por qualquer pessoa que se sobressaia, mesmo que minimamente, em qualquer aspecto da vida. Como sua esposa tem auto-estima boa (considera-se satisfatória em relação ao seu aspecto físico, à sua profissão, ao seu desempenho no meio social...), Vagner a ataca, insistentemente, em todos esses âmbitos, mas o faz mais incisivamente no que se refere à relação dela com o corpo. Ele projeta nela a relação de ódio que tem com o seu próprio corpo. E ao atacá-la nesse sentido, ele "pensa" inconscientemente: "Você pode se dar bem no trabalho e com os seus amigos, mas tem um defeito: é feia, não é atraente, enquanto eu sou muito bonito, lindo mesmo". Na verdade, Eulália é uma mulher bonita, embora não atenda, por exemplo, ao padrão cinematográfico e televisivo de beleza. Ela se sobressai, no meio social, mais pela sua inteligência e seu charme, que por sua beleza. Ao contrário disso, Vagner é um homem muito bonito e sua beleza, à primeira vista, se impõe imediatamente às outras pessoas. Ele é do tipo "galã". Por se considerar, em seu inconsciente, muito inferior à esposa em valores não

154 CASAMENTO – MISSÃO (*QUASE*) IMPOSSÍVEL

estéticos, Vagner está sempre reforçando para a esposa, por meio da ironia, que ele é superior a ela por ser mais bonito, mais atraente que ela.

Gerar culpa

Uma das formas que, em geral, são um instrumento muito eficaz para o perverso conseguir realizar seu objetivo é a culpa. Para manter o outro sob o seu controle e destruí-lo, o perverso lhe "injeta", pouco a pouco, o sentimento de culpa para que este viva em constante estado de "autoflagelamento psíquico". A culpa se torna uma prisão: o "culpado" fica preso em um sofrimento sem fim, em um problema sem qualquer perspectiva de solução. Ele fica em um "beco sem saída" porque a culpa não é facilmente mensurável; dependendo de quem a sente, ela pode tomar proporções imensas, tornar-se um monstro, um "titã" devastador... A pessoa que incorpora a culpa que o outro lhe impõe, geralmente, se sente uma pecadora, um ser desprezível, cheio de defeitos, o ser humano mais vil e cruel da face da terra. O que ele não percebe é que pode estar sendo um bode expiatório ou um escravo ou alvo de uma exacerbada inveja da pessoa que tanto o crucifica.

Muitas vezes, por exemplo, em um casamento, acontece uma divisão bem clara entre os cônjuges. Nessa separação de papéis (na verdade papéis neuróticos distanciados da realidade), um dos parceiros é o bom, o trabalhador, o sofredor, o "alto astral", o amoroso, enquanto o outro é o ruim, o vagabundo, o aproveitador, o deprimido, o insensível... Gerusa e Marcos são casados há 20 anos. O relacionamento deles não é satisfatório. Qualquer olhar mais atento que um dos dois lançasse sobre o casamento deles mostraria que este já acabou faz tempo, pois o relacionamento amoroso cedeu lugar a uma relação de controle e ataques mútuos constantes.

Gerusa foi criada em uma família muito convencional e dramaticamente religiosa. Cresceu mergulhada na culpa que lhe infligiam. Fizeram-na crer que ela já nasceu pecadora e que tinha de amar sua família incondicionalmente sem jamais questionar esse sentimento. Qualquer emoção que tivesse fora desse "mandamento" era logo criticada e abafada, negligenciada. Ela acabou se estruturando psicologicamente, criando uma "crença" pessoal como uma pessoa recalcada, inapta emocionalmente e atormentada por sentir-se

COMUNICAÇÃO PERVERSA **155**

responsável por qualquer mal que acontecesse não somente às pessoas próximas a ela, mas ao mundo todo. Ela "carrega o mundo nas costas". Não consegue relacionar-se com emoções mais difíceis, como a raiva, o desamor e a inveja, nem lidar com suas impotências e doenças (suas compulsões, fixações...). Sequer Gerusa deixa chegar à sua consciência esses estados psíquicos. Ela não consegue admitir sentir raiva, nem inveja, nem se sentir impotente... Enfim, não tolera nenhum sentimento muito desconfortável. Por causa desse total desconhecimento de seus conteúdos psíquicos e, por conseguinte, pela incapacidade em lidar com eles, ela projeta todo esse "horror" em seu marido. Ela o faz de bode expiatório: projeta nele tudo o que intui em si mesma, mas que não tem coragem de admitir. Por isso, ela o culpa constantemente, por exemplo, de nunca ir visitar a família dela. Na verdade, ela não tem vontade de visitar a própria família, pois mantém, inconscientemente, uma relação de ódio com os pais. Mas ela os visita porque se sente culpada se não fizer isso. E, como não consegue admitir o seu desamor para com os pais e inconscientemente se culpa por isso, transfere essa culpa para o marido – ele é o insensível, o ruim que não liga para a família. Em contrapartida, ela é a boa, a piedosa a sofredora. O comportamento de projetar no marido seus próprios conteúdos se repete com frequência há anos, não somente no tocante à culpa que sente por não amar os pais, mas também em todos os outros aspectos que citei (impotência, inveja, raiva...). Dessa maneira ela conseguiu alienar Marcos, que tem uma personalidade insegura, da consciência de si mesmo.

Existem pessoas que têm verdadeiro pavor em lidar com suas questões psíquicas e com o fato de que todo ser humano está sozinho no mundo, mesmo que tenha família, amigos, fama... Essas pessoas, extremamente resistentes a mudanças, querem "se fundir" ao outro na esperança de que este vá salvá-las de sua desolação e apartá-las de ter de lidar com suas angústias, impotências, medos... Para fugir desse "mundo cão", elas utilizam um instrumento que pode ser poderosíssimo caso a "vítima" seja muito insegura, impressionável e influenciável: a culpa. Então, munido dessa arma letal, o perverso vai enfraquecendo o outro e o tornando aprisionado a ele. É muito comum que isso aconteça em casamentos.

Veja como isso pode acontecer: Beatriz e Mateus são casados. No início da convivência, ela parecia ser uma pessoa ativa e animada. Com o passar do tempo, contudo, Beatriz deixou de trabalhar, de se relacionar com os amigos

156 CASAMENTO – MISSÃO (*QUASE*) IMPOSSÍVEL

e foi ficando cada vez mais dependente emocionalmente do marido e dos filhos. Os filhos cresceram e foram embora, apesar dos protestos da mãe. Beatriz nunca quis deparar-se com suas próprias questões, nega-se a olhar para suas próprias deficiências e faltas. Então, esconde-se atrás do mandato familiar, ou seja, prefixou um papel de esposa e mãe exemplar para si mesma e fez o mesmo com o seu marido e filhos, que também se viram na obrigação de ser "exemplares". Para fazer o mandato familiar funcionar, ela se utiliza da culpa. Sempre que Mateus tenta fazer algo novo, como entrar em um curso que o ajude a melhorar em sua carreira, ou começar a jogar tênis no clube, ela lhe diz: "Mas você vai me deixar aqui sozinha? Você não pensa que este dinheiro poderia ser usado para reformarmos nossa varanda [reforma que é adiada há anos]?". E, todas as vezes que Mateus não quer fazer alguma coisa que conste do protocolo do mandato, como visitar a tia de Beatriz, Carolina, uma mulher chatíssima que só fala das doenças e tragédias do mundo e o trata como se fosse um imprestável e vagabundo, a esposa lhe diz: "Mas como você é desumano; não tem amor no coração! Você tem de ser caridoso, piedoso, com todas as pessoas, todas!". "Mas eu não gosto da tia Carolina, não 'vou com a cara dela' e nem ela com a minha, você sabe disso", responde ele. "Isso não é verdade! Ela gosta de você. É que ela é um pouco 'cricri' mesmo. Você tem de cumprir sua obrigação. Ela já está velhinha", retruca ela. E "obrigações", como visitar tia Carolina, é que não faltam para Mateus. Beatriz o faz cumprir várias tarefas para ela, como ir ao supermercado justamente no dia e na hora em que ele marcara para assistir a uma importante partida de futebol com os amigos... E, se ele não faz isso, a "casa cai": "Como ele pode ser um companheiro tão ruim? Ele não me ajuda nem a fazer as compras para casa", diz ela. Assim, por meio da culpa, Beatriz escraviza Mateus tanto para ele não abandoná-la como também para dominá-lo.

A culpa é uma das maneiras indiretas, sub-reptícias, de o perverso destruir seu objeto de inveja, lentamente, sem "sujar as mãos".

Outra situação: Carlos é casado com Mônica. Ele sempre quis ser pintor, mas nunca teve coragem de expor seus quadros e de levar a sério este desejo. Pintou poucos quadros na vida, até aquele momento. É arquiteto, mas desistiu de seguir essa carreira. Optou pela estabilidade: trabalha como técnico do Tesouro Nacional. Mônica formou-se em Artes Plásticas. Durante um tempo, deixou a carreira para cuidar dos filhos. Depois que eles cresceram, ela a retomou com empenho. Resolveu investir na pintura. Começou a expor e vender seus quadros. Sua carreira está se solidificando cada vez mais.

Carlos sempre foi uma pessoa muito invejosa, mas isso não transparecia muito em seu casamento. Afinal, tudo estava sob controle. Nada o ameaçava. Sua mulher ficava em casa cuidando dos filhos. E ele cercou-se de amigos que também optaram por viver uma vida convencional. Mas, quando Mônica resolveu dar uma virada em sua vida, Carlos, lançando mão daquela velha "caderneta de poupança psíquica", simplesmente não suportou o empenho e o sucesso da mulher em relação à sua pintura. Por meio da culpa, ele começou a tentar desviá-la desse caminho. Diz-lhe que ela é egoísta porque está abandonando os filhos para ser pintora e que sempre o estava esperando à noite quando ele voltava do trabalho, mas que agora não faz mais isso, porque está entretida com suas telas. Ele fala que a casa não está tão limpa e organizada como antes [agora eles têm uma empregada], quando ela cuidava de tudo isso. Mônica tem consciência de que é uma boa mãe e esposa e rebate essas afirmações do marido. Entretanto, elas são tão frequentes que acabam pondo-a em dúvida: "Será que estou negligenciando minha família?", pensa. E ela titubeia, e muitas vezes deixa de pintar para deixar a casa "um brinco" e as roupas "com o branco mais branco", e pensa que o marido pode ter razão, que a pintura não é tão importante assim, que quase ninguém faz o que quer na vida... E, assim, o opressor vai vencendo sua vítima.

Denunciando o opressor

O filósofo alemão Friedrich Nietzsche (1844-1900) falou a respeito das pessoas que se consideram piedosas, mas que, na verdade, usam a piedade para derrubar devagar e sutilmente o outro: *"Por caminhos oblíquos, introduz-se o mais fraco na fortaleza e até no coração do mais forte e, ali, furta poder"*. Ainda vivemos em uma selva, em uma luta constante pela vida (e as armas nem sempre são as mais legítimas)... Se antes os ataques eram físicos e as lutas corpo a corpo, agora a guerra é *psicológica* e Nietzsche compreendeu isso como ninguém.

Geralmente a pessoa perversa, por considerar-se fraca e impotente e muitas vezes ter um medo extremo da vida, não suporta deparar-se com al-

158 CASAMENTO – MISSÃO (*QUASE*) IMPOSSÍVEL

guém que se sinta bem na própria pele, tenha vitalidade, confiança em si (ou seja, que consiga lidar com os seus medos e busque realizar os sonhos) e que consiga relacionar-se, com si mesma e com as outras pessoas, de forma natural, autêntica, verdadeira, sem máscaras. Essa "força da natureza", que algumas pessoas possuem, incomoda, pois gera inveja e ameaça muito os seres perversos. A pessoa perversa, geralmente impelida pela inveja, quer, ao mesmo tempo, tomar posse e destruir o outro.

Vivemos em uma sociedade na qual há uma divisão nítida: de um lado estão os bons e fortes (o pai trabalhador, a mãe dedicada, o pastor que cuida de seus fiéis) e, de outro, os maus e fracos (assassinos, ladrões, suicidas, loucos). Os bons não têm doenças psíquicas, perversidades, desejo de matar... Isto é para os malfeitores e fracos, estes seres "alienígenas", não-humanos, apartados da "realidade".

Mas, se nos dispusermos a olhar mais fundo, por trás das aparências, perceberemos que não é bem isso que acontece na verdade. A perversidade e a "fraqueza", que os assassinos, suicidas, ladrões e loucos representam, está presente no dia-a-dia, em maior ou menor grau, nas relações sexual-afetivas, familiares, de trabalho... Uma esposa ou mãe dominadora, valendo-se das pretensas qualidades, como bondade e piedade, e de seu "amor absoluto", pode destruir ou pelo menos causar graves danos (seja por meio da culpa, da desqualificação, da negação ou de tudo isso junto) ao marido ou aos filhos. Um marido que se arrogue uma posição de provedor da família pode desqualificar, ironizar e negar a esposa e os filhos a ponto de eles perderem a noção de si mesmos e acabarem sentindo-se realmente como se fossem apêndices dele. Como eu já disse, o ataque perverso contínuo pode levar uma pessoa a desenvolver doenças tanto físicas (como câncer, por exemplo) como psíquicas (uma depressão crônica).

O que fazer então para lidar com o predador? Como agir com aquele que, embora amemos, quer nos destruir? É, é muito triste olhar para essa realidade tão estarrecedora. Em um casamento, o outro é, para a vítima, objeto de afeto, de amor ao qual ela se dedica e com o qual quer compartilhar sua vida. Entretanto, ele é, ao mesmo tempo, quem quer destruir a integridade, a sanidade da vítima... Ah, que terreno minadíssimo! Aí sim, o casamento é uma *missão impossível*! Uma pessoa investiu no relacionamento com outra, pela qual sente um tremendo afeto. Mas, de repente, descobre que ela é "um lobo em pele de cordeiro". Chega então a uma encruzilhada: tem de decidir se o mais importante para ela é denunciar a perversidade do outro e manter sua integridade psíquica, ou deixar as coisas como estão e ser destruída aos poucos.

Algumas pessoas têm medo de, ao denunciarem ao outro o que este está fazendo com elas, ser abandonadas por ele ou enfrentar uma separação. Elas não se sentem capazes de colocar um limite no parceiro porque isso implica uma tomada de posição, uma escolha, o que pode resultar em ganhos, mas também em perdas. Têm medo de o parceiro abandoná-las se disserem a ele: "Sei o que você está fazendo comigo. Se você não mudar, se não resolver tratar de suas questões ao invés de projetar suas insatisfações em mim, vou embora". Ou temem tomar uma posição definitiva (separar-se), e dizer a ele: "Sei que você não me ama, embora diga o contrário. Temos de encarar a realidade: nosso casamento acabou. Estou escolhendo minha saúde ao invés de ser destruída por você".

A questão é que, se tolerarem ser sistematicamente atacadas, as vítimas estarão "cavando a própria cova". Geralmente as pessoas que agem assim foram criadas para ser muito educadas, boas... E seus pais também eram perversos ou muito inseguros, ingênuos e também vítimas de pessoas perversas. Elas não tiveram exemplos parentais satisfatórios que lhes ensinassem a preservar sua integridade. Não desenvolveram dentro de si mesmas a capacidade de reconhecer os predadores e as armadilhas da vida e de reagir a eles. Principalmente, não mantiveram intacto seu radar interno que lhes avisaria quando estivessem diante do perigo: o instinto de preservação. Muitos pais, na tentativa de "moldar" seus filhos como se eles fossem "de barro", os tornam tão doces e cordatos que o predador nem tem o trabalho de seduzir muito sua vítima: ela já está pronta para ser presa.

Mas, por outro lado, o que muitas vítimas não aprenderam com seus pais, na infância, a vida pode acabar lhes ensinando, de forma penosa, sofrida, mas eficaz: muitas vezes elas precisam chegar "ao fundo do poço", a um sofrimento extremo para reconhecer que o outro não é tão bom assim quanto parece, que ele quer o seu mal, quer destruí-la, ainda que inconscientemente e devido a uma disfunção neurótica.

Algumas pessoas "acordam" depois de ser muito torturadas pelo outro. Têm uma reação instintiva de reação, de preservação. Embora o predador estivesse labutando na surdina, o inconsciente de sua vítima também foi trabalhando, juntando os dados e os interpretando até montar o quebra-cabeças

160 CASAMENTO – MISSÃO (*QUASE*) IMPOSSÍVEL

e o apresentar ao consciente: a vítima acorda, irremediavelmente, para o horror ao qual ficou submetida. Tem uma consciência dolorosa, mas, ao mesmo tempo, curadora do quanto foi invadida, agredida, ferida pelo outro. Vê que o estrago foi grande: que investiu anos em um relacionamento amoroso que, na verdade, só existia para ela; que deixou de entrar para a faculdade, ou de investir em seu dom artístico; ou que passou anos sendo explorada em um trabalho que a remunerava muito mal, ou que não foi uma mãe ruim como lhe disseram e se torturou durante anos por causa disso... É, as perdas são muitas e não é fácil reconhecê-las. É duro, para uma pessoa, sentir que foi enganada, que investiu seu amor em uma pessoa que não a amava; que perdeu chances de melhorar sua vida por causa desse relacionamento.

Entretanto, por mais que seja dolorosa, é justamente essa consciência que dá forças à vítima para não suportar mais o domínio do outro, o sofrimento contínuo, se reorganizar e começar uma vida nova. Depois de passar por uma experiência dessas – um verdadeiro "estupro" psíquico –, a pessoa fica menos ingênua e mais sábia. Ela deixa de ser "virgem" psicologicamente: toma consciência dos seus limites, de que muitas vezes tem de defendê-los e que o mundo não é um paraíso "cor-de-rosa" com pessoas sorridentes e boazinhas que só querem seu bem. Então, dificilmente ela será novamente enganada por outro ser perverso.

Geralmente, depois que a pessoa chega nesse limite, o seu relacionamento sexual-afetivo acaba ou passa por uma reestruturação muito profunda. Muitas vezes ela sofreu violências tão perversas que não pode perdoar o outro, não consegue simplesmente "esquecer" as atrocidades das quais foi vítima. Em outras ocasiões, se houver amor, apesar da inveja e do desejo de apropriação por parte do opressor, e ele estiver disposto a se rever, olhar para suas questões e se reestruturar de maneira mais saudável, e, claro, se for perdoado, o relacionamento pode ter alguma chance de sobreviver.

Entretanto, isso é raro de acontecer, pois o opressor muitas vezes não aguenta reconhecer, "trazer à luz", sentimentos e intenções tão perversas, como a inveja e o desejo de matar psicologicamente o outro. Além disso, ele se estruturou dessa maneira durante a vida e não vai mudar de uma hora para outra. Vai precisar de anos de terapia, de muito empenho e coragem de fazer auto-análise e, assim, se aprofundar de verdade em suas questões... E isso não é fácil de se fazer.

A vítima que optar por ficar junto de seu parceiro, apesar do sofrimento que este lhe causou, tem a opção de ir com ele em uma terapia de casal. Neste caso, os dois precisarão ter a coragem de se defrontar com suas questões diante de um intermediário – o psicólogo ou psiquiatra – que lhes ajudará a buscar soluções para os conflitos. Ele auxiliará o casal a identificar, por exemplo, por que a vítima se submete ao opressor, se alguma atitude dela esteve alimentando a opressão no outro, e que insatisfações levaram este a querer aniquilar a vítima.

O fundamental é que a denúncia seja feita e que a vítima não tolere mais ser agredida, seja por meio da separação ou da terapia pessoal ou da ajuda de uma terapia de casal. Ao denunciar, a vítima está ajudando não somente a ela mesma, como também ao opressor. Ela sai da prisão em que foi encerrada, do cativeiro em que esteve sequestrada tanto tempo, e tem a possibilidade de se reencontrar com suas vontades, seus talentos, de construir uma vida mais feliz. E o opressor, por sua vez, se estiver disposto a cuidar de suas feridas e encarar a vida "de frente", deixando de tentar desviar o outro do caminho, mas sim, buscar empreender sua própria trajetória, também terá maiores chances de ter uma vida mais satisfatória, de empreender projetos... Enfim, de realizar-se e ser mais feliz.

CAPÍTULO 9

Separação

> *O divórcio é tão natural que, em muitas casas, dorme*
> *todas as noites entre dois cônjuges.*
> Chamfort

Eu e meu parceiro estamos passando por mais uma crise ou é o fim definitivo do nosso casamento? Como saber se nossa união acabou ou pode prosseguir de uma nova maneira, ser reinventada? Muitas pessoas casadas se fazem essas perguntas... Questões difíceis de ser respondidas, mas não impossíveis...

A palavra crise, em sânscrito, vem de *kri*, que tem vários significados, entre eles purificar e limpar. De *kri*, vêm *crisol*, recipiente usado para extrair o ouro das gangas (minérios que trazem de mistura ouro, prata ou pedra preciosa), por meio de temperaturas muito altas, e *acrisolar*, que significa depurar, purificar. Para os antigos faladores de sânscrito, *kri* também é um monossílabo que significa o som que uma semente faz no exato momento em que o hipocótilo estira sua frágil estrutura, saindo da terra e tornando-se a promessa de uma nova vida. *Kri* é, portanto, o som da vida brotando desde a obscuridade do nada até a existência.

Já em chinês, crise é *weiji*. Segundo o dicionário *Xinhua Cidian*, a palavra, composta pela justaposição dos caracteres *wei* e *ji*, significa "período crucial em que um grave perigo ameaça a própria existência". Já no *New Practical Chinese-English Dictionary*, *weiji* significa "crise; situação de perigo; momento precário". Em grego, a palavra crise (*krisis*) significa juízo, decisão.

Como se vê, cada língua atribui significados diferentes à palavra crise. Entretanto, eles podem ser relacionados entre si. Purificação, nascimento, momento crucial e perigoso, e decisão formam um aparente mosaico. Contudo,

164 CASAMENTO – MISSÃO (*QUASE*) IMPOSSÍVEL

em um momento de crise, por exemplo, de um casamento, uma pessoa pode viver todos esses estados de ser. A crise em um relacionamento sexual-afetivo pode ser, ao mesmo tempo, um momento de purificação, ou seja, de morte ou transformação, em algo novo, de tudo o que está velho e desgastado (por exemplo, de sentimentos, hábitos...), de nascimento de perspectivas (novas formas de sentir, agir, relacionar-se) e também de perigo, pois nunca se sabe se a crise prenuncia o fim do processo ou a sua continuidade de forma diferente, a partir de "um novo olhar".

A crise muitas vezes acontece independentemente da vontade humana. Ela é "irmã" da **impermanência**. É por meio dela que o "velho" – o que se desgastou, "morreu" – separa-se do cerne, ou seja, daquilo que permanece vivo, pulsante... A crise é um momento de *julgamento*, tanto do realizado pela natureza ou a vida ou os deuses, que decidem quando as coisas começam e terminam, trazendo ora a prosperidade, ora a decadência, quanto do que fazemos ao refletir e decidir se queremos ou não continuar vivendo um processo, como um casamento. Esses momentos de decisão que passamos pela vida são acompanhados pela quebra, pela "morte", de uma estrutura conhecida, dos padrões que até então funcionavam e nos davam uma relativa sensação de segurança. E isso geralmente traz sentimentos desagradáveis e difíceis de lidar, como insegurança, angústia, ansiedade, depressão, desespero, fragilidade...

As crises são, portanto, como mortes dentro da vida. Embora muitas vezes dolorosas, se nos negarmos a vivenciá-la, corremos o risco de parar o nosso processo de individuação (ou seja, deixar de seguir crescendo, amadurecendo psiquicamente), e prosseguirmos "anestesiados", levando vidas parciais, convencionais e "sem alma".

A crise pode ser vivida não somente a partir da perspectiva da dor, do desespero... Também pode se encarada como possibilidade de renovação. Caso não prenuncie o fim definitivo do sentimento de amor entre os cônjuges, uma crise pode levar à reestruturação do casamento a partir de novas perspectivas. Se assim for, o casal "morre" e renasce de outra forma... Cada cônjuge sente que está se relacionando de forma nova e diferente com o outro e que este também está mudado. Por exemplo, as brigas constantes e a sensação de se estar repisando problemas sem solução cedem, dando lugar a outras maneiras de se relacionar com o outro... E o casal pode se reencontrar. O cantor e compositor Chico Buarque fala desse possível recomeço na música *Todo o sentimento: "Depois de te perder / Te encontro com certeza / Talvez num tempo da delicadeza / Onde não diremos nada / Nada aconteceu / Apenas seguirei / Como encantado ao lado teu".*

Acabou? Percebendo os próprios sentimentos

Para se julgar se um relacionamento acabou ou não é necessário levar em conta, digamos, um aspecto racional e outro intuitivo. Pode-se, por exemplo, pesar na balança, racionalmente, os prós e os contras de se continuar vivendo uma relação amorosa. Mas também *se sabe* quando o relacionamento terminou, ou seja, quando não se ama mais uma pessoa. Este saber é íntimo: você sente o fim e diz para si mesmo "acabou, morreu". E nada que o outro ou você faça consegue reviver esse sentimento. É um momento de luto, de finalização. Se uma pessoa prestar atenção em seus sentimentos e for honesta e corajosa o bastante para reconhecê-los, saberá se ainda ama ou não alguém. E se, mesmo uma pessoa sentindo que o amor pelo outro acabou, ela quiser ter certeza disso, alguns sinais o podem demonstrar.

Quando um relacionamento termina "de vez" nada que o meu parceiro faça ou que lhe aconteça me mobiliza. Eu me desinteresso dele: o que ele faz ou deixa de fazer, aonde vai ou deixa de ir, e mesmo se me trai ou não – "isso tudo 'não me pertence mais', não é mais de meu interesse". Também não tenho mais vontade de agradar ou atender às solicitações do outro. A relação fica cada vez mais "chata" ou insuportável. Quando a relação chega nesse ponto é porque o amor, o sentimento sexual-afetivo, acabou. Os parceiros estão vivendo na mesma casa, mas são como dois albergados; há um desencontro total entre eles. Os cônjuges não possuem sequer uma relação de amizade – não conversam mais, exceto o essencial –, divergem em suas opiniões, não têm nenhum projeto em comum, nem fazem mais sexo. Este é o "cenário" de um casamento acabado. Nada mais pulsa. A relação "morreu". "Foi para o brejo de vez!".

Se, por outro lado, os parceiros sentirem que o sentimento de amor persiste, mesmo passando por períodos de crises e brigas, vale a pena manterem a têmpera e a "vontade política" para tentar melhorar o relacionamento. Em um casamento em crise, vontade política significa: o casal refletir e conversar, sinceramente, a respeito dos problemas, buscando discernir entre os conflitos que são provocados por um ou outro parceiro e os que independem destes para acontecer; sobre quais dessas questões podem ser resolvidas, por exemplo, que hábitos podem ser mudados, e quais não podem... Enfim, quais são os potenciais e as limitações do relacionamento. A partir dessa conversa e reflexão, cada cônjuge pode, no que for possível, mudar os hábitos e comportamentos que provocam conflitos com o outro e, muitas vezes, sofrimento neste.

O que pode levar à separação

O fim de um relacionamento muitas vezes independe dos cônjuges, pois não se pode controlar o próprio sentimento – amar, gostar de alguém, "está além" de nossa vontade. Entretanto, se em um casamento um dos parceiros cresce emocionalmente e o outro estanca, as chances de ocorrer uma separação são maiores que seriam se os dois se desenvolvessem juntos. **Um crescimento emocional desproporcional** entre os parceiros pode acontecer, por exemplo, quando o casamento se faz entre opostos: um parceiro é extrovertido e o outro introvertido. Se, principalmente no aspecto emocional, eles amadurecem ao mesmo tempo, a tendência é que permaneçam juntos por bastante tempo.

Entretanto, muitas vezes um dos cônjuges acaba se "encostando" no relacionamento. Ele abandona seu desenvolvimento individual em algum, ou alguns, aspecto, e espera que o parceiro o "alimente" daquilo que não consegue, ou não quer, desenvolver. Por exemplo, o cônjuge introvertido tem dificuldades em se relacionar socialmente. Mas, em vez de buscar meios de desenvolver esta capacidade, ele espera que o parceiro "tape este buraco", ou seja, supra sua incapacidade de relacionar-se. Para tanto, ele coloca o outro cônjuge – o extrovertido – no lugar de porta-voz nas relações sociais do casal, tomando a dianteira, para resolver contendas com as famílias de origem de ambos e nas conversas em eventos sociais, como festas de aniversário, casamento ou encontros com amigos. E também pode colocá-lo no lugar de provedor e administrador da casa. Agindo assim, o introvertido coloca-se no lugar de "filho" do extrovertido.

Além disso, pode acontecer de o introvertido, ao não conseguir "ir para o mundo", tentar impedir que o parceiro o faça. Então ele começa a prender o outro cada vez mais em casa, por exemplo, pegando filmes na locadora todos os finais de semana para os dois assistirem juntos e assim o parceiro não sair de casa; "enchendo-o" de comida para que ele fique cada vez mais "paralisado"; ou culpando-o, dizendo que este quis "se exibir" e o ignorou, ao sobressair-se em uma conversa com outras pessoas durante uma festa.

Por sua vez, o extrovertido também pode apresentar uma grande incapacidade de crescer internamente, de amadurecer, permanecendo uma pessoa que "só olha para fora" e não lida nem suas questões psíquicas e, por conseguinte, nem com os problemas emocionais do casal. Como se fosse um perfeito escoteiro, ele resolve as questões práticas do casamento, desde trocar o gás da cozinha até organizar toda a festa de aniversário de 15 anos da filha, sendo também um perfeito relações-públicas nos encontros sociais do casal, mas não consegue reconhecer seus próprios sentimentos nem os do parceiro.

No casamento de Myriam e Leopoldo ocorreu algo assim. Myriam é mais introvertida e está insatisfeita com o relacionamento porque percebe que ele é exageradamente dominador e não lhe dá chance de participar da administração da casa, nem de dar sua opinião em uma conversa com amigos, e se diz a ele que quer conversar sobre isso, Leopoldo se nega a falar sobre o assunto ou inventa uma desculpa: diz que ela está implicando com detalhes que não são importantes, pois o que interessa é que as contas estão sendo pagas, comprarão um carro em breve e a filha vai estudar no exterior no ano que vem. E ainda diz que ela precisa passar uma temporada em um *spa* para se "desestressar" e parar de pensar besteiras. Neste caso, quando o introvertido é mais desenvolvido emocionalmente que o extrovertido, talvez ele não aguente por muito tempo o excesso de superficialidade deste.

Mesmo se, no início, o motivo principal da atração entre os parceiros tenha sido o fato de um ser mais extrovertido e o outro introvertido, a relação tenderá a perder o encanto e a acabar, se ambos não buscarem se desenvolver emocionalmente, aprendendo com o outro o que lhes falta. Quando um dos parceiros pára de crescer, o prazer que um tinha em estar na companhia do outro vai acabando porque não há mais possibilidade de trocas afetivas, de idéias ou projetos entre os dois. Cada um está em uma fase emocional da vida. Um é adulto; o outro, uma criança. A não ser nos casos em que o casal sente-se

168 CASAMENTO – MISSÃO (*QUASE*) IMPOSSÍVEL

bem vivendo essa estrutura de relação, por exemplo, a esposa é extremamente maternal e o homem muito filial, ou o marido é paternal e a mulher age como filha, a relação gera cada vez mais conflitos, podendo chegar ao fim.

Também existem casos que podem precipitar ou acabar levando à separação, como quando há a prática contínua de **comunicação perversa** e/ou de **agressões físicas** de um parceiro em relação ao outro. Nesses casos, em geral, mesmo que leve alguns anos, os parceiros costumam se separar porque o relacionamento vai ficando cada vez mais inviável até morrer definitivamente. O que no início é tolerado por causa do sentimento de amor, dos filhos, dos projetos que os parceiros têm em comum, até mesmo por comodismo, com o tempo passa a ser cada vez mais inaceitável, na medida em que as agressões psíquicas e/ou físicas tendem a tornar-se cada vez mais violentas, alimentando assim o ódio entre os cônjuges. Normalmente, quando a violência cometida é de um parceiro em relação ao outro, este, se não enlouquece, acaba sentindo que chegou "no seu limite", que somente separando-se do cônjuge poderá manter sua integridade emocional e mesmo física. Aí, a separação ocorre não somente por causa do amor que acabou, mas também porque a pessoa sabe que o que está em risco é sua própria vida psíquica e objetiva.

Outra causa de separação entre casais é a **escolha precipitada do parceiro**. Muitas pessoas, principalmente quando atingem determinada idade, geralmente quando se aproximam dos 30 anos, entram em desespero porque não suportam a idéia de passar a vida sem se casar. Isso acontece com homens e mulheres, mas são elas, normalmente, que se desesperam mais para se casar. Isso porque, em nossa sociedade, embora a mulher tenha conquistado muitos espaços, como no meio profissional, social e na política, ainda é mais cobrada que o homem no sentido de que se case. Por mais incrível que possa parecer, em pleno terceiro milênio, há, ainda, quem diga com certa mágoa e raiva: "*Não quero ficar pra titia!!!!*".

Muitas mulheres foram criadas de forma que internalizaram a idéia de que, se envelhecerem, ninguém irá querer casar-se com elas. Além disso, o desejo de ter filhos e o tão comentado "relógio biológico", ou seja, o fato de o período de fertilidade das mulheres terminar geralmente entre os 40 e 50 anos, também impelem muitas delas ao casamento "*se não tem tu vai tu mesmo*". Já os homens em geral, talvez por não serem tão cobrados quanto as mulheres, pela sociedade, no sentido de que se casem, e por poderem ter filhos geralmente até uma idade avançada, não se desesperam tanto para se casar como elas.

Quando uma mulher ou um homem faz uma escolha precipitada do parceiro – casa-se com ele "para não ficar sozinha(o)" e por achar que está tendo a última chance de ser feliz, muito provavelmente está no caminho do sofrimento. Somente ter uma pessoa do nosso lado não basta. Os parceiros têm de possuir afinidade em alguns aspectos, ter alguns projetos semelhantes, seus gênios devem ser mais ou menos compatíveis... Isso porque um casamento *de verdade* é uma estrutura constituída por vários elementos: além do sentimento de amor (que não precisa ser apaixonante) e da atração sexual, o companheirismo, o compartilhamento, o carinho, o respeito, os projetos que o casal faz junto, a estrutura familiar que se constrói... Tudo isso é fundamental para que um casamento dê certo. Dessa forma, quando uma pessoa se casa com outra com a qual tem pouco "a ver", com o passar dos anos o encanto diminui e provavelmente, em algum momento de sua vida, ela vai questionar-se: "O que foi que fiz da minha vida? Por que me casei com esta pessoa? Somos dois estranhos na mesma casa. Estamos sozinhos, separados, embora habitando o mesmo teto. Juntos e profundamente sozinhos".

Não quero nem mencionar aqui, novamente, o famoso "golpe da barriga", em que a menina propositadamente engravida para forçar o casamento. Por questões de moral, jurídicas, éticas ou religiosas, alguns homens se deixam chantagear e assinam seu "atestado de matrimonicídio"!!!!

Uma **visão excessivamente romântica do casamento** também pode ser a causa de muitas separações. Muitas pessoas são levadas, principalmente por causa da criação que receberam de seus pais, na escola, e das outras influências que tiveram de seu entorno cultural, como da mídia (por exemplo, das novelas nas quais o amor é a razão de tudo, e das revistas, como as voltadas para adolescentes, que pregam a existência do príncipe encantado, e as que falam de atores e atrizes que dizem ter se casado com a mulher ou o homem ideal), a acreditar (consciente ou inconscientemente) que, um dia, encontrarão "aquela" pessoa com a qual vão se casar, a quem vão amar e por quem serão amadas incondicionalmente, e com quem farão sexo ardente. E o relacionamento será "para sempre" regado a um forte romantismo, enquanto a natureza lhes permitir.

Essa idéia extremamente romântica do casamento surgiu no século passado (XX) e se firmou com os filmes românticos e "glamourosos" de Hollywood. Até o início dos anos 1900, muitos casamentos ainda eram arranjados para

170 CASAMENTO – MISSÃO (*QUASE*) IMPOSSÍVEL

perpetuar ou atender condições políticas, sociais e econômicas. Os casamentos tinham um "formato" diferente do atual e a mulher ocupava um papel secundário, cuidando da casa, por meio das criadas, e dos filhos, pelas babás.

As pessoas que se casam, acreditando que o relacionamento pode ser um "mar de rosas", "se descabelam" quando acontece a primeira crise, pois percebem que na relação afetiva o amor e o desamor estão muito próximos, que nem tudo no outro é bonitinho, que o casamento tem momentos muito bons e outros bastante ruins... E essas pessoas não passam da primeira crise do casamento, que acaba sem mal ter começado.

Também existem casais que se adoram, "se amam de paixão", mas têm **gênios incompatíveis**. E, geralmente, estes são incompatíveis não por serem muito diferentes, mas, ao contrário, bem parecidos. Duas pessoas extremamente competitivas, extrovertidas e dominadoras podem se apaixonar perdidamente, mas este amor nem sempre resiste ao casamento. Esse casal pode acabar competindo por diversas razões, desde quem trabalha melhor até quem escolheu o melhor lugar para passarem as férias. Os parceiros podem "bater de frente" no tipo de educação que querem dar aos filhos, na escolha da decoração da casa, do programa que farão sábado à noite, se vão almoçar na casa da mãe dele ou da dela...

Um casamento também pode, sem sombra de dúvida, acabar porque foi se desgastando lentamente com o passar do tempo. O desgaste pode ocorrer mesmo que os parceiros, além de se gostarem, tenham afinidades, como opiniões e projetos semelhantes. Ainda assim, pode chegar um momento em que eles reconheçam-se somente como amigos e que nada mais reste de erotismo, de desejo entre eles. O relacionamento torna-se como uma relação "entre irmãos". Muitos casais permanecem juntos mesmo quando a relação chega nesse ponto. Mas há outros que decidem pela separação, por considerar que o desejo sexual é um ingrediente fundamental no relacionamento.

O **abandono da relação** também é uma das causas do fim de muitos casamentos. Existem pessoas que literalmente abandonam a relação: fazem da sua casa um "hotel", um lugar para dormir, se alimentar e tomar banho. Para elas, o parceiro é um detalhe da paisagem. Mas também há outra forma, não tão aparente, de se abandonar uma relação, que consiste em ignorar as próprias e as necessidades do outro e em não tratar das crises no casamento. Nesses tipos de união, as formalidades são atendidas – os cônjuges cumprem as "obrigações" do casamento, como o sustento e a manutenção da casa, a criação dos filhos e fazer sexo (na melhor das hipóteses), pelo menos uma ou duas vezes por mês. Entretanto, os dois estão como que "brincando de casinha". Cada um não vê, não enxerga o outro; não sabe, de verdade, como o parceiro pensa, sente, do que ele gosta e o que quer. E os cônjuges também não têm consciência das próprias vontades e sentimentos. Vivem um casamento que é convencional, vazio e estéril. E, quando a união atinge um período complicado, e todo relacionamento sexual-afetivo chega em um momento desses, os parceiros resistem em reconhecer que uma crise instalou-se na relação. Eles preferem manter a máscara da hipocrisia, a falar a verdade um para o outro e discutirem sobre o que cada um quer e sente, o que está bom e o que não está na relação. Daí, ao negligenciar a crise, o casal permite que esta vá, pouco a pouco, "fermentando" – ou seja, adquirindo proporções cada vez maiores e mais graves –, até que o relacionamento se destrua por completo. E o convencionalismo desse tipo de casamento pode ser tamanho que as pessoas continuam vivendo sob o mesmo teto, anos após a união. Muitas vezes, um dos parceiros tenta "denunciar" esse afastamento, essa falta de diálogo... Mas, como que inerente a isso, o outro o ignora por completo, chegando, às vezes, a prometer que vai melhorar, mas nada acontece. É comum que essas pessoas tão convencionais permaneçam morando juntas, sem separar-se oficialmente... Afinal, que diferença faz separar-se se o casamento nunca existiu mesmo?

Contudo, se queremos viver um relacionamento *de verdade*, eu insisto: é necessário que se discuta a relação e se enfrentem as crises – logo que se apresentem –, mesmo as mais "cabeludas".

Muitas vezes, **o filho revela as rupturas, os pontos de conflitos e as incompatibilidades de um casamento.** Isso acontece principalmente quando o filho já é pré-adolescente ou adolescente. Antes dessa fase, quando ele é criança, ainda não contesta os pais porque os considera como modelos inquestionáveis. Ele não é o agente do fim de um casamento, mas seu papel de denunciante pode contribuir para uma possível separação. Por exemplo, o casal no qual um é mais extrovertido e conciliador e o outro é mais introvertido e despótico. O introvertido sempre diz "não" para a vida e o extrovertido sempre diz "sim". Nesse sentido, eles conseguem "entrar em um acordo", enquanto existem somente os dois na família ou o filho ainda é criança. Quando este cresce e quer, por exemplo, sair à noite com os amigos e

172 CASAMENTO – MISSÃO (QUASE) IMPOSSÍVEL

chegar somente pela manhã, um dos pais diz "sim, vá se divertir", e o outro fala "não, não vá, pois é muito perigoso você passar a noite em uma danceteria".

Os pais acabam brigando por discordarem em suas opiniões sobre a saída do filho. E o filho diz: "Vocês são tão diferentes! Parecem opostos! Não sei por que se casaram, se vivem infelizes! Mamãe, você deveria ter se tornado uma monja carmelita descalça e, papai, você deveria viver fazendo safáris na África..." E, quando esses atritos ocorrem, os parceiros sentem, de forma mais aguda e nítida, o quanto é difícil conviverem, manterem um casamento no qual cada um tem personalidade e propósitos tão diferentes. O filho passa, dessa forma, a ser o protagonista do drama familiar.

Também acontece de o filho, se tiver personalidade mais aventureira e ousada, aproximar-se mais do pai, mais extrovertido e conciliador, que da mãe, despótica e introvertida, "agudizando" ainda mais esse drama e tornando a convivência mais insuportável ainda. Isso porque a relação do casal se torna ainda mais desarmônica – a mãe fica em "desvantagem" na relação familiar, pois não tem com o filho as afinidades que o pai possui. Dessa forma, ela pode começar a invejar a relação do pai com o filho. O marido, por sua vez, ao perceber, pode estimular a inveja da esposa mostrando-lhe, sempre que possível, que tem mais intimidade com o filho do que ela. Assim, os parceiros passam a viver uma situação de constante luta pelo poder sobre o filho – qual dos dois tem mais razão ao tratar das demandas do filho, qual deles este ama mais – e o amor dá lugar a uma permanente competição acirrada. Essa situação, se perdurar por muito tempo, e os cônjuges não se separem literalmente, na Justiça, acabará levando a um permanente estado de **divórcio silencioso** – eles insistem em continuar vivendo sob o mesmo teto, embora o relacionamento esteja extremamente deteriorado, e dele somente tenha restado ódio, inveja exacerbada, competição, desamor...

Casamentos aparentes

Muitas pessoas resistem à idéia de separar-se oficialmente do cônjuge por vários motivos (que, não raro, são, na verdade, desculpas). Existem aquelas que afirmam permanecer no casamento por medo da solidão; outras dizem que é porque dependem financeiramente do cônjuge; há quem diga que é para que os filhos não sofram ou porque não querem perder a convivência com eles... Os "motivos" são muitos. Entretanto, parece que a razão principal de muitos casamentos já falidos continuarem a existir somente na aparência, no cumprimento do protocolo, é a dependência emocional de um parceiro em relação ao outro, ou de ambos, reciprocamente.

Em geral, quando alguém diz que não se separa por causa do medo da solidão, pode estar afirmando uma "meia-verdade". Realmente, uma pessoa que se separa pode sentir uma imensa solidão. Entretanto, isso somente irá acontecer se ela for muito dependente emocionalmente do outro para sentir-se inteira, ou seja, se não tiver desenvolvido sua individualidade. Os dicionários costumam trazer, para a palavra individualidade, os seguintes significados: personalidade; característica própria do indivíduo. Em um sentido mais amplo e profundo, um ser humano é uma individualidade quando, além de ter uma personalidade, também é capaz de estar bem com si mesmo, de construir um "universo individual" – do qual fazem parte idéias, projetos, memórias, sentimentos, além da capacidade de sentir-se bem mesmo nos momentos em que se está sozinho, ou seja, quando ele consegue viver a solitude, ao invés da solidão – que não depende do outro para existir. Uma pessoa que possui (ou desenvolve) essa capacidade, ou seja, não depende do outro para "alimentar-se" emocionalmente, não se sente "sem um braço" ou "uma perna" quando o companheiro não está mais com ela. É claro que, após a separação, ela pode sentir saudade do ex-parceiro e, por exemplo, pensar, ao retornar a algum lugar que costumava frequentar com ele, "como era bom quando jantávamos juntos neste restaurante". Mas ela não vai "parar" sua vida por causa da separação: continuará sentindo-se uma pessoa inteira, mesmo se passar, no início, por um período de tristeza, de luto.

Geralmente algumas pessoas são dependentes de outra, seja um marido, filho, pai ou mãe, porque projetam neles instâncias que não conseguem, ou não querem, desenvolver em si mesmas. Por exemplo, uma mulher projeta no marido os aspectos masculinos que não quer desenvolver em si mesma, como a capacidade de proteger-se e buscar seu próprio sustento (isso no sentido não só literal, mas psíquico, emocional). Ela não se separa porque acredita que ele é uma extensão sua: ele é o "braço", a "força", o "pai" que ela não tem. Por sua vez, o marido projeta na esposa a imagem de uma "princesa, frágil e etérea que ele tem de prover". Assim, não entra em contato com sua própria fragilidade, seu próprio sentimento de abandono, pois o projeta em sua esposa. Ele é o "pai" da esposa, mas, na verdade, não é o "pai" de si mesmo. Essa relação é como um "cortiço" no qual o casal prefere viver em um estado de "miséria psíquica", ou seja, "vamos esconder nossas impotências de nós mesmos e um do outro, ao invés de enfrentá-las e desenvolver um 'pai' dentro de cada um de nós".

Em uma relação verdadeiramente saudável, o outro deve ser a **luz** que ilumina minha vida, mas jamais pode ser os meus **olhos**. É muito bom e enriquecedor estar com alguém que amplie meus horizontes de vida, mas não queira viver a minha vida por mim!!!

Os homens resistem mais à separação. Por quê?

Não há como negar: mais mulheres que homens tomam a decisão de separar-se. Em geral, os homens ficam em um casamento, independentemente de este estar bom, estável ou até mesmo ruim. Mas... Por que tantos homens ficam vivendo casamentos insatisfatórios e não se lançam no desconhecido?

Muitas mulheres e homens, como no caso que acabo de citar, dependem emocionalmente um do outro. Contudo, observa-se que a mulher, embora aparentemente mais frágil e dependente que o homem, tem mais coragem de se separar quando não está verdadeiramente satisfeita com o casamento. Ninguém sabe ao certo por que isso acontece. Entretanto, existe um provável motivo para esse comportamento.

Muitos homens são criados por mães e muitas vezes também por pais (que também são "filhos") muito maternais, para que sejam "eternos filhos". São criados para que se sintam frágeis diante da falta de uma mãe ou mulher. Não para lidarem com seus próprios sentimentos, com suas demandas psíquicas, ou seja, para se tornarem verdadeiramente maduros, emancipados emocionalmente. Sequer são ensinados a cuidar-se em um sentido mais objetivo – não aprendem, por exemplo, a cuidar do próprio corpo, como se tratar no caso de uma doença, ou mesmo a cozinhar, lavar a própria roupa... No casamento, esses homens buscam a continuidade do lar que tiveram, ou seja, uma "zona de conforto" emocional. Eles mantêm um vínculo simbiôntico, maternal, com suas esposas e dependem dessa pseudo-estabilidade que elas podem lhes dar, como suas mães haviam feito. Essa é a repetição de um papel infantil. Um homem que tenha esse perfil faz do casamento o seu ninho protetor, a sua estabilidade emocional. E, em nome dessa "segurança", ele tolera uma mulher que não ama mais e, para conseguir suportar esse estado de infelicidade crônica, encontra "válvulas de escape" como relações paralelas, sejam estas amorosas ou de amizade; praticar esportes com muita frequência; trabalhar muito...

Muitos homens afirmam que não se separam por ter medo de perder o contato com os filhos. Dizem temer que os filhos os culpem pela separação e se afastem deles por esse motivo, ou sejam afastados pela mãe. Embora isso possa mesmo ocorrer, dependendo do nível de maturidade dos filhos e da ex-esposa ao lidarem com a separação, o homem também tem um papel fundamental na condução desse processo. Ele deve colocar, para a ex-mulher, o seu direito de continuar participando da criação dos filhos. E explicar para os filhos que a separação é necessária, pois o relacionamento acabou, que não deixou de amá-los por causa disso, que vão continuar se encontrando... Ele, embora separado da mãe deles, continua sendo o seu verdadeiro pai!

Muitas vezes, os filhos são usados como álibi, por um homem que não quer divorciar-se. Na verdade não quer separar-se porque "ele está entre os filhos de sua esposa", ou seja, é tão filho de sua esposa quanto o são seus filhos literais.

Existem mulheres que são criadas como estes homens, ou seja, para ser sempre "filhas". Entretanto, na cultura patriarcal em que vivemos, costuma-se também estimular, mesmo que indiretamente, muito mais na mulher a capacidade de cuidar-se (psíquica e objetivamente) do que no homem. Ela geralmente é criada para ser mãe, para cuidar bem do outro. Mas também acaba aprendendo a cuidar-se. Assim, já cresce sendo mais "cuidadora" do que o homem. Provavelmente por isso, por saber cuidar de si mesma, a mulher, em geral, se arrisque mais do que o homem a lançar-se no desconhecido, ou seja, no caso do casamento, a enfrentar uma separação e recomeçar uma vida nova.

A mulher separada "se vira" melhor do que o homem em sua nova vida. Existem as que "se acabam" depois da separação, por exemplo, começando a beber ou ficando "com raiva da vida" – tornando-se inimigas ferozes dos ex-maridos, e negando-se a recomeçar –, mas esta não é a regra. A mulher separada cuida de sua vida – encontra maneiras de continuar sustentando a casa (mesmo que seja arrumando dois ou três empregos), cria os filhos (muitas vezes fazendo os papéis de pai e mãe), volta a estudar ou resolve fazer

176 CASAMENTO – MISSÃO (*QUASE*) IMPOSSÍVEL

outra faculdade, não se aflige, tanto quanto o homem, por ficar durante um médio ou longo período sem relacionar-se sexual e afetivamente com outra pessoa... Por sua vez, muitos homens, por exemplo, voltam a residir na casa de seus pais, ou moram sozinhos e têm uma empregada que faz tudo para eles, ou comem "para o resto da vida" somente em restaurantes, e encontram, o mais rápido possível, uma mulher que lhe dê novamente a sensação de ser "acolhido emocionalmente".

E os filhos, como ficam?

É muito comum que homens e mulheres digam: "Eu não me separo por causa dos meus filhos; eles poderiam sofrer muito...". Não há como negar que o casamento é uma instituição muito séria, principalmente por causa dos filhos que, uma vez postos no mundo, devem ser criados pelos pais até que se tornem capazes de sobreviver sozinhos. As pessoas podem separar-se, mas a criação dos filhos não deve ser comprometida por essa decisão. Os filhos precisam conviver com o pai e a mãe, mesmo que a separação não mais lhes permita ter um contato diário.

Normalmente, as mulheres são muito mais responsáveis na questão da maternidade do que os homens no exercício da paternidade. Existem os que, depois da separação, abandonam seus filhos emocional e/ou financeiramente; eles consideram que sua criação é de responsabilidade somente da mulher. Esta é uma forma de fugir de uma responsabilidade que independe do casamento. O homem, embora geralmente vá morar sem os filhos, deve continuar a criá-los – provê-los de cuidados emocionais, repartir as demandas que eles geram com a ex-mulher (por exemplo, buscá-los na escola e levá-los ao médico), ter um quarto em sua casa que seja deles... Enfim, manter o maior contato possível com os filhos.

É verdade que a relação do homem com os seus filhos não será cotidiana como era na época do casamento. Contudo, vale a pena perguntar-se: "Durante o casamento eu tinha muito contato com os meus filhos?". Isso porque muitos homens, mesmo durante o casamento, mantinham um contato restrito com os seus filhos. E isso acontecia, por exemplo, porque trabalhavam muito, até nos finais de semana, e só chegavam em casa tarde da noite; e/ou

SEPARAÇÃO **177**

por causa das disputas de poder sobre os filhos que o casal mantinha, as quais impediam, atravancavam a possibilidade de um relacionamento mais fluido e agradável, e também profundo, entre o pai e seus filhos.

Ao não estarem mais vivendo mergulhados nesses cenários, muitos homens, após se separarem, para manter o contato com os filhos, resolvem não trabalhar tão alucinadamente e reservar mais tempo para encontrá-los, e/ou também porque não mais se relacionam com eles em um ambiente tenso como o que havia durante o casamento, se percebem *realmente* pais depois do divórcio. Eles passam a valorizar muito o tempo que ficam com os filhos, estando mais presentes nesses encontros; e os filhos, por sua vez, também aproveitam, "curtem" mais a presença dos pais. Assim, a relação entre pai e filho pode perder em quantidade, mas ganhar em qualidade.

Durante o casamento, havia uma "pseudopresença" destes pais e filhos na relação familiar; o amor estava "embotado"; o relacionamento familiar acontecia de maneira "gelatinosa", indiscriminada – você não está nem aí com seu filho, nem com sua esposa, nem eles um com o outro ou com você... Todos iam "empurrando com a barriga". Por exemplo, o pai buscava o filho todos os dias na escola, mas não "falavam palavra" durante todo o percurso; o pai sequer sabia que o filho arrumou a primeira namoradinha e este, quando foi perguntado pela professora na escola, nem soube responder o que o pai fazia na empresa.

Uma questão que o casal não pode esquecer, quando se separa, é preparar o filho para a nova realidade que este irá viver. A separação dos pais, independentemente de eles viverem bem ou não, é a quebra de um núcleo emocional (mesmo que este seja precário) e uma mudança e tanto na rotina do filho. Se este for criança ou pré-adolescente, ou mesmo adolescente, essa quebra será sentida com muito mais intensidade do que se for um adulto. Por isso, é imprescindível que o casal converse com o filho sobre sua decisão de separar-se, dizendo-lhe no que isso implicará – por exemplo, que o filho verá menos o pai, mas os dois passarão a fazer programas juntos e o pai continuará participando de sua educação; que o pai terá um quarto para o filho em sua nova casa; e que este não é, de maneira alguma, responsável pelo fim do casamento. É também importantíssimo que os pais deixem claro para o filho que não estão se separando dele. Ele continuará sendo filho – seus relacionamentos com a mãe e o pai não acabarão e ele poderá seguir contando com os

178 CASAMENTO – MISSÃO (QUASE) IMPOSSÍVEL

dois. Seria bom que dissessem: "O papai ou a mamãe não está se separando de vocês. Nós dois não nos gostamos mais, não damos mais certo, mas continuamos sendo seu pai e sua mãe. Você terá um quarto na casa de seu pai [e de sua mãe]. A partir de agora você tem duas casas".

A separação dos pais pode ser um momento crítico para uma pessoa porque, muitas vezes, esta é a primeira vez que o aspecto trágico da vida, "a morte na vida", se apresenta com tamanho impacto, afinal, o fim de um casamento é a quebra da estrutura familiar. Entretanto, é justamente essa iniciação na morte, na dor, que pode começar a preparar, a amadurecer uma pessoa para a vida adulta, não menos trágica, "impermanente" e com eventos tão duros e doloridos de serem vividos quanto o que ela está vivendo com a separação dos pais. Se, ao contrário, o casal se negar a separar-se por causa do filho, para protegê-lo, e, para tanto, insistir em fingir, em viver convencionalmente, poderá estar ensinando este filho a repetir esse padrão hipócrita em suas relações futuras, perpetuando um sofrimento crônico que poderia ser evitado.

Pode acontecer de o filho mudar muito depois da separação, por exemplo, ficar com uma depressão persistente, passar a ir muito mal na escola ou tornar-se extremamente agressivo com outras pessoas. Nesse caso, os pais podem, além de continuar a conversar muito com o filho para que este possa digerir, entender a separação com o passar do tempo, fazer, junto com ele, uma terapia de família ou encaminhá-lo para terapia individual, com um psicólogo e/ou um psiquiatra. Mesmo nesses casos mais delicados em que o filho fica muito abalado é importante que os pais tenham claro para si que evitar a separação seria pior para ele, pois perpetuaria uma situação falsa, do conflito e sofrimento permanente que poderia contribuir para impedir seu amadurecimento.

Outra questão a que os ex-cônjuges devem ficar atentos é não usar o filho para fazer um jogo de poder um com o outro. Existem pessoas que tentam colocá-lo contra o ex-parceiro, ou afastá-lo deste, proibindo, por exemplo, encontros entre eles. Esta é uma forma de o pai ou de a mãe mostrar que o filho lhe pertence, que ele é sua propriedade, ao outro. Também pode ser uma forma de uma das partes, principalmente se sentir raiva do ex-parceiro, vingar-se deste, evitando sua convivência com o filho. Quando uma pessoa age dessas maneiras, faz o filho sofrer, pois ele fica, mesmo depois do divórcio, sendo o protagonista do drama da ex-família.

Recomeçando...

Quanto mais um cônjuge depende do outro durante o casamento, mais crítico será o momento e "o depois" da separação. Se uma pessoa tiver vivido quase que exclusivamente em razão do parceiro durante o casamento, mais estará propensa a deprimir e sentir-se vazia após a separação.

Mesmo quando uma pessoa mantinha no casamento sua individualidade, recomeçar sem o outro pode não ser tarefa fácil, já que exige, mesmo que parcialmente, uma reestruturação no modo de viver, uma quebra de sua rotina. Mas, tendo essa pessoa uma estrutura de vida (formada, por exemplo, por sua profissão, seus amigos, seus projetos, seus momentos de solitude...) que durante o casamento já existia, e sendo ela capaz de sustentar-se emocionalmente, poderá passar por um período de tristeza, mas isso não a impedirá de prosseguir com sua vida e de obter satisfação pessoal em outros aspectos. Por exemplo, se ela for morar sozinha, chegará todos os dias em casa e não terá com quem conversar. A princípio, isso talvez lhe pareça estranho. E ela também pode sentir um certo "vazio" por ainda não haver se adaptado a viver sozinha. Contudo, à medida que o tempo passar, ela ficará muito confortável internamente com sua nova situação, pois é capaz de encontrar novas atividades ou programas para fazer à noite, seja sozinha ou com amigos.

Por sua vez, as pessoas que se tornaram muito dependentes de seus cônjuges podem viver o fim de um casamento com se fosse um fracasso pessoal e levar anos para se recuperar. E muitas vezes essa recuperação é impedida pela raiva e pela mágoa que sentem pelo ex-parceiro. Quando um relacionamento acaba é comum ocorrer de pelo menos um dos parceiros se sentir "sacaneado", traído pelo outro; e também acontece de um deles pensar que foi por sua culpa que o casamento acabou. Essas formas de se encarar a separação se devem a uma visão errônea do casamento, que consiste em se acreditar que este deveria durar a vida inteira. Muitas pessoas passam anos se amargurando e se perguntando "onde foi que eu errei". Ou pensando: "Aquele(a) filho(a) da mãe me deixou. Como ele(a) pôde fazer isso? Ele(a) é ruim, egoísta, não presta...". No entanto, embora, em alguns casos, uma pessoa possa ser responsável ou co-responsável pelo fim de seus casamentos e o ex-parceiro também, o acaso, o imponderável, muitas vezes pode ter um papel preponderante no término de uma relação amorosa.

180 CASAMENTO – MISSÃO *(QUASE)* IMPOSSÍVEL

Muitas pessoas apenas "pensam" com o ego. Elas atribuem sucessos e fracassos estritamente a si mesmas. Somos, sim, responsáveis por muitas das coisas que nos acontecem, mas não temos o controle de muitas outras... Pois a natureza se encarrega de boa parte delas. Eu posso, por exemplo, escolher se vou cultivar o relacionamento que tenho com alguém por amar esta pessoa, mas não posso determinar por quanto tempo vou amá-la e sentir-me bem ao lado dela. Os relacionamentos também têm um tempo de vida, tal como os outros fenômenos da natureza. Pode-se dizer que eles também "nascem, crescem e morrem", como nós, as árvores, os outros animais...

No entanto, apesar desses "incidentes" da vida, nós somos aquilo que escolhemos ser e nossas escolhas nem sempre são tão adequadas quanto deveriam ser.

Para sofrerem menos com o final de seus relacionamentos, muitas pessoas poderiam tentar encará-los também a partir dessa perspectiva. Pelo menos quando é possível – pois em alguns casos a experiência com o casamento foi tão traumática que um parceiro só consegue "ver" o outro, pelo menos durante algum tempo, pela ótica do ressentimento e da raiva – deve-se encarar o casamento que acabou, mesmo com todas as suas agruras e sofrimentos, como uma experiência, vivida com o outro, que foi boa enquanto durou, por meio da qual muito se aprendeu e amadureceu psiquicamente e que trouxe outros frutos maravilhosos, como os filhos literais, as amizades que foram feitas com pessoas conhecidas do cônjuge e os projetos realizados "a dois", como as viagens feitas e a empresa que abriram juntos.

Existem ex-parceiros que, passado algum tempo da separação, conseguem se reaproximar e estabelecer uma relação de amizade. Entretanto, nem sempre isso é possível. Se esse ideal não puder ser posto em prática, é importante que pelo menos se evite ficar "repisando o fim", ou seja, atribuindo a culpa a si ou ao outro pela separação, e que se tente pensar no ex-relacionamento sob a perspectiva do "foi eterno enquanto durou". Assim, busca-se evitar sofrimentos desnecessários e abrir um espaço para que algo novo possa acontecer na vida.

Quando uma pessoa procura outras perspectivas, além das usuais, para lidar com seus problemas, como o fim de uma união, pode descobrir novas formas de se relacionar com as outras pessoas e retomar um projeto de vida que havia sido posto de lado durante o casamento, ou mesmo mudar seu

SEPARAÇÃO **181**

projeto atual. Por exemplo, a separação pode fazer tão bem a uma pessoa ao ponto de esta mudar a forma de relacionar-se com seu filho. Uma mãe e um pai que durante o casamento estavam sempre brigando, "em pé de guerra", e que por este motivo não tinham nem energia, nem bom humor para compartilhar bons momentos com o filho, podem descobrir que isso se tornou possível após a separação. Uma pessoa pode retomar algum talento que havia abandonado, como decidir voltar a pintar, ou resolver mudar de profissão, ou voltar a estudar... Recomeçar pode significar empreender novas idéias e viver experiências inéditas. Isso vai depender de como a separação for vivida: se como uma perda irreparável ou como oportunidade de crescimento e de novas realizações. Finais e renascimentos sempre estão acontecendo na vida de qualquer pessoa... Como estes momentos são vividos e o que se aprende com eles "fazem a diferença" na vida de uma pessoa. Ela pode optar por encarar a crise como uma chance de crescer, amadurecer, transformar-se (pois, como disse Nietzsche: "o que não me mata, me fortalece"), ou como um "castigo da vida" e uma desculpa para se acomodar e não mais lutar pelo que quer.

Capítulo 10

Relacionamento Homossexual

O amor é a capacidade de perceber o semelhante no dessemelhante.
Th. W. Adorno

Nunca se falou tanto sobre homossexualismo como na época em que vivemos... E, mais do que nunca, gays e lésbicas estão assumindo suas opções sexuais e estabelecendo relações estáveis, sendo que, em certos países, algumas delas são regularizadas pela união civil. Dois ícones do movimento gay – São Sérgio e São Baco, dois mártires da Igreja Católica que são celebrados todo dia 7 de outubro – compõem um dos emblemas da união civil homossexual. Normalmente, eles são mencionados por quem defende o casamento gay.

Para a história oficial da Igreja Católica, a referência a esses dois santos soa como uma blasfêmia, uma vez que o catolicismo condena a homossexualidade. Entretanto, existem teses afirmando que alguns santos católicos mantiveram relações "homoeróticas", sendo que o caso mais famoso é o de São Sérgio e São Baco. Mártires no início do século IV, eles integravam o exército do imperador romano Maximiano (286-305), na Síria. Ao se recusarem a adorar os deuses romanos por causa de seu compromisso com o cristianismo, Sérgio e Baco foram torturados até a morte. Segundo o polêmico e premiado livro *Cristianismo, Tolerância Social e Homossexualidade*, publicado em 1980 por John Boswell (1947-1994), historiador da Universidade de Yale (EUA), os dois santos formavam um casal gay respeitado pela própria Igreja Católica.

Alguns defensores da Igreja acusaram Boswell de "forçar a barra" em seus estudos sobre os arquivos históricos desta instituição. O livro foi considerado panfletário por muitos católicos para os quais a obra era um meio

184 CASAMENTO – MISSÃO (*QUASE*) IMPOSSÍVEL

usado pela militância homossexual para forjar santos gays. Já quem apoiava o historiador afirmava que a Igreja adulterou os seus arquivos antigos para esconder registros sobre a homossexualidade dos dois santos. O fato é que São Sérgio e São Baco viraram ícones do movimento gay. As mulheres homossexuais, por sua vez, também têm seus ícones – Santa Perpétua e Santa Felicidade. Elas foram mártires cristãs que viveram em Cartago no século III. Felicidade era escrava de Perpétua. As duas sofreram juntas na prisão e foram decapitadas em Cartago, no norte da África, por ordem do imperador romano Sétimo Severo (193-211). Muitos gays acreditam que elas viveram uma intensa paixão.

Qual seria a história verdadeira a respeito desses santos: as teorias de Boswell e de outros estudiosos que defendem a existência, no passado, de uniões gays entre religiosos da Igreja Católica, ou a contrapartida desta instituição que acusa estes teóricos de panfletários da causa gay? Questão controvertida... Só o que posso fazer é lançar mão de uma frase (e nome de uma peça) do escritor e dramaturgo italiano Luigi Pirandello (1867-1936), que se refere às diferentes "verdades" que uma situação pode ter, a partir da perspectiva de quem o aborda: "*Assim é se lhe parece*". Cada um tire suas conclusões...

A união civil entre gays é realidade cada vez mais concreta em vários países. Em 1989, a Dinamarca foi o primeiro país a aprovar a união civil entre pessoas do mesmo sexo e, nos anos posteriores, seu exemplo foi seguido por vários países, como Noruega, Suécia, Reino Unido, Holanda, Bélgica, Espanha e África do Sul. Em alguns desses países, como Holanda, Espanha e Reino Unido, os casais gays podem inclusive adotar crianças. Nos EUA existem leis que reconhecem a união civil homossexual nos Estados de New Jersey, Vermont, Connecticut, Massachusetts e Califórnia. Já o México aprovou, em dezembro de 2006, a Lei de Sociedade de Conveniência que, embora não legalize os casamentos entre pessoas do mesmo sexo, "dá reconhecimento legal a famílias estabelecidas por duas pessoas adultas sem discriminação de sua forma de vida".

No Brasil, em dezembro de 2006, um casal homossexual – formado pelos cabeleireiros João Amâncio, 34 anos, e Edson Paulo Torres, 40 –, de classe média de Ribeirão Preto (314 km a norte de São Paulo), obteve na Justiça a guarda provisória de quatro irmãos – três meninas e um menino. A criança menor tem 3 anos e a maior, 10. Os cabeleireiros estão juntos há 15 anos. O processo, que pode culminar na adoção das crianças, corre em segredo de Justiça.

Já em relação à regularização da união civil entre homossexuais, o Brasil ainda não conseguiu avançar. Em 2006, tramitou na Câmara dos Deputados o Projeto de lei (PL) n° 6.874/2006, da deputada Laura Carneiro (PFL-RJ), que tratava da alteração do novo Código Civil no que diz respeito às uniões formadas por duas pessoas do mesmo sexo, às quais deveria o Código nomear de "uniões homoafetivas". O objetivo do projeto era inserir na lei que "duas pessoas do mesmo sexo poderiam constituir uma união 'homoafetiva' por meio de contrato em que disporiam sobre suas relações patrimoniais". O PL também pretendia alterar as questões relativas à sucessão dos companheiros – herança deixada pelo falecido –, no sentido de que tudo o que se aplica aos companheiros heterossexuais pudesse ser aplicável aos casais formados por duas pessoas do mesmo sexo. Entretanto, como a deputada não foi reeleita, o projeto foi arquivado em janeiro de 2007. Há quase 12 anos tramita no Congresso o PL n° 1.151/1995, da ex-deputada Marta Suplicy que também visa autorizar a união civil entre pessoas do mesmo sexo, mas sem obter passos significativos.

A "medicalização" do homossexualismo

O Ocidente repetiu, *ad nauseam*, que o amor e o erotismo entre pessoas do mesmo sexo constituíam "o mais torpe, sujo e desonesto pecado" e que, por causa deste, Deus castigava a humanidade com pestes, inundações, terremotos, dentro outros flagelos. Na Idade Média, a Santa Inquisição condenava à morte os amantes que fossem do mesmo sexo. Primeiro a pedradas, depois na fogueira. Em 1821, com o fim da Inquisição, e a subsequente "medicalização" da homossexualidade, quando então se cunhou o termo "homossexual" – em 1869 –, os delegados de polícia tomaram o lugar dos padres na repressão dos homossexuais, a quem chamavam de "pederastas", alegando atentado ao pudor e aos bons costumes.

Foi o médico húngaro Karoly Benkert quem introduziu o termo "homossexualismo", trazendo a opção sexual e/ou, afetiva direcionada para outra pessoa do mesmo sexo para a condição de doença mental de natureza congênita e que requeria um tratamento. Em fins de 1860, a Federação Alemã do Norte redigiu um novo código penal, no qual declarava que os atos homossexuais

186 CASAMENTO – MISSÃO (QUASE) IMPOSSÍVEL

entre homens eram delitos. Essa disposição entrou em vigor em 1871 e ficou conhecida como "parágrafo 175 do código penal do segundo Reich".

Portanto, houve uma evolução desse comportamento, de pecado para crime, passando por doença, até chegar aos nossos dias como um comportamento (quase) natural.

Há décadas, modernas e sólidas pesquisas multidisciplinares internacionais garantem que "a homossexualidade não constitui doença, distúrbio ou perversão". Já em 1970 a American Psychology Association, desde 1985 o Conselho Federal de Medicina brasileiro e, em 1992, a Organização Mundial de Saúde, excluíram o código 302.0, referente aos desvios e transtornos sexuais, da **Classificação Internacional de Doenças (CID)**, no qual a homossexualidade estava agrupada ao que hoje se chama parafilias (pedofilia, masoquismo, fetichismo...). As parafilias são caracterizadas por anseios, fantasias ou comportamentos sexuais recorrentes e intensos que envolvem objetos, atividades ou situações incomuns e causam sofrimento clinicamente significativo ou prejuízo no funcionamento social ou ocupacional ou em outras áreas importantes da vida do indivíduo. O código 302.0, que aparecia no CID-9, não é citado na classificação adotada atualmente, o CID-10. E o Conselho Federal de Psicologia, em 1999, promulgou uma portaria ratificando a normalidade da homossexualidade, e condenando as teorias e terapias "homofóbicas". Também vale a pena registrar que, em 1984, a Associação Brasileira de Psiquiatria e suas filiadas aprovaram uma resolução considerando que a homossexualidade em si não implica prejuízo do raciocínio, estabilidade, confiabilidade ou aptidões sociais e vocacionais, razão pela qual opõem-se a toda discriminação e preconceito, tanto no setor público quanto no privado, contra os homossexuais de ambos os sexos.

Entretanto, apesar de todo esse reconhecimento conquistado pelos homossexuais, em muitos manuais de Sexologia Forense e Medicina Legal ainda hoje utilizados em cursos de Direito, a homossexualidade continua sendo preconceituosamente referida como "homossexualismo" e "pederastia", conceituada como parafilia, anormalidade, patologia.

Na visão psiquiátrica atual, o homossexualismo somente deve ser tratado se estiver associado a transtornos psíquicos que gerem sofrimento e neuroses graves. O CID-10 não considera a orientação sexual em si como um transtorno, o qual define como "um conjunto de sintomas ou comportamentos clinicamente reconhecíveis, associado, na maioria dos casos, a sofrimento e a interferência com funções pessoais". Por exemplo, o CID estabelece o transtorno da maturação sexual (F66.0), cuja definição é a seguinte: "O paciente está incerto quanto a sua identidade sexual ou sua orientação sexual, e seu sofrimento comporta ansiedade ou depressão. Comumente isto ocorre em adolescentes que não estão certos da sua orientação (homo, hétero ou bissexual), ou em indivíduos que após um período de orientação sexual aparentemente estável (frequentemente ligada a uma relação duradoura) descobrem que sua orientação sexual está mudando". A classificação também define a orientação sexual egodistônica (F.66.1), na qual não existe dúvida quanto à identidade ou a preferência sexual (heterossexualidade, homossexualidade, bissexualidade ou pré-púbere), mas o sujeito desejaria que isso ocorresse de outra forma devido a transtornos psicológicos ou de comportamento associados a essa identidade ou a essa preferência e pode buscar tratamento para alterá-la. Este é o caso, por exemplo, de uma pessoa que sabe ser homossexual, mas não aceita essa condição e adoece por causa disso. É como uma pessoa que não aceita o nariz que tem, e fica doente em decorrência dessa auto-rejeição.

Somente em casos como estes que citei, caracterizados por distúrbios de personalidade – psicóticos ou neuróticos –, que geram intenso sofrimento e interferem na capacidade funcional do indivíduo, o homossexualismo deve ser considerado a partir da perspectiva médica.

Somos todos bissexuais?

Outra perspectiva adotada pelos psiquiatras, psicólogos e correntes de pensamento, que defendem a normalidade do homossexualismo, é a de que todas as pessoas nascem bissexuais, independentemente de terem uma genitália masculina ou feminina. Seríamos todos, a princípio, emocionalmente bissexuais e a nossa opção sexual se definiria com base na educação que recebemos, desde a infância até a adolescência, de nossos pais e do entorno social (religião, escola, parentes, amigos...). Essa teoria do bissexualismo psíquico é, pelo menos em parte, passível de aceitação. Nós nascemos como instâncias psíquicas masculinas e femininas. O que define que um indivíduo seja um homem, além de sua genitália? Ou que ele seja uma mulher? No sentido

188 CASAMENTO – MISSÃO *(QUASE)* IMPOSSÍVEL

literal, a resposta é fácil: exceto no caso das pessoas que nascem com a genitália masculina e a feminina (os literalmente hermafroditas), o homem nasce com pênis, saco escrotal... E a mulher possui uma vagina, mamilos mais desenvolvidos que os dos homens...

Mas, se olharmos o ser humano mais de perto, será que vamos perceber diferenças tão claras, tão óbvias, se compararmos mulheres e homens em relação ao modo como cada um pensa e age, quantas são as que existem entre os corpos de pessoas do sexo feminino e do masculino? Com certeza, não... Os aspectos masculinos e femininos muitas vezes convivem na psique de uma mesma pessoa, embora um deles possa ser mais desenvolvido que o outro, ou, devido à complexidade humana, um indivíduo pode usar perspectivas diferentes para lidar com cada âmbito da vida.

Por exemplo, existem mulheres que, independentemente de terem uma orientação hétero ou homossexual, pensam e agem de maneira que se convencionou ser muito mais masculina que feminina, acerca de determinados aspectos da vida. Por exemplo, Márcia é heterossexual e casada. Ela é uma mulher que valoriza muito sua carreira profissional, sendo bastante competitiva nesse aspecto, chegando a trabalhar, muitas vezes, até 14, 16 horas por dia. Ela é estilista e trabalha duro para realizar seus desfiles, coordenando desde a escolha da melhor linha para a confecção das roupas até as cores da maquiagem que as modelos usarão na passarela. A assertividade com que conduz seu trabalho, convencionalmente, é uma característica masculina. Em casa, ela também é mais ativa, resolvendo problemas domésticos como consertar o chuveiro e trocar o gás de cozinha, tarefas que também normalmente são atribuídas aos homens. E diante dos outros aspectos da vida, ela também apresenta uma postura mais masculina. Não é, por exemplo, uma mulher romântica – seu marido reclama de seu excesso de praticidade. Márcia é o que chamamos no jargão psicológico uma "mulher fálica"!

Sandra já tem um modo de ver e levar a vida muito diferente do de Márcia. Ela é homossexual e mora com sua parceira. Tem características predominantemente consideradas extremamente femininas: gosta de cuidar da casa, de cozinhar, é muito romântica e carinhosa. Não privilegia a carreira tanto quanto o relacionamento que tem com sua parceira.

Já em Juliana não é possível afirmar, com precisão, quais aspectos predominam mais, se os masculinos ou os femininos. Ela é heterossexual e tem um namorado. Dedica-se muito à sua profissão de jornalista, a qual adora, mas não abre mão de inventar novos pratos na cozinha, é extremamente romântica no amor, mas sexualmente muito ativa, tem coragem de iniciar qualquer novo empreendimento, e chora copiosamente diante de um filme dramático e triste, tem um jeito muito delicado e feminino, mas não titubeia quando precisa brigar com o funcionário da oficina quando este tenta passá-la para trás cobrando mais do que vale o conserto do carro.

Entre os homens, os papéis masculinos e femininos também não costumam ser tão definidos. Adalberto é heterossexual. Ele é dentista, leva a sério a carreira profissional, mas não sacrifica seu tempo de ficar com os filhos por causa desta, ao contrário de sua mulher. Nos finais de semana ele aprecia muito cozinhar para a família e adora "fazer surpresas" para agradar sua esposa, como lhe preparar jantares românticos. Rodrigo, por sua vez, é homossexual. Gosta de jogar futebol, usa barba, trabalha duro na empresa como executivo, gosta de fazer reparos em sua casa, adora assistir a programas de esporte... Mas também é muito romântico e carinhoso com o seu parceiro, gosta muito de cuidar de sua aparência, de comprar roupas e enfeites para casa...

Embora o ser humano, homem ou mulher, possua tanto aspectos masculinos quanto femininos, as sociedades em geral tentam atribuir determinados papéis a cada sexo. Na cultura patriarcal em que vivemos isso fica muito nítido: quem é do sexo masculino tem de ser forte, agressivo, sexualmente ativo, racional; já quem é do sexo feminino deve ser frágil, submisso, emocional... E somam-se à cultura em que vivemos os interesses de mercado – as empresas lucram com a divisão "exata" entre masculino e feminino. Por isso, vemos nas propagandas que as mulheres somente são admiradas pelos homens se tiver os cabelos "com o brilho da pérola", e os homens só são amados pelas mulheres se são altos executivos, ricos e com um carro muito potente. Criam-se estereótipos aos quais, infelizmente, homens e mulheres tentam se adaptar, mas que não correspondem à realidade... Contudo, psiquicamente, nós, homens e mulheres, somos bissexuais – possuímos internamente aspectos masculinos e femininos. Muitas pessoas, todavia, acham que é mais fácil viver adotando, convencional e exclusivamente, papel feminino ou masculino. A questão é que cada situação exige um papel diferente. E, mais ainda, somos mutáveis, oscilando entre perspectivas e comportamentos ora mais femininos, ora mais masculinos.

190 CASAMENTO – MISSÃO (*QUASE*) IMPOSSÍVEL

Um homem cuja opção sexual seja pelo sexo oposto pode ter muitos aspectos considerados femininos, pela cultura, e encontrar ocasiões para expressá-los. Por exemplo, ele tem um comportamento feminino – é mais "caseiro" e gosta de realizar trabalhos domésticos e de cuidar dos filhos – e também possui procedimento masculino – aprecia jogar futebol com os amigos. E, mais ainda, ele fica à vontade para sentir e expressar sentimentos "femininos" como fragilidade, afeto... E também "masculinos" como força, determinação, assertividade... Ora ele se relaciona a partir de uma perspectiva masculina, ora de uma feminina. E faz uso dessas de acordo com a exigência do momento. Com a mulher heterossexual pode acontecer o mesmo: ela pode ser independente, assertiva e, ao mesmo tempo, acolhedora, emocional...

É fundamental abordar essa perspectiva do bissexualismo psíquico porque muitas pessoas encontram dificuldades em lidar com suas dubiedades, como as características masculinas e femininas. E acabam acreditando que devem fazer, literalmente, uma opção sexual, tanto no que se refere à sua forma de pensar e de agir – que vai desde sua visão de mundo, valores, idéias, até a sua maneira de se comportar, vestir, à escolha dos lugares que vai frequentar – quanto na escolha do parceiro. E isso não acontece somente com heterossexuais, mas também com homossexuais.

Por exemplo, uma mulher, que desenvolveu mais características femininas que masculinas, pode achar que, literalmente, deverá relacionar-se sexual e afetivamente com outras mulheres, mesmo que se sinta atraída por homens. Já um homem homossexual pode acreditar que tem de se tornar o que convencionalmente se espera dele: que seja como "uma mulher". Daí ele buscará desempenhar o papel de passivo, frágil, acolhedor...

Essa busca de adotar um único papel – a "mulher", o "homem", a "lésbica", o "gay" – acontece, em grande parte, porque existe, em nossa cultura, a "ditadura da monoclassificação" do "seja isto *ou aquilo*".

Mas... por que tantas pessoas estão sempre tentando "entrar em uma roupa" que as defina? Provavelmente, a insistência que muitos de nós têm em pensar e lidar com a vida a partir de uma perspectiva monotemática tem sua origem em nossa formação judaico-cristã. Muitas pessoas são criadas para adorar a um único deus. E elas adaptam o mundo a essa perspectiva única, negando a diversidade. Daí, a mulher deve se adaptar e desempenhar um único papel, o homem também deve se ater ao seu papel, o homem gay tem de ser feminino e a lésbica, masculina. Só que o ser humano é muito mais complexo do que isso. Contudo, talvez para evitar dúvidas, angústias e a difícil tarefa de abordar cada problema e viver cada momento a partir de uma nova perspectiva, muitas pessoas se deformam para "entrar na roupa", adotar um papel, e assim tocar a vida de uma forma aparentemente mais confortável e segura. Há, porém, a possibilidade de, ao invés de ser isto *ou* aquilo, ser isto *e* aquilo. E isso não implica, necessariamente, uma pessoa ter de, literalmente, fazer uma escolha: ser homem ou mulher, para exercer sua feminilidade ou masculinidade.

Em sua obra *Orlando*, a escritora inglesa Virginia Woolf (1882-1941) fala sobre a personalidade de Orlando, um nobre que se transforma em mulher. Ele é dúbio, um ser que se permite exercer tanto o seu lado masculino quanto o feminino: "Porque a mistura e a alternada preponderância de homem e de mulher é que frequentemente davam à sua conduta [de Orlando] um giro inesperado. As mulheres curiosas perguntariam, por exemplo: se Orlando era mulher, como não levava mais de dez minutos a vestir-se? E não eram as suas roupas escolhidas mais ou menos ao acaso, e às vezes não estavam até um pouco gastas? E diriam ainda que lhe faltava o formalismo masculino e o amor que os homens têm ao poder. Seu coração era excessivamente terno. Não podia ver espancar um burro nem afogar um gatinho (...) Embora ainda, apesar de audaciosa e ativa como um homem, se notasse que a vista de alguém em perigo lhe produzia palpitações das mais femininas. Rebentava em lágrimas, à mais leve provocação".

A importância da criação em alguns casos de homossexualidade

O contexto em que uma pessoa é criada também pode colaborar para que ela se desenvolva como homo ou heterossexual. Existem mães e pais que, consciente e/ou inconscientemente, criam seus filhos para ser gays. O caso mais clássico que retrata esse comportamento é o da mãe extremamente perversa que cria um filho homem como se ele fosse uma mulher: ela o inicia em todos os afazeres domésticos, o faz conviver quase que exclusivamente com mulheres, lhe impinge uma culpa tremenda que o impede de ter qualquer manifestação de agressividade... Algumas mães chegam a vestir o

192 CASAMENTO – MISSÃO (QUASE) IMPOSSÍVEL

filho com roupas femininas, além de deixar-lhe o cabelo comprido como de uma menina. Talvez algumas mães façam isso porque inconscientemente acreditam que, se o filho tornar-se gay, ele não se casará e, portanto, nunca a abandonará, ou porque possuem o desejo de ter uma filha.

E há mulheres que são tratadas pelas mães como se fossem homens. Estas mães acabam influindo no direcionamento da sexualidade dessas mulheres, quando elas ainda são crianças, impingindo-lhe tarefas masculinas. Elas acabam se identificando com o modelo masculino. Isso acontece porque a criança é quase uma "tela branca". A criança tem uma estrutura biológica, mas quem a cria e vai *"printar"* em sua psique como ela deverá ser. Se uma pessoa *"printar"* em uma criança do sexo masculino um modelo feminino de ser, e esta não tiver outros argumentos, outras referências para poder tornar-se um homem com características femininas – o que pode existir –, ela poderá tender ao homossexualismo.

Também existem casos em que a mãe é tão devoradora e neurótica que afasta o filho do pai. Ela não deixa que o filho se identifique com o pai. Isso acontece normalmente na adolescência do filho, pois ele, quando ainda é muito criança, tem uma identificação e uma simbiose muito maior com a mãe que com o pai. É quando a criança tem cerca de 5, 6 anos que a figura do pai começa a surgir na vida dela. E o pai vai gradativamente "ganhando terreno" até tornar-se extremamente presente quando o filho alcança a adolescência (a partir dos 12 ou 13 anos). Quando a mãe impede que esse processo aconteça e, somado a isso, ela tem uma presença maciça na vida do filho, este pode se identificar em demasia com os aspectos femininos dela e desenvolver tendência homossexual. O filho – na adolescência e na vida adulta – poderá projetar, em outro homem, a função paterna, a instância masculina que não desenvolveu em sua psique. E, se ele tiver tido uma mãe perversa, ruim, pode adquirir uma forma de rejeição e de ódio às mulheres, a misoginia. Este homem pode tornar-se um misógino porque sua mãe era "um horror", e optar sexual e afetivamente por homens por sentir-se mais confortável com eles do que com mulheres.

No caso de uma mulher pode acontecer um processo semelhante: a mãe não permite que a filha se identifique com o pai, e, ao mesmo tempo, compete com a filha, não permitindo que esta se identifique com ela. A mãe trata a filha como rival e também controla a esta e ao seu marido para que não estreitem seus laços afetivos. A tentativa da mãe, de afastar o pai da filha, acaba gerando um efeito contrário: a filha se identifica com ele, "transformando-se em um homem". Ela renuncia à sua feminilidade e se interessa por mulheres, às quais elege para ser o objeto de sua libido. De uma forma inconsciente, esta jovem toma a mãe como seu objeto de desejo com sentimentos ambivalentes de amor e ódio. Ela vai, então, procurar esta mãe em outras mulheres, e, em um sentido mais amplo e arquétipo, vai buscar o aspecto feminino, a função materna que não pôde desenvolver em si mesma, vai projetar a "mulher" que ela não conseguiu estruturar em uma pessoa do sexo feminino, na qual depositará seu interesse sexual e sua afetividade.

Como os pais lidam com a homossexualidade dos filhos

Embora já esteja se tornando "de praxe" as novelas de TV do horário nobre trazerem um casal gay que vive junto e é estável, fiel, feliz e totalmente aceito pela sociedade – Em *Páginas da Vida* (2006-2007), um casal homossexual tinha pleno e irrestrito apoio da mãe de um dos parceiros que, inclusive, lutava pela bandeira de que os gays devem ter o direito de adotar crianças –, esta não é realidade de muitas uniões "homoeróticas".

Embora a homossexualidade seja um assunto muito mais discutido hoje do que há algumas décadas, a maioria dos pais e das mães ainda tem dificuldade em aceitar que seus filhos estabeleçam relacionamentos com pessoas do mesmo sexo. Eles se perguntam: "Onde foi que eu errei?". Uma mãe que, por exemplo, competia com a filha e também a afastou do pai pode se culpar, inconscientemente, por ter contribuído para o homossexualismo desta. Mas esta é somente uma dentre outras hipóteses para a gênese do homossexualismo – ninguém pode afirmar com certeza o que leva uma pessoa a ser homo ou heterossexual. Além das hipóteses que citei, há também quem defenda, por exemplo, que o homossexualismo é genético (algumas pessoas acreditam que já se nasce gay ou lésbica). Além disso, é importante que os pais tentem perceber que o homossexualismo pode ser considerado a partir de uma perspectiva que seja menos monotemática e mais baseada na diversidade, ou seja, que a opção homossexual é mais uma forma de ser, dentre tantas outras, e não um desvio de padrão.

Os pais – de casais homossexuais – que têm valores muito rígidos e convencionais sofrem mais que os progenitores mais flexíveis e modernos, pois, além de se perguntarem onde erraram, também se preocupam em demasia com a opinião alheia acerca da escolha sexual-afetiva dos filhos ou filhas, pois, para eles, esta foge ao princípio social; ao que é ditado com "normalidade" pela sociedade em que vivem.

Sejam pais convencionais ou modernos, geralmente é comum que eles demorem um tempo para aceitar e passar a conviver de maneira tranquila com a homossexualidade e os parceiros dos seus filhos. Muitos pais a princípio preferem "não ver" que o filho ou filha é homossexual e se iludem pensando: "Essa moça é somente uma amiga muito querida da minha filha; as duas têm muitas afinidades... Por isso passam tanto tempo juntas". Só que, com o passar do tempo, estes pais acabam tendo de ser sinceros com si mesmos, aceitando a realidade de que seu filho ou filha fez uma escolha "homoafetiva", e que podem acabar tendo um "genro mulher" ou uma "nora homem".

Há, circulando pela Internet, um texto atribuído a Luiz Fernando Veríssimo que merece ser citado aqui:

"– Mãe, vou casar!!!

– Jura, meu filho?! Estou tão feliz! Quem é a moça?

– Não é moça. Vou casar com um moço. O nome dele é Julio.

– Você falou Julio... ou foi meu cérebro que sofreu um pequeno surto psicótico?

– Eu falei Julio. Por que, mãe? Tá acontecendo alguma coisa?

– Nada, não... Só minha visão é que está um pouco turva. E meu coração, que talvez dê uma parada. No mais, tá tudo ótimo.

– Se você tiver algum problema em relação a isto, melhor falar logo...

– Problema? Problema nenhum. Só pensei que algum dia ia ter uma nora... Ou isso...

– Você vai ter uma nora. Só que uma nora... meio macho. Ou um genro meio fêmea. Resumindo: uma nora quase macho, tendendo a um genro quase fêmea.

– E quando eu vou conhecer o meu... a minha... o Julio?

– Pode chamar ele de Biscoito. É o apelido.

– Tá! Biscoito... Já gostei dele. Alguém com esse apelido só pode ser uma pessoa bacana. Quando o Biscoito vem aqui?

– Por quê?

– Por nada. Só pra eu poder desacordar seu pai com antecedência.

RELACIONAMENTO HOMOSSEXUAL **195**

– Você acha que o papai não vai aceitar?

– Claro que vai aceitar! Lógico que vai. Só não sei se ele vai sobreviver... Mas, isso também é uma bobagem. Ele morre sabendo que você achou sua cara-metade. E olha que espetáculo: as duas metades com pinto...

– Mãe, que besteira... hoje em dia... praticamente todos os meus amigos são gays.

– Só espero que tenha sobrado algum que não seja... pra poder apresentar pra tua irmã.

– A Bel já tá namorando.

– A Bel? Namorando?! Ela não me falou nada... Quem é?

– Uma tal de Veruska.

– Como?

– Veruska...

– Ah, bom! Que susto! Pensei que você tivesse falado Veruska.

– Mãe!!!

– Tá..., tá..., tudo bem... Se vocês são felizes. Só fico triste porque não vou ter um neto...

– Por que não? Eu e o Biscoito queremos dois filhos. Eu vou doar os espermatozóides. E a ex-namorada do Biscoito vai doar os óvulos.

– Ex-namorada? O Biscoito tem ex-namorada?

– Quando ele era hétero. A Veruska.

– Que Veruska?

– Namorada da Bel...

– "Peraí". A ex-namorada do teu atual namorado... é a atual namorada da tua irmã... que é minha filha também... que se chama Bel. É isso? Porque eu me perdi um pouco...

– É isso. Pois é... a Veruska doou os óvulos. E nós vamos alugar um útero.

– De quem?

– Da Bel.

– Logo da Bel?! Quer dizer, então... que a Bel vai gerar um filho teu e do Biscoito. Com o teu espermatozóide e com o óvulo da namorada dela, que é a Veruska?!?...

– Isso.

– Essa criança, de uma certa forma, vai ser tua filha, filha do Biscoito, filha da Veruska e filha da Bel.

– Em termos...

– A criança vai ter duas mães: você e o Biscoito. E dois pais: a Veruska e a Bel.

196 CASAMENTO – MISSÃO (*QUASE*) IMPOSSÍVEL

– *Por aí...*

– *Por outro lado, a Bel..., além de mãe, é tia... ou tio... porque é tua irmã.*

– *Exato. E ano que vem vamos ter um segundo filho. Aí o Biscoito é que entra com o espermatozóide. Que dessa vez vai ser gerado no ventre da Veruska... com o óvulo da Bel. A gente só vai trocar.*

– *Só trocar, né? Agora, o óvulo vai ser da Bel. E o ventre, da Veruska.*

– *Exato.*

– *Agora, eu entendi! Agora eu realmente entendi...*

– *Entendeu o quê?*

– *Entendi que é uma espécie de* swing *dos tempos modernos!*

– *Que* swing, *mãe?!!...*

– *É* swing, *sim! Uma troca de casais... com os óvulos e os espermatozóides, uma hora no útero de uma, outra hora no útero de outra...*

– *Mas...*

– *Mas, uns tomates! Isso é um bacanal de última geração! E pior... com incesto no meio.*

– *A Bel e a Veruska só vão ajudar na concepção do nosso filho, só isso...*

– *Sei... E quando elas quiserem ter filhos...*

– *Nós ajudamos.*

– *Quer saber? No final das contas não entendi mais nada. Não entendi quem vai ser mãe de quem, quem vai ser pai de quem, de quem vai ser o útero, o espermatozóide... A única coisa que eu entendi é que...*

– *Que...?*

– *Fazer árvore genealógica daqui pra frente... será muito complicado!"*

Também existem pais que acreditam que o filho está passando por uma fase adolescente, e que está namorando uma pessoa do mesmo sexo para confrontá-los, e também porque isso é ser moderno, é ser diferente, mas que, tão logo ele amadureça, vai optar por relacionamentos heterossexuais e, um dia, se casar e ter filhos. Só que, em muitos casos, o tempo passa, o filho continua com uma orientação homossexual e acaba se casando mesmo... Mas com outra pessoa do mesmo sexo. Isto acontece porque é muito difícil uma pessoa mudar sua orientação sexual. Se isso já aconteceu, não tenho conhecimento. O fato é que muitas igrejas, sobretudo algumas evangélicas, insistem na questão de que um homem ou mulher gay pode tornar-se heterossexual caso se converta a elas. Muitas pessoas, cujas famílias são adeptas dessas igrejas,

RELACIONAMENTO HOMOSSEXUAL **197**

também acabam seguindo seus preceitos. O conflito entre as regras da Igreja e a orientação sexual dessa pessoa pode lhe causar um grande sofrimento. Além disso, a família também pode aumentar seu sofrimento ao tratá-la como se fosse um indivíduo doente, um desviado. Muitas vezes, em casos extremos em que a família e a religião de alguém não aceitam sua orientação sexual-afetiva, torna-se necessário, embora este possa ser um processo dramático e doloroso, ela romper com essas duas estruturas, a fim de que possa viver conforme o que quer, assumindo sua orientação sexual. Na "voz corrente" é impossível encontrar-se um "ex-gay"!!!

A infidelidade nas relações homossexuais

Não dá para negar: os homens homossexuais são muito mais infiéis aos seus parceiros que as mulheres gays às suas amadas. Por que isso acontece? Não se sabe com certeza... mas... podemos investigar... Como eu disse há pouco, já se tornou hábito as novelas mostrarem casais gays, masculinos ou femininos. E, pelo menos "na telinha", essas pessoas estabelecem relações amorosas estáveis e fiéis. Na realidade, contudo, as uniões homossexuais não acontecem bem assim. Isso em parte, porque qualquer casal, seja hétero ou homossexual, tem seus desajustes e, dentre estes, há os que são instáveis e não tão fiéis quanto na ficção.

As mulheres gays costumam ser mais fieis às suas parceiras, provavelmente e em parte por causa da produção de ocitocina. Como eu já disse no capítulo Separações, a ocitocina seria o hormônio da fidelidade e está mais presente na mulher do que no homem. É a ocitocina a causadora da contração do útero na hora do parto e que predispõe a mulher a estabelecer um vínculo com o seu bebê. E também a ocitocina seria o hormônio responsável pela tendência à fidelidade feminina em relação ao parceiro. No caso da mulher homossexual, a ocitocina também agiria favorecendo a fidelidade à parceira. Já os homens, por sua vez, talvez devido a produzirem menos ocitocina, e, não podemos nos esquecer, mais testosterona que as mulheres, tenderiam a ser infiéis aos seus parceiros. A testosterona, como eu já disse, é o hormônio que estimula o desejo e o impulso sexual, e que torna, em geral, os homens mais agressivos, competitivos e territoriais que as mulheres.

198 CASAMENTO – MISSÃO (*QUASE*) IMPOSSÍVEL

A testosterona talvez seja um dos motivos de, no aspecto social, os homens gays geralmente serem muito mais competitivos entre si do que as lésbicas entre elas. Observa-se geralmente um narcisismo exacerbado entre os gays. Muitos deles competem extremamente em relação ao que é mais bonito fisicamente; quem usa as roupas mais "transadas" e caras; frequenta os melhores lugares, como restaurantes e boates; e tem mais parceiros sexuais que sejam, de preferência, atraentes e/ou poderosos. Pode-se dizer que conquistar sexualmente outro homem é um troféu para o gay. O homossexual masculino sente-se poderoso por ter "vencido" a resistência de outro.

Os homens em geral, sejam hétero ou homossexuais, são muito competitivos e apóiam uma grande parte de sua auto-estima em seu poder fálico (do pênis). Basicamente, muitos heterossexuais exercem esse poder conquistando *status* social, como tendo uma profissão reconhecida e bem remunerada, conquistando mulheres, e, ainda, provocando a admiração de outros homens em relação a esses seus "troféus". Nesse mesmo sentido, o homossexual masculino pode assemelhar-se ao heterossexual, exercendo seu poder fálico também por meio da busca de *status* social (o que, para alguns destes, significa trabalhar como executivo em uma grande empresa e, para outros, consumir os mais caros e conceituados produtos e serviços, como ter um *laptop* com tecnologia "de ponta", decorar a casa com tapetes persas, comprar as roupas das marcas mais famosas e inacessíveis à maioria da população e frequentar os restaurantes mais badalados), e da conquista, em seu caso, de homens.

Da mesma forma que o homem heterossexual (em geral) considera a conquista de uma mulher (isso quando usa seu aspecto "caçador" para obter sexo e poder) um troféu, mais um "território conquistado", para o homossexual "levar para a cama" outro homem, também pode ser um "prêmio". Ao fazer sua conquista, o homossexual também obtém mais um "território", está "submetendo" outro homem, também "poderoso", outro falo, ao *seu* poder, ao *seu falo*.

Um fato interessante é que, mesmo muitos homossexuais que foram criados como se fossem mulheres por suas mães e tendo, em grande parte por isso, desenvolvido muitos aspectos considerados femininos, como um jeito de ser mais maternal, mais "cuidador" e passivo, ainda assim traem seus parceiros com frequência. Por que é assim, não se sabe. Talvez a testosterona "fale mais alto" do que a criação que eles receberam e os leve a trair mais do que as mulheres... Psiquicamente, talvez exista um padrão inato presente, em maior ou menor grau, na maioria dos homens, independentemente de estes serem homo ou heterossexuais, que os leve a ter, normalmente, um comportamento mais conquistador do que as mulheres.

Nas mulheres homossexuais também se observa um fato curioso. Normalmente, mesmo as que foram criadas a partir de modelos masculinos e tiveram pouca oportunidade de se identificarem com suas mães, tendem a ser como grande parte das heterossexuais – fiéis, maternais, "cuidadoras" em relação às parceiras. Elas valorizam, mais do que os homossexuais masculinos, o aspecto emocional e a estabilidade do relacionamento. Geralmente a lésbica quer construir "um lar" ao lado da parceira e que seja, ao mesmo tempo, seguro e estável.

Vivendo a homossexualidade e a diversidade

Uma questão muito importante, mas que poucas pessoas dão a devida importância, é a maneira, a perspectiva pela qual a homossexualidade é vivida. Ao meu ver, casais homo e heterossexuais têm problemas semelhantes quando vão morar juntos. Ciúme, traição, raiva, comunicação perversa... Enfim, muitos aspectos que compõem, em maior ou menor grau, um casamento entre um homem e uma mulher também fazem parte da união entre homossexuais. O importante, o que vai colaborar muito para que uma união seja satisfatória e, se possível, duradoura é a maneira como ela é vivida, é a qualidade do laço afetivo estabelecido, o grau de afinidade e intimidade que o casal alcança... Um casamento *de verdade* é aquele em que há um comprometimento verdadeiro dos parceiros em relação à união que estabeleceram. Da mesma forma que nos casamentos entre heterossexuais, a união gay existe de fato quando os parceiros assumem a relação e *sentem-se casados*, ou seja, quando têm alguns projetos de vida juntos, compartilham de uma maneira de pensar semelhante acerca da vida, sentem prazer em estar na companhia um do outro, respeitam mutuamente as necessidades que cada um tem...

Existem homossexuais que vivem sua orientação sexual de forma tranquila. Uma pessoa que está "em paz" com sua homossexualidade estabelece um relacionamento sexual-afetivo com alguém do mesmo sexo de maneira natural, sem a necessidade de fazer estardalhaço acerca dela. Para essa pessoa,

200 CASAMENTO – MISSÃO (*QUASE*) IMPOSSÍVEL

optar por um relacionamento homossexual é mais uma dentre as outras escolhas que ela faz para compor seu universo, como a profissão, os amigos, as viagens, os livros, os filmes, se gosta mais de sair ou é mais caseiro... Ela não se utiliza dessa escolha como se esta fosse uma arma para confrontar o mundo, atitude muito comum de ser vista, não exclusivamente em alguns gays, mas em qualquer pessoa cuja psique esteja "estacionada" em uma fase adolescente.

A confrontação dos valores estabelecidos na adolescência é essencial para que o ser humano consiga se diferenciar psiquicamente das crenças que lhe foram ensinadas pelos pais e pela sociedade e começar a trilhar seu próprio caminho, reinventando o mundo a partir de novas perspectivas, criando o "Novo". Neste momento, para não ser "engolido" pelo velho mundo (o poder dos pais e de tudo na sociedade que representa os valores antigos) o adolescente costuma adotar uma atitude muito defensiva diante de tudo o que considera ameaça ao seu "nascimento" como adulto. Quanto essa pessoa amadurece, essa defesa se abranda, pois ele não precisa mais se defender tanto do mundo porque já conquistou o seu lugar nele, conseguiu estabelecer um limite entre a sua individualidade e a dos pais, e as das outras pessoas.

Entretanto, algumas pessoas não passam da fase da adolescência. Ficam fixadas nesse "momento" de confrontação com os pais e os valores do "velho mundo". Assim, suas psiques permanecem adolescentes e elas não amadurecem; emocionalmente não se desenvolvem. Então, ficam permanentemente confrontando o "mundo", mas sem que essa atitude resulte em seu crescimento emocional, nem no das outra pessoas.

Os homossexuais, que atuam como adolescentes, usam sua orientação como se esta fosse uma arma, uma afronta ao "mundo que não os compreende". Eles se colocam no lugar de vítimas excluídas da sociedade que, para serem vistas e reconhecidas, precisam ostentar sua homossexualidade, fazer estardalhaço, ficar sempre dizendo ao outro, de uma forma ou de outra: "Eu sou gay e o mundo todo também é, mas não admite". Eles fazem com que o fato de serem homossexuais seja uma bandeira de luta contra o restante da sociedade que acusam de ser conservadora e preconceituosa.

Realmente, grande parcela da sociedade é preconceituosa, conservadora. E, como nos dias de hoje o preconceito é condenado, ele acaba existindo de forma velada, disfarçada... Mas muitas pessoas têm preconceito não somente em relação aos gays e lésbicas. Elas também discriminam as pessoas pobres, as mulheres, os negros, os deficientes físicos. E muitas vezes o preconceito não se refere à cor ou ao sexo de uma pessoa, mas ao fato de ela não se enquadrar nos padrões que a sociedade estabelece. Por exemplo, existem pessoas que discriminam os indivíduos que optam por permanecer solteiros durante a vida, outras, ainda nos dias de hoje, não aceitam que uma mulher possa não querer ter filhos. Há quem não aceite que pessoas tenham relacionamentos sexual-afetivos com outras que sejam muito mais jovens ou mais velhas que elas, outras acreditam que a mulher deva se submeter ao homem, e existe quem acredite que um relacionamento só é verdadeiro se estiver enquadrado dentro de um casamento convencional e com filhos... Cada uma está sempre querendo impor aos outros suas "verdades absolutas". Existe preconceito para tudo. Sempre seremos rejeitados por alguém ou por alguns grupos. Ninguém é unanimemente aceito. Crescer também é aceitar isso e, ainda assim, prosseguir, sustentando escolhas, valores, princípios... Enfim, é sustentar a individualidade, a própria integridade.

Eu não estou querendo dizer que os homossexuais não devam lutar para ser reconhecidos e respeitados como cidadãos pelos outros segmentos da sociedade. Não há como negar que gays e lésbicas sofrem preconceito por uma parcela considerável da sociedade. Essas pessoas e todas as outras que forem discriminadas por algum motivo têm o direito de reagir, principalmente se forem feridas em sua integridade física ou psíquica. A questão aqui é como, a partir de que perspectiva, se pode fazer isso.

Se uma pessoa reage na base do "olho por olho, dente por dente" quando sofre algum tipo de preconceito, a "raiz" deste permanece a mesma. Da mesma forma que um homossexual não deve admitir ser desrespeitado por um heterossexual por causa de sua orientação, também não precisa tornar-se "heterofóbico", acreditando que "o mundo é gay"; que "ser gay é *a* 'verdade', é a regra para todas as pessoas". E isso serve também para o "homofóbico" que não respeita a homossexualidade.

As pessoas que se relacionam com o mundo a partir de uma perspectiva monotemática, que nega a diversidade, acabam prejudicando seu próprio desenvolvimento psíquico. Isso acontece porque elas, em vez de se relacionarem com o mundo, querem que este se amolde às suas expectativas e "verdades". Essas pessoas, em geral, são preconceituosas, ou seja, criam ou "introjetam" padrões externos de comportamento, e acreditam que qualquer pessoa que fuja deles é ruim, está errada, é doente... E assim por diante. Elas têm uma visão parcial acerca da vida. Na verdade, agindo dessa maneira, estão

202 CASAMENTO – MISSÃO (QUASE) IMPOSSÍVEL

tentando se defender da vida, de toda a sua diversidade e a "impermanência" que consideram assustadoras e angustiantes. O mais assustador para muitas pessoas é que a diversidade e a "impermanência" não estão somente no mundo externo, nos outros, mas dentro delas mesmas. Por isso, fazem uso de mecanismos de defesa, como a projeção (atribuir a outra pessoa, animal ou objeto as qualidades, sentimentos ou intenções que se originam em si própria). Este é um dos motivos da "homofobia" que muitas pessoas têm. Para elas é muito ameaçador e angustiante viver a própria homossexualidade. Elas têm raiva de si mesmas por ser homossexuais. Então, por não aceitarem a homossexualidade, a reprimem; "colocam-na" no seu inconsciente. Contudo, essa raiva da própria homossexualidade acaba "vazando" para o mundo externo, por meio da projeção. Essas pessoas projetam nos gays e/ou lésbicas a raiva que têm de si mesmas. Esse é um caso grave de neurose, pois pode causar muito sofrimento na pessoa que a tem, por não conseguir sequer reconhecer, quanto mais viver sua homossexualidade de maneira plena, tranquila.

As neuroses não se restringem aos "homofóbicos". Elas estão presentes, em maior ou menor grau, em todos os seres humanos. Tanto isso é verdade que já tratei das neuroses humanas, por exemplo, no capítulo Comunicação Perversa. Entretanto, a neurose pode ameaçar o crescimento pessoal, por exemplo, quando fizer com que o indivíduo se torne unilateral, com que ele tenha uma "visão única", parcial da vida e, por isso, perca oportunidades de desenvolver-se emocionalmente e conhecer novos pontos de vista, novas perspectivas e, assim, de poder escolher novas maneiras de se relacionar com o mundo, consigo mesmo, com as outras pessoas...

Por trás das neuroses pode estar, dentre outros fatores, uma visão monotemática acerca da vida, "introjetada" pelas religiões de origem judaico-cristã, que pautaram a formação da maioria das pessoas do mundo ocidental. A "quebra" dessa visão e a aceitação da diversidade, embora não curem as mazelas, não resolvam os problemas humanos, podem ajudar o indivíduo a viver de maneira mais tranquila e feliz com as escolhas – sua individualidade – e com as das outras pessoas, seja ele homo ou heterossexual. A diversidade existe! Não há como negar. E ela está em cada pessoa. Hoje, vivemos em um mundo multiforme, diverso, repleto de possibilidades... O desafio de qualquer pessoa é aprender a relacionar-se com essa diversidade, encontrando meios de fazer suas escolhas de forma consciente e de, se puder aceitar, aprender a respeitar as opções das outras pessoas.

Considerações Finais

Bem... aqui chegamos ao final de todas estas ponderações e considerações.

Acho que, agora, temos bem claro o que significa essa missão do casamento e suas inúmeras implicações.

Embora sejam inúmeros os casais que permanecem juntos anos e anos, recuso-me a aceitar a proposição de que é preciso renunciar a si mesmo em prol de um compromisso assumido, na maior parte das vezes, quando somos ainda apenas crianças crescidas, sem a maturidade suficiente.

Assinar um contrato de casamento é, ainda, assinar uma "folha em branco", pois não sabemos o que virá a seguir e o tamanho das dificuldades que teremos de enfrentar.

No casamento de um cliente meu, ouvi o padre dizer que, para dar certo, num casamento "a mulher deve ser cega e o marido surdo!".

Será que só assim conseguiremos suportar todas as frustrações, decepções, desencantos e mal-entendidos da vida?

Será que apenas "fingindo" que estamos cumprindo um compromisso assumido perante Deus e a sociedade, ignorando os nossos mais profundos sentimentos, estaremos sendo "felizes para sempre"?

Será que é preciso renunciar à própria individualidade, seus sonhos, desejos, aspirações, para, como diz Judith Viorst, em seu livro *Casamento para toda a vida*: "É mais fácil chegar a um compromisso se, no momento de fazê-lo, reconhecermos que quem ganhou foi o casamento"?

204 CASAMENTO – MISSÃO (*QUASE*) IMPOSSÍVEL

Meu avô dizia "quem tomou o bonde errado, deve ir até o fim da linha!" Será?

Hoje não há nem mais bondes e a possibilidade de perceber que se tomou o caminho errado e corrigi-lo tornou-se uma obrigação de sobrevivência.

Recusar heroicamente o seu ser em razão de uma instituição não é mais um comportamento saudável.

Lembro-me que, quando comecei a trabalhar, aos 16 anos, na minha Carteira Profissional, havia uma alerta de que "permanecer num mesmo emprego por um longo período era sinal de estabilidade e confiança"...

Hoje, pelo contrário, valoriza-se aquele que busca sempre por melhores oportunidades de emprego, que "pula de galho em galho", sempre almejando posição mais alta e melhor salário.

Quem fica estagnado, apodrecendo em sua insatisfação, não merece mais o reconhecimento nem da sociedade nem de si mesmo.

Acredito mesmo que o casamento, como qualquer empreitada na vida, possa enfrentar e superar suas crises e dificuldades. Mas e quando elas são insolúveis e a dor de permanecer estático, submisso, sofrendo até a alma se torna tão presente?

Vale a pena? Será mesmo que vale a pena?!?

Sei de casais que estão juntos há 50 anos ou mais, mas também sei que essas uniões se deram exatamente pela submissão e sublimação dele ou dela. Conheço pessoas que se vangloriam de que seu casamento "deu certo", mas, numa análise mais profunda e minuciosa, podemos perceber à custa de que isto aconteceu...

Lamentavelmente, na minha profissão de psiquiatra e psicoterapeuta, exercida há 30 anos, sempre encontrei fraturas e "pecados" que ficaram escondidos nas profundezas da alma, em nome desse compromisso nobre e solene do casamento "até que a morte os separe".

Encontrei, também, pessoas que passaram a viver como que calçando um "sapato apertado", pequeno demais para os seus pés, mas que renunciaram ao prazer de um chinelo confortável em nome daquilo que se diz "*la noblesse oblige*"!

Mas há, também, aqueles que, graças aos "mecanismos de defesa do ego", procuram retirar do casamento o ar que os fazem respirar, a luz que os permite enxergar. Claro que muitas vezes sufocando e cegando o outro, mas isso é apenas uma questão de detalhe!

CONSIDERAÇÕES FINAIS **205**

Há sempre aqueles que, por dificuldades em seu desenvolvimento pessoal, tornaram-se "meia pessoa" e, certamente, precisam da outra metade para continuar sobrevivendo.

É tão bonito quando se declama que o outro é a minha "metade da laranja" ou o "outro lado da moeda", não?

E quando, então, não se tem vida própria, e é preciso encontrar alguém que "seja a minha vida"?!? É tão meigo...

Para esses, sem dúvida, a vida solitária, a ausência de uma companhia que lhes complete, é absolutamente impensável, impossível, desesperadora.

Mas há também aqueles que "em nome do amor" procuram preservar heroicamente um relacionamento. Cedem, concedem, renunciam, submetem-se, sem se darem conta que estão guardando na velha "caderneta de poupança psíquica" os dividendos de todo esse sacrifício. E certamente, mesmo na hora da morte, deixarão claras suas mágoas e decepções.

Diz Jung que temos em nós o arquétipo do herói, aquele que luta para conquistar seus objetivos, enfrentando todo e qualquer obstáculo.

Para quem o "casamento em si" é um objetivo, vale, então, qualquer sacrifício para conquistá-lo e mantê-lo, mesmo que isso lhe custe a própria vida. É bonito. É heróico!!!

Vi, ao longo desta minha profissão, homens e mulheres morrerem por ter seus pulmões sufocados, seus fígados dilacerados, seus corações "arrebentados" pelas artérias obstruídas como suas próprias vidas, seu corpo consumido por metástases impiedosas, suas almas calcinadas pelo inferno que viveram anos e anos... calados e submissos!

Vi, também, pessoas que deformaram sua personalidade, pagando, por isso, um sentimento profundo de tristeza, de angústia, de depressão.

Mas vi, por outro lado, pessoas que lutaram arduamente para construir uma relação sólida e saudável. Pessoas que enfrentaram seus medos de solidão ao expor claramente para seus cônjuges as insatisfações e decepções que o casamento estava lhes trazendo.

Muitas delas foram ouvidas e, por um longo e penoso processo de reconstrução, conseguiram dar vida nova, oxigenar aquela relação que estava perecendo. Para isso, foi necessário que ambos se olhassem profundamente nos olhos, chegando às profundezas da alma e reconhecessem que o amor, o afeto, o *commitment* entre ambos eram maiores que as desavenças circunstanciais entre eles.

206 CASAMENTO – MISSÃO (*QUASE*) IMPOSSÍVEL

Sem renunciar à sua própria individualidade e sua privacidade, puderam estabelecer um "contrato" de convivência mútua, compartilhada, sem que nenhum deles tivesse de amputar parte de si mesmo.

Como Cleide e Eugênio que souberam, na intimidade de sua relação, respeitar as diferenças de cada um. Eugênio encarou a necessidade de Cleide ser uma mulher independente, firme, proposta a ter uma vida baseada na construção de uma presença marcante na vida profissional e livre das amarras de uma educação arcaica que a havia impedido de exercer todo o seu fascínio e carisma perante a sociedade, por meio do exercício de sua arte de artista plástica, admirada e cortejada por outros homens, sabendo que ela o havia escolhido por companheiro e assim permaneceria enquanto a relação lhe fosse satisfatória e feliz.

E Cleide soube compreender as características da personalidade libriana de Eugênio, que exigiam permanente exercício da sedução e manipulação das pessoas (principalmente mulheres) para confirmar sua presença no mundo e que isso não punha em risco a relação de ambos, desde que se mantivessem cúmplices e unidos.

Na verdade, ambos podiam se sentir enciumados perante as constantes investidas de supostos "pretendentes", mas sabiam, na sua profunda intimidade, que um estava voltado para o outro e que, se ambos cultivassem aquela relação, com carinho, atenção, amor, sem atritos, permaneceriam juntos por um longo tempo, pois era assim que queriam.

Já Clara e Reinaldo não souberam lidar com essas vicissitudes da vida. Submissa ao extremo, acomodada e inconformada, Clara deixou que Reinaldo "pintasse e bordasse" na vida, conquistando mais e mais mulheres graças ao seu charme e sua profissão de advogado de família que lhe permitia "confortar" as clientes vítimas de adultério e abandono de maridos.

Sua atitude, em vez de ser proativa no próprio casamento, constituía em criar cizânias e desavenças naqueles que viviam bem. Assim fez com Clara, tentando inocular nela o veneno do "casamento falido" e quase conseguindo pôr um fim no casamento da amiga que, apesar de toda sua maturidade, era sugestionável e se deixou levar pelas intrigas da outra, criando uma situação de quase rompimento em seu próprio casamento.

Enquanto Clara, inferiorizada, não conseguia dar um fim na farsa de sua relação, quase conseguiu que Cleide, mais proativa, colocasse seu casamento em risco por conta das características infantis, mas não perversas, de seu marido, tentando "encostá-lo na parede" com evidências de seu comportamento sabidamente sedutor.

Se não fosse pela atitude firme e assertiva de Eugênio, que se recusou a ser acusado por atitudes que não tomara, tudo teria ido por "água abaixo", satisfazendo o desejo de Clara e não de Cleide, sua mulher.

Ao fim e ao cabo, meus queridos leitores, a mensagem que quero lhes transmitir neste pequeno livro é que, de fato, o casamento não é uma tarefa nada fácil, senão mesmo quase impossível.

Portanto, gostaria que lhes ficasse bastante claro que, não apenas aquela promessa feita no altar de que "lhe amarei e respeitarei por todos os dias da minha vida" é verdadeiramente absoluta, que acontecerá como "Deus quiser", mas que é preciso estar atento, muito atento, para uma situação que não é biologicamente natural.

Um casamento se faz com muito cuidado, muita atenção, muito amor, muito comprometimento e dedicação sem, nunca, esquecer-se de si mesmo.

Se você quer uma relação estável e duradoura, sem um cuidado permanente, sem crises, aconselho-o(a) a casar-se com um cisne!

Impresso nas oficinas da
Gráfica Palas Athena